高中专学前教师教育教材

U0866959

# 幼儿学习与发展

YOUER XUEXI YU FAZHAN

张永红　海鹰　张丹枫 / 主　编
曹中平/ 主　审

北京师范大学出版集团
BEIJING NORMAL UNIVERSITY PUBLISHING GROUP
北京师范大学出版社

**图书在版编目(CIP)数据**

幼儿学习与发展 / 张永红，海鹰，张丹枫主编. —北京：北京师范大学出版社，2013.9(2023.7 重印)

ISBN 978-7-303-17018-0

Ⅰ.①幼… Ⅱ.①张… ②海… ③张… Ⅲ.①幼儿教育学—职业教育—教材 Ⅳ.①G61

中国版本图书馆 CIP 数据核字(2013)第 202464 号

**教材意见反馈** **gaozhifk@bnupg.com 010-58805079**

营销中心电话 010-58802755 58800035

出版发行：北京师范大学出版社 www.bnupg.com
北京市西城区新街口外大街 12-3 号
邮政编码：100088

印　　刷：天津中印联印务有限公司
经　　销：全国新华书店
开　　本：730 mm×980 mm 1/16
印　　张：19
字　　数：340 千字
版　　次：2013 年 9 月第 1 版
印　　次：2023 年 7 月第 8 次印刷
定　　价：34.00 元

策划编辑：张丽娟　　责任编辑：张丽娟
美术编辑：高　霞　　装帧设计：李尘工作室
责任校对：李　菡　　责任印制：陈　涛

**版权所有　侵权必究**

**反盗版、侵权举报电话：**010-58800697
北京读者服务部电话：010-58808104
外埠邮购电话：010-58808083
本书如有印装质量问题，请与印制管理部联系调换。
印制管理部电话：010-58805079

# 编 委 会


## ▶ 高中专学前教师教育教材编写指导委员会

主　任：庞丽娟

副主任：郭亦勤　刘占兰

## ▶ 三年制高专学前教师教育教材编委会

总　编：彭世华

副总编：皮军功　陈　华　袁　旭　梁周全　郭亦勤　袁　萍　张祥华

编　委：贺永琴　占　峰　王保林　崔　建　孙　杰　蔡　虹　唐　敏　尹宗利　陈雅芳　叶留青　罗　峰　柴志高　张根健　卢新予　周宗清　李晓慧　周玉衡　张建岁　孔宝刚

# 序言

学前教育是基础教育的奠基阶段，是国民教育体系的重要组成部分，它不仅对个体身心全面健康发展，而且对义务教育质量、国民素质整体提高和社会发展均具有极其重要的奠基性作用。近两年，在党中央、国务院的高度重视下，在《国家中长期教育改革和发展规划纲要(2010—2020年)》(以下简称《教育规划纲要》)、《国务院关于当前发展学前教育的若干意见》(以下简称"国十条")和各地学前教育三年行动计划等政策的有力推动下，各省(自治区、直辖市)政府纷纷把学前教育作为本地教育工作和改善民生的重要方面，大力发展学前教育，有力地促进了各地学前教育事业的发展。2010年，是近年我国学前教育发展最快的一年，全国学前三年毛入园率增至56.6％，比2009年(2009年为50.9％)提高了5.7个百分点。

同时，我们需要客观、冷静地看到，由于长期受经济、社会、文化、传统和教育等多方面因素的制约，目前我国学前教育在不少地区是低水平的普及，学前教师队伍整体素质不高，特别是城乡学前教师专业素质水平差距大，不少农村幼儿园教师缺乏基本的专业教育，教育质量较低。

《教育规划纲要》和"国十条"明确指出了我国未来中长期学前教育发展的战略方向是"基本普及学前教育"，到2020年全国要实现基本普及学前教育。这在我国学前教育发展史上是具有里程碑、突破性意义的。但当前，如何更好地全面贯彻落实《教育规划纲要》和"国十条"精神，保障我国学前教育既大普及、大发展，同时又是有质量的发展，因而我们的普及是有意义的普及，给我们的孩子提供的教育是真正令人向往的、有价值的教育机会，这一问题仍然非常艰巨、突出！

我国政府、社会、家长等各方面都对此表示了极大的关注，专家、学者们为此进行着努力的思考、研究和探索。

无疑，要确保学前教育质量，必须要有高水平的学前教师作为基础和保障。政策和实践研究均表明，世界发达国家都十分重视学前教育阶段教师队伍的建设，在严格实施幼儿园教师资格制度和教师专业标准的同时，努力建构促进幼儿园教师专业发展的有效培养和支持体系，实现幼儿园教师培养的专业化和优质化。比如，美国、日本等国不仅基本实现了幼儿园教师培养的学士化，更值得关注的是，它们都非常注重幼儿园教师培养与培训教学资源的研发与优化，重视通过通识教育提高学生的人文和科学素养，注重通过深化专业课程设置、及时吸纳教育科学研究成果等培养学生对儿童的观察、理解与分析能力，教育教学实践能力及与儿童的有效互动和引导发展能力。

在我国，随着经济社会的快速发展，广大人民群众对学前教育规模和质量的要求越来越高，直接推动着我国学前教师教育的迅速发展。进入21世纪以来，包括幼儿师范学校和中职幼师班在内的中专层次的学前教师教育规模不断扩大，专科层次的初中起点五年制和高中起点三年制学前教师教育也迅速发展起来。迄今，全国已有独立设置的幼儿师范专科学校15所，今后几年数量还会急剧增长。然而，与此形势发展及其需求很不相适应的是，我国学前教师教育的教材建设却相对滞后，与学前教师教育规模、层次的发展速度与趋势很不相称。例如，初中起点五年制高专和高中起点三年制高专的教材还没有形成完善的体系，甚至可以说还是空白，教学中大量借用中专和本科教材；而三年制中专学前教师教育教材体系由于是在20世纪末期形成的，其时代性、先进性和适用性都急需加强；当前幼儿园教师在职培训、转岗培训、提升培训等的速度和规模迅速扩大，国家级培训已经覆盖全国，但其课程与教材建设却非常滞后，已经严重制约和影响培训的质量和效果。可见，要保障学前师资培养与培训的质量，必须要对学前教师教育的课程与教材体系进行新的系统建设。更为重要的是，2011年教育部先后颁发了《教师教育课程标准(试行)》《幼儿园教师专业标准(试行)》，对幼儿园教师的专业素养与能力以及学前教师教育的课程与教学等提出了明确的新要求，而这些新要求也急需通过建立一套新的更加完善的课程和教材才能更好地得到贯彻和落实。

适应事业发展形势的迫切需要，为了更好地贯彻落实《教育规划纲要》和“国十条”精神，促进学前教育大普及大发展的同时有质量地发展，有效推动我国学前教育事业的健康、可持续发展，在中国学前教育研究会的有力支持和领导下，教师发展专业委员会高职高专中职中专分委会从成立伊始，即将促进当前教育改革发展背景下我国学前教师教育和教师队伍的质量提升作为自身义不容辞的历史使命和责任，着手策划和研发这套“全国高中专学前教师教育教材”。就当前我国学前教育特别是学前教师教育和教师队伍建设中的关键矛盾、主要问题进行了多次深入研讨；组织多次研讨会对各地各校已有课程改革探索与教材创新进行深度的交流与研讨，并分享进一步改革的思考与建议。在策划和研发过程中，我参与了若干次当前现状与需求、编审理念与重点、系列及其册本的设计、各册本主审专家的遴选等工作，深感这是我国学前教育事业发展和教师队伍建设中的一件大事，责任重大，任务艰巨。现经过全国上下学前各领域多方面专家学者、历时三年的努力工作后，这套教材终于要出版了，值得祝贺！

就总体而言，这套教材及其编写过程具有如下三个主要特点。

一是设计全面，体系比较完整。即其分别对五年制高专、三年制高专、三年制中专和培训四个系列(除政治科目以外)的所有科目教材进行了全面系统的成套建设。在编写各科目册本的具体内容之前，系统研制了各系列人才培养方案和各门课程的教学大纲，以此作为纲领，使各系列在人才培养目标与课程设置、课时安排、教学内容选取、教学考核要求等方面形成一个比较完整的体系。

二是内容、体例力求创新。从《教师教育课程标准(试行)》和《幼儿园教师专业标准(试行)》等文件征求意见稿开始，全体编写人员即对这些政策文件进行了多轮的认真研读，努力使教材编写体现新文件对幼儿园教师应秉持的基本理念、应具有的专业理念与师德、专业知识和专业能力等提出的新要求。同时，所编各科教材都力图反映本学科领域的最新研究与实践改革成果。特别是本套教材不局限于传统的“三学六法”，在此基础上新增了幼儿学习与发展、幼儿发展观察与评价、幼儿园教育环境创设等深化、创新和拓展性的教材。在体例上，这套教材也有诸多的创新之处，如各科目以章节为单元，在学习目标与要求、理论学习与实践以及课后阅读、思考与练习等方面进行完整设计，使学生的学习既具有阶段递进性又具有相对完整性。此外，还安排了大量的案例以增强课程和教学的实践取向和学生的实践性体验。

三是组织过程比较严谨规范。在编写程序上，从研制人才培养方案和各学科册本的计划，到各册本确定编写大纲、体例和样章，再到形成初稿、进行统稿和最后审稿等，每一个步骤均经过了起草、征求意见、论证修改等多个环节的不断反复。编、审队伍的遴选组织坚持了高标准严要求，编写者均是全国高中专学前教师教育骨干院校中有水平、有影响、有经验的教师，审稿专家均为全国有影响的本科院校和国家研究院所中本领域的知名专家教授。此外，所选择的出版单位也是全国有影响力、专业性强的出版社。这些严格的要求努力与复杂的操作过程，均为了实现一个目标——共同建设一套适应我国新时期学前教育发展需要的、具有较高质量的学前教师教育课程和教学资源体系。

总之，这套教材的编写出版是恰逢其时，相信将有利于促进我国学前教师教育工作的开展和质量的提高，并将有力促进我国学前教育事业高质量、健康、可持续的发展。同时，也希望通过这套教材的广泛使用进一步集结和吸纳更多高校一线教师的智慧与经验，使这套教材得到不断发展和完善，从而不断推动我国学前教师教育教材的建设和发展，并且积极服务和促进我国学前教育事业的发展。

庞丽娟

于北京师范大学新主楼

# 目录

# 第一章　绪论

【本章学习要点】

1. 理解幼儿学习与发展的内涵及相互关系；
2. 了解幼儿学习与发展的课程性质与研究范畴；
3. 明确幼儿学习与发展的任务和意义。

随着《3-6 岁儿童学习与发展指南》的正式颁布，人们发现，仅仅掌握和了解幼儿心理发展的一般规律和特点是远远不够的，我们迫切需要一门能够有效揭示幼儿学习规律、科学指导幼儿学习与发展的课程。因此，幼儿学习与发展这门课程也就应运而生了。本章主要针对学习与发展的关系，幼儿学习与发展的课程性质、内容体系、任务及意义进行了较为系统的论述，以期帮助大家初步了解该课程的概貌。

## 第一节　幼儿学习与发展的内涵

通过幼儿心理学的学习，我们知道幼儿是在与环境的相互作用过程中实现自身发展的，而这种相互作用又是通过幼儿各种形式的活动来完成的。因此，从这个意义上来说，没有活动就谈不上幼儿的发展，活动是幼儿发展的基础和源泉。那么，作为其中一种重要活动形式的学习与幼儿的发展之间到底存在着怎样千丝万缕的联系，将是我们本节需要探讨的话题。

### 一、学习的内涵

#### (一)学习的概念

提到学习，人们首先想到的都是学习知识或掌握技能，如学习外语、学习体操、学习解题等。它们的确都属于学习活动，但从心理学的角度来看，它们所表示的只是学习活动中最典型的事例，也就是说仅指学科上的学习。实际上学习的含义是非常广泛的，既包括学科的学习，也包括适应环境、适应团体生活等其他类型的学习。对于幼儿而言，玩积木、玩沙子等各种游戏活动也是学习的重要形式。

**资料卡**

### "我不是好孩子，我爱玩。"

在幼儿园和家庭中，教师和家长往往把读书、认字、学算术等看作是学习，而把幼儿的玩积木、玩沙子、玩水、抓昆虫等视为与学习无关的活动。这种狭隘的学习观直接影响到幼儿对学习的认识。研究者曾调查幼儿："你觉得好孩子是什么样的？"很多幼儿都回答说："爱学习的是好孩子。"研究者继续问："怎么样就是爱学习呢？"回答最多的是"爱看书""上课专心听""爱举手回答问题"和"爱画画"等。当问到"你是爱学习的孩子吗？"有很多幼儿脱口而出："我不是好孩子，我爱玩。""玩不是学习吗？比如玩虫、玩沙堆？"幼儿全部十分肯定地答道："不是的，不是的。"

可见，成人的学习观直接影响着幼儿的学习观，乃至影响着幼儿的自我评价。学习有多种形式、多种内容，不能将学习狭隘地理解为学业学习。对于幼儿，更是如此。

（资料来源：姚梅林、郭芳芳，《幼儿教育心理学》，高等教育出版社，2012）

虽然学习活动是非常普遍的，但是要给学习下一个确切的定义也并非易事。从心理学的研究历史来看，不同的时期对学习的理解是不同的，不同的理论流派对学习的定义也莫衷一是。归纳起来，主要有：学习是刺激—反应之间联结的加强（行为主义的观点）、学习是认知结构的改变（认知主义的观点）、学习是自我概念的转变（人本主义的观点）、学习是主动建构内部心理表征的过程（建构主义的观点）。

随着学习心理学的认知革命，目前被广泛接受的定义是："学习是学习者在某种特定情境中行为的改变，它源于在这一情境中反复的练习与实践经验。这种改变不是自然发生的，不是因成熟或某种因素所导致的个体状态暂时的改变（如劳累、服药等）（Hilgard & Bower，1975）。"对这一定义，我们可以从以下几个方面来理解。

首先，学习是由练习带来的经验而产生的。经验不仅指外部环境刺激、个体的练习，还包括个体与环境之间复杂的交互作用。因经验而产生学习的情况，大致有两类：一类是有计划的练习或训练；另一类来自事先没有计划的活动，在生活中偶然获得的经验。例如，某幼儿和家长在路上遇到一位盲人不能过马路，就扶着他过马路。虽然这是一种事先未预料到的经验，但是从这个活动中，可以学习到同情和助人行为。

其次，学习需要过程。学习所发生的变化有时直接见诸行为，有时未必立刻反映到行动中，它可能需要一个较长时间才能体现。因此，有些心理学家把它视为行为潜能的变化。例如，幼儿初学识字，一开始看见字形而不知字音与字义，经练习后，见字形即发出字音，并了解字义，这可以推知产生了学习。如果幼儿虽然注意到字形，也能听懂教师教他的字音和字义，但因为在陌生老师面前，不敢将自己所掌握的知识通过行为表现出来，这也应视为已发生了学习。像这种已产生学习而未能在行为上表现出来的现象，称为行为潜能(behavioral potential)。

再次，幼儿行为的变化并非必然意味着学习的发生。学习是由练习或反复经验而产生。但不能简单认为，凡是行为的变化都表明学习的存在。个体行为变化不仅可以由学习引起，也可以由本能、疲劳、适应和成熟等引起。

最后，学习不仅指有组织的知识、技能、策略等的学习，也包括态度、情感、行为准则等的学习，这类学习通常为人们所忽视。我们常常关注幼儿学会念儿歌、学会唱歌、学会跳舞、学会做数学题，而忽略了态度、情感、社会性等同样也是学习的重要内容。

显然，上述定义的优点是指出了学习源于个体的练习与实践，但是它也存在着不足。内隐学习理论(implicit learning theory)指出，幼儿的学习不仅是外显的，也是内隐的。内隐学习不受意识控制，无须外显加工，同时也很少依赖练习。班杜拉的观察学习理论也表明了，儿童的学习往往不需要直接练习，他们通过观察也能习得榜样的行为。因此，我们在这里借鉴陈帼眉和姜勇提出来的关于幼儿学习的定义："幼儿学习是幼儿因经验而引起的思维、行为、能力和心理倾向(包括态度、情感)等持久而深刻的变化。这些变化不是因成熟或是某种原因，如服药、生理短暂变化导致的暂时性改变。"

**想一想：下面几个事例是否表明发生了学习？**

①一个幼儿搭积木，刚开始积木老是倒下，几经尝试后，他终于成功地把积木搭起来了。

②一个婴儿想往椅子上爬，他一次又一次抬起脚尝试登上椅子。

③一个幼儿看到成人摘公园里的花，他也模仿着摘花。

④一个幼儿看到穿白大褂的医生手拿着针管走进来时，感到恐惧。

### (二)学习的种类

#### 1. 按学习内容分类

①技能学习：指幼儿通过练习掌握动作或智力技能的活动过程。

②概念学习：指幼儿获得概念一般意义的过程，即掌握概念的本质属性，并将具有共性的同一类事物以语词来加以概括。

③创造性学习：指幼儿发挥主体性和能动性，进行自我建构、自我发现的学习，如幼儿在探索性游戏中获得认知发展。

④社会性学习：指幼儿在活动中获得社会性经验并改变其行为的过程，如幼儿学会待人接物。

#### 2. 按学习方式分类

①观察学习：是指个体不必直接参与学习活动，仅仅通过观察他人(榜样)的行为及其行为后果，就可以获得学习经验的一种学习方式，又称替代学习、模仿学习。观察学习是幼儿主要的学习方式，幼儿的观察学习涉及生活的各个方面。

②操作学习：是指个体在实际操作活动中进行学习的一种学习方式。在幼儿言语产生之前，其知识、技能主要是通过操作学习获得的。尽管两岁左右儿童言语已经产生并不断发展，但操作活动，特别是实物操作活动作为幼儿主要活动之一的地位并没有变，因为幼儿天性好动，操作学习符合这一特点，又因为操作活动是幼儿自己的行动，有利于调动幼儿的主动性。所以，操作学习自然也就成为了幼儿主要的学习方式之一。

③体验学习：是以学习者为中心，通过实践与反思相结合来获得知识、技能、态度的一种学习方式。体验学习既是一种体验感悟的过程，也是一种知识形成的过程。幼儿的学习与亲身体验是分不开的。比如，在玩沙的时候，幼儿会在了解沙子性状的同时，了解加水于沙会改变沙堆的性质；在积累堆砌沙堡经验的同时，会体验到堆成沙堡的成功喜悦，还会体验到沙堡坍塌时的失败懊恼，同时也会体验到自己对这次实践的态度。在幼儿每一次体验学习的背后，都蕴藏着成长的资源，比如，对自己的认识、自信心的提升、经受挫折实现自己目标的意识等，幼儿正是在这种体验学习中逐渐成长起来的。

④交往学习：是指个体以他人为对象，通过与他人的对话、交流、互动而展开的学习过程。交往学习的对象是具体的人，而不是文字符号或某种物体；交往学习的方式是与具体的人进行面对面的对话、交流与互动。交往学习也是幼儿重

要的学习方式之一，幼儿可以从他人那里获得思想、观念、情感、行为方式乃至整体人格的启发、借鉴或影响。

## 二、发展的内涵

### (一)发展的概念

发展是指个体从受孕到死亡的过程中，连续和系统的变化。用“系统”来描述“变化”，意指这种变化是有序的、模式化并且相对持久的。因此，暂时的情绪波动以及我们的外貌、思想、行为的短暂变化是不包括在内的。

我国著名儿童心理学家朱智贤根据儿童的主导活动、思维水平、人格特征和生理发展等特点将儿童的发展划分为乳儿期(0～1 岁)、婴儿期(1～3 岁)、幼儿期(3～6、7 岁)、学龄初期(6、7～11、12 岁)、少年期(11、12～14、15 岁)和青年初期(14、15～17、18 岁)六个年龄阶段。由此可见，幼儿发展主要是指个体在 3～6、7 岁时所发生的连续、系统的变化。通常可以分为以下两个宽泛的领域或方面。

#### 1. 生理发展

包括躯体的尺寸、身体比例、外貌和各种躯体系统功能的变化；大脑的发展；知觉和运动能力以及生理健康等人类生理结构与机能的变化。

#### 2. 心理发展

指个体一生中所发生的一系列心理变化。包括注意、记忆、问题解决、想象力、创造力以及人类特有的通过语言表现世界的能力等认知过程的发展，以及情感交流、自我认同、情绪的自我控制、对他人的认识、人际技能、友谊、亲密关系和道德推理等情感和社会性的发展。

当然，这两个领域的发展并不是完全独立的，而是相互交叠、相互影响的。新的运动能力，如手的动作、坐立、爬行和走路(生理发展)，有助于婴儿了解周围环境(认知发展)。当婴儿的思考和行为能力更强时，成人就通过游戏、语言和愉快的表情来刺激婴儿达到新的成功(情感和社会性发展)。

### (二)发展的原因

为了更充分地理解发展的内涵，我们必须了解导致发展变化的两个重要的原因。

1. 成熟

成熟是指个体按照遗传基因中预先设定的生物程序的发展。正如种子如果有充足的湿度和营养物质就会成长为成熟的植物，人则是在子宫里成长的。成熟进程中的生物程序让人的成熟有一个大致相同的时间表：大约 1 岁时开始行走并说出第一个有意义的词，11～15 岁达到性成熟，然后成年、死亡。此外，成熟也要对人心理的变化负一定的责任，这些心理变化包括日渐增长的注意能力、解决问题的能力、对他人的思想或情感的理解能力等。

因此，人类在很多重要方面相似的原因之一就是共同的"种系遗传性"，或者说是成熟的蓝图在生命的相同点上引导我们经历了很多相同的发展变化。

2. 学习

学习是由个体的经历或实践导致的个体行为或行为潜能相对持久的变化过程。通过这个过程，我们的感情、思想和行为产生了相对持久的变化。如一个小学生要能熟练地打篮球，一定程度的身体成熟是必需的，但是如果他想达到迈克尔·乔丹(Michael Jordan)的控球技术，则必须经过悉心的指导，并花很多时间来练习。我们大多数人的能力和习惯不是作为大自然宏伟计划的一部分而简单按程序发展的，而常常是通过观察父母、老师、生活中的重要他人或与他们交往，以及通过自己的经历来学习，并用新的方式去感觉、思考和行动的。这意味着我们要对环境作出反应，特别是要对我们周围的人作出反应。

当然，大多数发展变化是成熟和学习的共同产物，我们所要做的就是在个体达到一定成熟的基础之上，通过引导和促进个体的学习以帮助其往积极的方向发展。

## 三、幼儿学习与发展的关系

### (一)学习与生理发展

个体的生理发展特征与水平制约着学习的可能性及其结果，而学习活动又在一定程度上促进着生理的发展。

1. 学习对生理发展的依存性

许多事实及实验都表明，学习需要以个体的生理发展为自然前提，个体的生理发展为有效的学习提供物质可能。比如幼儿进行动作学习时，需要骨骼肌肉、大脑神经系统的正常发育及达到一定成熟程度。忽视生理因素的制约作用，或提出的学习要求与个体的生理发展水平相距甚远，则要么徒劳无功，要么得不偿失。

资料卡

### 格塞尔的双生子爬梯实验

1929年，格塞尔对一对双生子进行实验研究，他首先对双生子A和双生子B进行行为基线的观察，认为他们发展水平相当。在双生子出生第48周时，对A进行爬楼梯训练，而对B则不予相应训练。训练持续了6周，期间双生子A比B更早地显示出某些技能。到了第53周，当B达到能够学习爬楼梯的成熟水平时，对他开始集中训练，发现只要少量训练，B就达到了A的熟练水平。进一步的观察发现，在55周时，A和B的能力没有差别。因此，格塞尔等人根据这一事实认为，在没有达到生理成熟水平之前，训练儿童去学习和掌握某种技能，只会事倍功半。由此可见，生理发展会影响学习的效果和速度。

（资料来源：刘金花，《儿童发展心理学》，华东师范大学出版社，2006）

实际教育经验表明，学习并不以教育者的主观意志为转移。在一定阶段，幼儿学习什么、怎么学，都受到幼儿的生理发展水平的制约。对于盲人而言，进行视觉学习是非常困难的；对于先天愚型的儿童而言，要达到正常儿童的学习水平几乎是不可能的。生理特性决定了进行某种学习的可能性。即使对于生理特性发育正常的个体而言，如果学习的要求超出相应的生理发展水平，则学习的效率也是较低的。

2. 学习对生理发展的促进作用

个体的生理发展遵循“用进废退”的自然法则，“用”即意味着后天的学习，学习可以促进个体的生理发展。动物与人类的有关研究都证明了这一点。

以动物为对象进行的各种形式的感觉剥夺实验表明，如果剥夺初生动物的某方面的感觉刺激，则影响相应感官的发育成熟。理森(A. H. Risen)在研究中，把刚出生的两个黑猩猩养育在完全黑暗的环境中，剥夺光刺激对其视觉器官的作用，结果16个月以后，它们的视觉发育迟缓，视觉器官异常。对其他动物的不同感觉剥夺实验也都表明，缺乏一定外在刺激的作用和学习活动，动物的感觉器官等一些生理特性的发展将受到抑制。

资料卡

## 小托蒂的悲剧

一个名叫托蒂的意大利小男孩有一只十分奇怪的眼睛。说“十分奇怪”，是因为经眼科大夫多次会诊得出的结论都相同：从生理上看，这是一只完全正常的眼睛，但它却是失明的。一只完全正常的眼睛何以失明了呢？

原来，当小托蒂呱呱坠地时，这只眼睛因轻度感染被绷带缠了两个星期。正是这种对常人来说几乎没有副作用的治疗，对刚刚出生、大脑正处于构建发育关键期的婴儿托蒂造成了极大的伤害。由于长时间无法通过这只眼睛接收任何外界信息，原先该为这只眼工作的大脑神经组织也随之“消退”了。

（资料来源：http：//baby. sina. com. cn/edu/2004—10—18/55 _ 10829. shtml)

有关人类的一些研究也表明，适度的学习和训练可以明显地促进个体的生理发展。比如研究者曾经在一个普通的托儿所中设置了三种不同的实验情境：第一种情境是每天给幼儿额外增加 20 次的成人看护；第二种情境是在小床上增加多种形状和颜色的物体，提供头和颈部活动的额外机会，同时也增加成人的看护次数；第三种是将假奶头放在婴儿看得见的床栏上，鼓励儿童去抓握，同时也增加成人的看护次数。结果发现，后两种实验情境中的婴儿，其追视事物的能力比第一种情境中的儿童发展得较早些。此外，其他有关研究也证实，人类大脑皮层的不断生长与分化完全得益于后天的各种形式的学习。

### (二)学习与心理发展

个体已有的心理发展水平制约着新学习的方式、速度与水平，而适宜的学习活动又促进着心理的发展。

#### 1. 学习对心理发展的依存性

心理学的大量研究表明，新的学习受到原有的心理结构及其发展水平的影响，个体原有的心理发展水平决定了新的学习可能达到的水平以及学习的难易程度。处于不同心理发展水平时，学习的内容与学习的形式也应不同，忽视心理发展的现有水平以及发展的顺序性而拔苗助长或填鸭的做法是徒劳的。如果一味地强迫幼儿记住大量的唐诗宋词或外语单词，这不仅是不现实的，而且也在一定程度上限制了幼儿的健康发展，损害了幼儿的学习动机。应该根据幼儿心理发展的年龄特征，确定最适宜的学习内容和学习方式。

**资料卡**

### 神童的没落

贝贝1岁开始认字，3岁时就能读报了，4岁能背诵300多首唐诗，5岁就已经能解答小学二年级的算术题。贝贝小时候，邻居都拿他来教育自己的孩子，觉得这名“神童”将来一定是读北大、清华的料。贝贝的父母也一直没有放松对他的教育，一年级的时候就请老师为他补习小学五年级的知识，课余还要参加各种竞赛、学习班等。到了初中，贝贝的成绩开始下滑，他莫名厌恶学习，经常迟到、早退甚至旷课。最后，他连一所普通的大学都没有考上。

（资料来源：陈兰，《让孩子听话的心理战》，东方出版社，2010）

美国心理学家加涅(R. M. Gagne)曾提出著名的累积学习观点，他认为，新的学习是在原有学习的基础上进行的，任何新能力的形成都需要先学习包含在新能力里面的从属的能力。比如，为了让幼儿学习单脚跳，首先应保证幼儿能够单脚站立。单脚站立的技能掌握得越好，则越有助于单脚跳的学习。也就是说，幼儿原有的心理结构会参与到新的学习中，并影响着新的学习，决定着新学习的水平及方式。

学习受制于幼儿的心理发展，这只是学习和幼儿心理发展关系的一个方面，更重要的是，幼儿的心理发展必须通过学习才能实现。

#### 2. 学习对心理发展的促进作用

从幼儿的一生发展来看，其心理发展无疑都是在不断的学习过程中实现的，学习对心理发展而言是一个最直接的决定因素。无论是幼儿自身的发现、摸索还是接受他人的教育，这些学习方式都使得幼儿能够积累经验，不断地完善原有的经验结构，促进心理的进一步发展。幼儿从早期的直觉行动思维发展到后来的具体形象思维以及抽象逻辑思维，这一过程不是自发的、自然的，而是通过不断的学习实现的。

从心理发展的动力机制来看，新的学习情境引起了幼儿的认知不平衡，即产生一种问题情境，并导致幼儿产生相应的学习需要与学习愿望，这些都为心理发展提供了动力源泉。

从心理发展的过程来看，幼儿通过不断的学习，获取各种知识、技能和社会规范等，并通过广泛的迁移，逐步形成能力和品德。能力和品德的逐步形成、完善的过程就是心理不断发展、不断从量变到质变的过程，是在不断的学习过程中完成的。

动物学习实验及人类早期教育的研究都表明，学习可以促进个体的心理发展。比如，在白鼠成长的初期进行学习训练，由此习得的经验可以促进白鼠日后解决问题能力的提高。“狼孩”的例子则表明，早期学习经验的缺失将直接阻碍心理的正常发展。

**资料卡**

1970 年，人们在美国加利福尼亚发现一个名叫基尼的 13 岁女孩，母亲失明，她自婴儿期起就受到父亲的虐待，被隔离在一个小房间里，没有人和她说话，几乎不能听到什么声音，只是由哥哥匆匆地、默默地供给她食物。当基尼被发现并送到医院时，她严重营养不良，最初几个月的测查得分只相当于 1 岁正常儿童。调查认为，基尼的缺陷并不是天生的，而是缺乏早期经验导致的。13 岁以后，经过 7 年的精心教育，她虽然学得了一些语言，却没有学会人类语言的语法规则。

（资料来源：姚梅林、郭芳芳，《幼儿教育心理学》，高等教育出版社，2012）

由此可见，学习与幼儿的身心发展有着密切的关系，二者既相互制约，又相互促进。这表现在幼儿的身心发展为学习提供必要的准备，而学习又反过来促进幼儿的身心发展。因此，教师在教育中若能充分而有效地利用幼儿学习的一般特征和规律，选择和开展适宜的教学，对加速、促进幼儿的身心全面、健康发展无疑将具有极其重要的作用。而这正是幼儿学习与发展这门课程所关注的内容。

## 第二节　幼儿学习与发展的课程性质和研究范畴

为了更好地了解幼儿学习与发展的课程性质与研究范畴，我们先来看一下三位实习教师的日记。

实习教师甲：“以前总觉得孩子很小，老师说过的话，他第二天就会忘记。例如，孩子户外活动时通常玩得很疯，不管我事先怎样提醒，他们都会忘得一干二净。其实并不是这样。一个孩子总是穿不好衣服，有一次，我坐在他床前轻轻和他聊天，鼓励他自己穿衣服。这个孩子觉得我很重视他。第二天他外婆来说，这个孩子早上起来，一定要自己穿衣服。”

实习教师乙：“在学校学习时，我一直以为要上好一堂课，最关键的是课前准备。一堂课的教学设计新奇、能吸引孩子是最主要的。可现实中并不是这样。

课前准备固然重要，但是教师在课堂上的灵活机动，以及对纪律的有效控制，可能更重要，甚至可以影响到整个一堂课的效果。比如，课堂上孩子突发奇想，提出了我事先根本没有考虑到的问题。这些在大学课程里都是没有接触过的，但在幼儿园里却天天发生。”

实习教师丙：“本周五，为了迎接新年的到来，孩子们在老师的精心组织下，举行了一次小型的新年聚会。在聚会上，孩子们纷纷把自己带来的礼物赠送给其他小朋友。不仅如此，还相互赠言，祝福朋友节日快乐、生活幸福等。幼儿表现得相当兴奋。教师创设的环境给他们带来了自由发挥、学习的机会。幼儿是这次活动的主体，他们‘组织’了这次聚会，并且把它举办得相当有趣！由此，我亲身体验到了孩子的潜在能力，我们绝对不能小看他们。”

上述三位实习教师无一例外都提到了关于幼儿的学习以及教师如何促进幼儿学习与发展的问题。然而，幼儿心理发展与幼儿教育概论这两门课程并不关注这些内容。因此，建设一门有关幼儿学习以及教师如何促进幼儿学习与发展的课程就显得非常必要且有意义了。

幼儿学习与发展作为幼儿心理发展和幼儿教育概论的延伸和拓展，它所关注的重点，不是幼儿心理发展的一般规律和特点，而是幼儿学习的特征与规律；不是教师的一般教学方法与策略，而是为了促进幼儿的学习与发展，教师依据学习心理学和教育心理学规律采取的教育教学方法与策略。

**资料卡**

## 小小资料角

为了支持主题活动，我们把图书角扩展为资料角。资料角内放置了各种书籍，有关于动物的、关于植物的，如《十万个为什么》《大头儿子、小头爸爸》等，也有小朋友从家里拿来的各种图片、照片和VCD等。小朋友在其中可以尽情地查阅资料，吸取知识。如在《神秘的头发》一书中，有一个关于头发颜色的主题。我们就让幼儿去寻找相关的资料，有的幼儿到图书区去找，有的回家在网上找。幼儿从中了解到，头发的颜色很丰富，有红的、蓝的、绿的、白的、黑的等。喜欢什么颜色，大人就可以去理发店染一下。但是小朋友们也知道自己不适宜染发，因为染发膏里有一些化学成分，会伤害幼儿的头发。有了资料角，幼儿不仅可以在里面查阅资料，而且养成了动手动脑、主动收集信息的好习惯。

资料卡

"百宝车"

幼儿园的每一个教室，都配备了一辆小推车，车上有很多小篮子，里面盛放着各种各样的物品，我们称它为"百宝车"。"百宝车"里装有老师和小朋友收集的废旧材料，有各式各样的瓶子、纸盒、塑料盒、铁罐、卷筒纸芯，各种颜色的彩纸、毛线、绳子，还有各类布料，真是品种齐全，琳琅满目。幼儿常常从这里找到他们所需要的材料。例如，我们让幼儿动手制作自己喜欢的头发，小朋友们马上想到去"百宝车"上寻找合适的材料，有的用马甲袋，有的用报纸，有的用毛线，有的则选用布来做头发。小朋友用这些材料做出了发型各异的头发，有的做长发，有的做短发，有的做直发，还有的做卷发。我们还开了一个"发型展示会"，把幼儿的作品展示给家长看。家长们想不到自己孩子的手这样巧，用这些废旧物品竟然做出了这么漂亮的东西。

（资料来源：陈帼眉、姜勇，《幼儿教育心理学》，北京师范大学出版社，2007）

上述案例中，教师为了促进幼儿的自主学习，有意识地创设了帮助幼儿探索与发现的学习环境，有效激发了幼儿的学习兴趣和潜能。这正是幼儿学习与发展要探讨的主要领域之一。

## 一、幼儿学习与发展的课程性质

要探讨一门课程的性质，首先得看它的研究对象的性质。作为幼儿学习与发展的研究对象——幼儿学习以及幼儿教学，有着自己的独立性和特殊性。

### （一）幼儿学习的主要特点

1. 游戏是幼儿学习的基本形式

对于幼儿来说，游戏不仅是一种玩耍，也是一种学习、工作和生活。游戏是幼儿基于内在动机的选择，没有固定模式地主动参与活动的快乐过程，是幼儿的各种活动的最自然的融合形式，是各类活动赖以进行的最好载体。幼儿通过各类游戏，不仅可以发展动作技能、语言能力、解决问题能力以及想象力和创造力，而且游戏使幼儿度过最快乐的时光。在游戏中可以使他们了解个人与环境的关系、舒缓情绪、促进情感和社会性的发展。

幼儿的游戏与学习是相辅相成的，甚至是互为一体的。从某种程度上讲，幼儿的游戏就是一种隐性的学习，所以说游戏是幼儿进行学习的基本形式和最佳方式。

**资料卡**

### 扮演警察的奥奇

4 岁的奥奇平常总是坐不住，在一个地方不能安静地待上一段时间。一次老师让他在班级游戏中扮演“交警”这个角色。在岗位上站了 5 分钟之后，他就想离开这个岗位，去参加其他感兴趣的活动。但是当老师提醒“怎么没有警察指挥交通了？警察应该坚守岗位啊！”他马上意识到自己的“失职”，立刻返回岗位，继续坚持指挥交通。

（资料来源：姚梅林、郭芳芳，《幼儿教育心理学》，高等教育出版社，2012）

2. 幼儿学习是在日常生活中进行的

杜威(John Dewey)认为，教育即生活，教育不能脱离生活，更不能与生活隔离开来。现代社会对幼儿学习的要求，不仅要主动学习，还要学会学习，有良好的自学能力，为终身学习与发展奠定坚实的基础。《3-6 岁儿童学习与发展指南》中就明确提出幼儿的学习是在游戏和日常生活中进行的。要珍视游戏和生活的独特价值，创设丰富的教育环境，合理安排一日生活，严禁“拔苗助长”式的超前教育和强化训练。

3. 幼儿学习强调直接经验和主动参与

幼儿的学习是通过对实物、模型及其形象性语言的直接感知，对学习材料的直接操作来获取基本经验与基本态度的。幼儿通过一系列有目的、有意识的动作，摆弄、操作实际物体如玩具、工具、日常用品，练习相关的技能；通过教师生动形象的语言描述以及相应的动作来形成对事物的有关认识。通过采用恰当的直观方式与操作活动，幼儿的心理不断由低级向高级发展。

所以，幼儿学习的课程应该以真实的经验和实践为基础，教师应尽可能地创设条件让幼儿动手操作、直接观察和实践，让他们获得亲身的经历和体会，并能用自己的话说出事情发生的过程，这样的学习对于幼儿来说才是最有意义的。

4. 幼儿的学习需要教学的促进

幼儿的学习活动是在教师的指导下，通过对教师及其他同伴的模仿而获得的。这反映了幼儿学习活动的依赖性及活动方式的未定型性，同样也表明教师在幼儿的学习习惯以及其他良好的行为习惯形成方面发挥着非常重要的作用。

因此，在教学活动过程中，教师应通过有目的、有计划的教育要求、教学大纲，以丰富的教育内容和生动、活泼的组织形式，最大限度地利用并发挥各种教育因素的影响，引导幼儿积极、主动地参与学习活动，使幼儿得到全面、和谐的发展。

**资料卡**

### 小鸟的乐园

幼儿园里有一池清水，原意是给栖息的小鸟解渴。但孩子们认为口渴的小鸟可能肚子也会饿，如果它们又饿又渴的话，也许会疲惫不堪的。于是，孩子们提出了多种建议，如在树上搭建鸟巢、秋千，做个喷泉等，最后大家决定为小鸟建造一座真正的乐园。

之后，教师带领孩子们开始了漫长的探索与实验过程，其间遇到了各种各样的问题。比如为了建一个喷泉，孩子们提出了很多观点与想法：菲利普说，要建一个天使喷泉，喷水池底有一些水，每年更换一次；爱丽莎则认为，天上的雨水从山上流进小洞里，最后流入山脚下的湖中，然后经由水道进入另一个湖，再带入水道中；强尼认为，地下的通路有很多条，老鼠会喝掉一些水，其余大部分的水就流入喷泉，从喷泉的石块中往上喷出，而石块就像滑滑梯一样，让水滑下来；西蒙尼则提出做个大储水槽，其中要有天平显示水槽中是否有水，天平平衡代表水槽有水，喷泉可以喷水，天平倾斜就代表水不多了，得按下按钮让水槽装满水。实验中问题不断提出，不断被解决，整个过程充满了学习与探索。经过实验，孩子们为小鸟做成了水车和喷泉，还为小鸟乐园举行了开幕式。

（资料来源：姚梅林、郭芳芳，《幼儿教育心理学》，高等教育出版社，2012）

### (二)幼儿教学的主要特点

#### 1. 幼儿教学表现出非正规性

幼儿教育具有与高年龄儿童教育不同的地方。幼儿教育的对象是三到六七岁的年幼儿童。由于不属于义务教育，因此对教学的内容和形式的要求比较宽松，教学时间、课程、教材等没有什么严格的规定和要求。

### 2. 幼儿教学目标重在幼儿发展

幼儿教学目标更多的是发展幼儿，而不是塑造幼儿。幼儿的行为发展不够成熟，思维处于较低水平，需要成人更多教导，为了爱护孩子，因此理应塑造他。但随着科学文明发展，更多人提倡让孩子成为他自己，因此发展幼儿便成为了重点。也就是说，幼儿教学更多的不是传授知识，而是促进幼儿在能力、个性等多方面的全面发展。

### 3. 幼儿教学特殊性的具体表现

(1)以过程教学模式为主

教学模式常见的有目标模式和过程模式两种。中小学教育更多采用目标模式，这体现了行为主义的教育观点，认为学习应是系统的、可预测的，课程是达成目标的手段；可以预期儿童的学习成果，重视儿童能学到什么；教学过程遵循确定目标—任务分析—达到学习目标和评价的顺序；教师是学习的主导者。

幼儿教学提倡过程模式，这是进步主义的教育观点，具体表现为：

①强调知识是由经验获得、自己发现的；

②经验是教育过程的核心；

③幼儿的兴趣、能力和经验是教育的起点；

④教学环境的安排，要赋予幼儿自由创造的机会；

⑤强调幼儿个人内在的心智、情绪、社会、生理经验，而非按成人的健康、音乐、语文、科学、数学等来分类；

⑥强调教学目标可随时根据幼儿的兴趣而改变；

⑦评价不重视事先设定的详细目标，也不重视量化；

⑧教育环境鼓励幼儿自由选择、自由探索；

⑨气氛是开放式的、非正式的；

⑩教师的角色是环境的安排者、观察者、促进者、研究者和学习者。

(2)幼儿的教材范围更广

教材是幼儿教学的一个要素。在教材的使用上，强调师幼互动、幼幼互动，这与中小学的教材也有很大的不同。幼儿的教材包括：

①游戏，具有控制、冲突和结束三个特性；

②作业本，倾向于个别活动，具有训练方面的作用，允许幼儿用少量的时间和材料去练习；

③操作物，让幼儿在操作中学习；

④媒体，通过录音机、电视、录像机、计算机等学习。

(3)幼儿学习即活动

幼儿的学习，即活动、即生活、即游戏，是一种人际的交互作用。对于幼儿学习活动的设计，要考虑：

①活动是否符合幼儿的年龄；

②活动是否适合于幼儿的背景经验；

③活动能否引起他们的兴趣；

④活动过程能否最大程度促进其发展；

⑤活动是否可操作且可行。

(4)建立良好的人际关系在幼儿教学中很重要

温暖、同情心是促进幼儿适应幼儿园的有效方法，也是幼儿教学的一项基本要求。另外，家长可以参与到幼儿园教学与生活中去。幼儿教育鼓励家长到教室中去，协助教师做事情，指导幼儿学习，对课程提出意见等。

(5)幼儿教学方案有特殊性

与小学不同，针对幼儿教学方案的特点有以下几点要求：

①为幼儿安排的活动要适合其发展。如果课程太难，就像把幼儿推到深水去一样，会使他们害怕水，即使能做到也会害怕。

②自我选择与教师引导之间寻求平衡，鼓励幼儿自己选择有兴趣的探索活动。

③好的教学方案应有丰富的内容。在幼儿活动中，能体现出身体我、情绪我、社会我、创作我和认知我。

④具有适合每个幼儿的课程，每个幼儿依据自己的速度来学习。

⑤教学方案具有稳定性、规则性和多样性，表现为：幼儿需要有不同的经验；提供给幼儿学习的材料应有难有易；避免单调的重复，幼儿一天的步调要有所改变，幼儿的各种经验必须保持平衡。

### (三)幼儿学习与发展的课程性质

从上述分析可以看出，幼儿学习与发展是一门具有一定特殊性的独立的课程。它并不直接告诉幼儿教师具体的教育方法，而是引导教师理解教育行为背后有关幼儿学习与发展的理论及原理，为教师如何改进教育教学以促进幼儿的学习与发展提供正确决策与适宜行为的原则与方法，从而提升教师的教育观念与教学水平。因此，幼儿学习与发展不仅要探讨幼儿学习的规律与特征，而且还要回答教师如何开展教育来促进幼儿学习与发展，以及教师在幼儿学习中所扮演的重要角色等问题。

综上所述，我们可以将幼儿学习与发展定义为：揭示幼儿是如何学习的，即幼儿学习的特征、水平和规律以及研究如何更科学、合理、有效地促进幼儿的学习与发展，即如何开展适宜而有效的教学，特别是关注在教学环境和幼儿学习特征的交互作用下，幼儿是如何学习与发展的一门课程。

为了更好地理解上述定义，必须把握以下三个方面：一是幼儿学习与发展是研究如何更好地促进幼儿学习与发展的一门课程；二是幼儿学习与发展以幼儿心理发展、幼儿教育概论等课程为基础；三是幼儿学习与发展可用于指导幼儿教育工作者改善其教育观念及教育行为。

## 二、幼儿学习与发展的内容体系

### (一)内容的构成

本教材共分为八章，具体如下：

第一章为幼儿学习与发展的基本概况，包括幼儿学习与发展的内涵、课程性质、研究范畴、任务和意义等。

第二章为幼儿学习理论，包括行为主义、认知主义和建构主义学习理论关于幼儿学习的基本观点。

第三章为幼儿学习与发展的生理基础和动因，包括大脑的发育及特点，教师、同伴、家长以及其他环境因素对幼儿学习与发展的影响。

第四章为幼儿学习的过程和特点，包括幼儿知识的建构过程、技能的形成过程、情感的获得过程、幼儿的学习特点以及相应的指导策略。

第五章为幼儿的学习方式，包括观察学习、操作学习、体验学习和交往学习四种学习方式的内涵、运行机制以及相应的指导和评价。

第六章为幼儿学习的个体差异和适宜性发展，包括幼儿学习的个体差异、幼儿的学习障碍与常见问题以及针对个体差异的发展适宜性教学。

第七章为幼儿学习中教师角色和教育策略，包括教师在幼儿学习活动中的角色、幼儿园教学活动的教学策略以及对幼儿学习与发展的合理期望。

第八章为幼儿学习与发展评价，包括幼儿学习与发展评价的内涵和特征、幼儿学习与发展评价的价值和内容以及幼儿学习与发展评价的实施。

### (二)凸显幼儿学习与发展课程的独特性

为了尽可能突出幼儿学习与发展课程的独立性及其特色，本教材在内容的选取和编排上尝试做了一些改进，以期最大限度地契合教育部颁布的《3-6岁儿童学习与发展指南》中所要求的基本精神与核心理念。

1. 吸收了学习心理学和教学心理学中的基本原理与基本理论精粹，像学习理论、动机理论、迁移理论和教学过程设计原理等，并尽可能地联系幼儿实际。

2. 关注了幼儿学习与发展的整体性，注重各领域之间、目标之间的相互渗透和整合，促进幼儿身心全面协调发展，而不是片面追求某一方面或几方面的发展。

3. 在充分理解和尊重幼儿发展进程中的个体差异以及分析当前社会对幼儿学习与发展的不合理期望现状的基础之上，明确提出了教师应如何依据《3-6岁儿童学习与发展指南》所提出的各年龄段幼儿学习与发展的合理期望，针对不同幼儿在学习与发展中所表现出来的个体差异，选择适当的教育方法和策略，以支持和引导他们从原有水平向更高水平发展。

4. 重点介绍了幼儿的学习方式和特点，强调了幼儿的学习是以直接经验为基础，在游戏和日常生活中进行的。提出要珍视游戏和生活的独特价值，创设丰富的教育环境，合理安排一日生活，最大限度地支持和满足幼儿通过直接感知、实际操作和亲身体验获取经验的需要，反对"拔苗助长"式的超前教育和强化训练。

5. 重视幼儿学习品质的培养，从促进幼儿终身学习与发展的角度出发，指出了要充分尊重和保护幼儿的好奇心和学习兴趣，帮助幼儿逐步养成积极主动、认真专注、不怕困难、敢于探究和尝试、乐于想象和创造等良好学习品质。

## 三、幼儿学习与发展的研究范畴

就幼儿学习与发展的研究范畴而言，虽然不同立场的学者所持的观点和看法不尽相同，但还是存在着一定的共识，即幼儿学习与发展是以幼儿心理发展和幼儿教育概论为基础，研究幼儿学习与教师有效教学中各种问题的课程。因此，幼儿学习与发展不可避免地涉及以下三大变量。

### (一)幼儿学习者

幼儿学习与发展研究的对象是作为学习者的幼儿。幼儿的学习有其自身的特点，不仅在认知、情感、社会性等方面与中小学生有着差异，而且在学习方式和方法上也有所不同。幼儿的学习特点不但影响其学习过程与学习方式，而且还影响教师的教育教学活动。

### (二)幼儿教育者

幼儿教育者，主要指幼儿园教师、家长以及其他托幼机构的工作人员，他们各自从不同的角度参与影响和教育幼儿的工作。其中，幼儿园教师的角色与作用远比中小学教师更具多样化，他们不仅是幼儿学习的促进者、支持者、引导者，而且还是幼儿学习环境的创设者。正如有位教师在访谈中所提到的："幼儿教师是多角色的，不只是一个教授儿童知识、能力的人。幼儿教师有时候像是孩子的父母，要照顾他们生活；有时候是孩子的一个朋友，需要给孩子一种关心，需要和孩子一起玩；有时候就是孩子的引导者、支持者。"

### (三)环境与教学

教师根据幼儿学习的特点和教育教学规律，创设支持性的学习环境，开展有效教学，也是影响幼儿学习与发展的重要内容。

总而言之，幼儿学习与发展的研究范畴离不开幼儿、教师以及环境这三个重要变量，同时又与学习心理学、教学心理学、教师心理学、幼儿心理发展以及幼儿教育概论等密不可分(见图 1-1)。

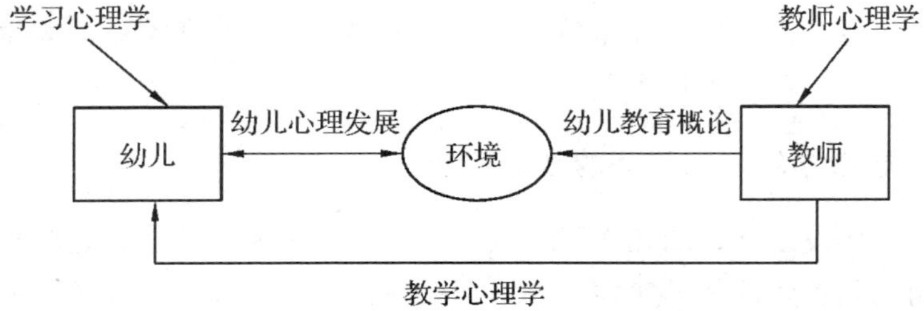


**图 1-1 幼儿学习与发展的研究范畴**

## 第三节 幼儿学习与发展的任务和意义

幼儿学习与发展作为一门综合性和交叉性的课程，承担着揭示幼儿学习与教师有效教学的基本规律以及指导幼儿园教育教学实践的重要任务。因此，身为未来的幼儿教育工作者，学习幼儿学习与发展这门课程也就显得十分必要和有意义了。

## 一、幼儿学习与发展的任务

幼儿学习与发展的基本任务可以归纳为两个主要方面：一是科学地研究与阐释幼儿学习与有效教学的一般规律和特征；二是运用科学的教育教学手段促进幼儿的学习与发展。

### (一)揭示幼儿学习特点与有效教学的规律

幼儿学习与发展作为一门单独的课程还不够成熟和完善，很多方面都需要做进一步的研究与探讨，特别是幼儿学习的基本方式、特点与规律，游戏在幼儿学习与发展中的重要作用，幼儿在健康、语言、社会、科学和艺术五大领域学习与发展的特征与规律，幼儿学习与发展的个别差异以及发展适宜性教学等，都需要进行深入系统的研究。

幼儿学习与发展对幼儿学习一般规律和特征的揭示，对幼儿学习与发展主要机制的分析，对促进幼儿有效学习与发展的教育教学问题的探讨，对教师在幼儿学习与发展中的角色和重要作用的阐述，对幼儿学习与发展评价的研究等，不仅能充实幼儿学习与发展的内容体系，而且也为进一步丰富和深化幼儿学习与有效教学相关理论提供借鉴与参考。

### (二)科学指导幼儿园教师的教学实践

除了理论建设以外，幼儿学习与发展的另一个重要任务，就是将理论与原则用于指导幼儿园教师的教学实践工作，帮助他们科学、有效地促进幼儿的学习与发展。

幼儿学习与发展要帮助幼儿教师理解幼儿的学习过程、学习特点、学习方式以及科学的幼儿教育教学方法，并实施有效教学，最终促进幼儿的学习与发展。幼儿教育实践的科学性有赖于其是否建立在心理学基础上，是否以科学的心理学，特别是学习心理学、教学心理学为依据。由此可见，幼儿学习与发展这一综合性和交叉性课程的设置必然为科学的幼儿教育，尤其是为幼儿教师开展科学、适宜、有效的教育教学活动提供基础与实践指导。

当前，我国幼儿教育改革如火如荼，一方面，国外的幼儿教育理论与模式纷纷被引入我国，许多理论都涉及幼儿的学习与指导，至于它们的科学性、有效性，特别是对我国教育改革与发展实际的适用性，都需要我们在实践中一一鉴别；另一方面，在新时期，我国幼儿在学习与发展上表现出很多新问题、新现象和新特征，这也需要我们建立适合时代发展的幼儿学习与有效教学相关理论，以指导广大幼儿园教师正确认识当前幼儿学习与发展的一般规律和特点，建立对幼儿学习与发展的合理期望，掌握并实施科学、适宜、有效的教育教学方法，促进幼儿身心全面协调可持续发展。

## 二、幼儿学习与发展的意义

对于幼儿教育工作者来说，掌握幼儿学习与发展的基本原理和方法，不仅有助于幼儿教育工作的有效开展，而且也有助于自身的成长和专业发展。

### (一)有助于树立科学的儿童观、教育观和评价观

幼儿学习与发展针对幼儿的学习与教师的有效教学等相关问题提出了科学的理念和教育原则，同时也为实践中教师如何选择正确合理的教学方式提供了参考和依据。因此，学习幼儿学习与发展这门课程，有助于幼教工作者形成科学的儿童观、教育观和评价观，为正确处理幼儿教育中的各种实际问题、促进幼儿的学习与发展提供有力的思想武器。

**想一想：**

开发幼儿智力是幼儿教育的一项重要内容，是通过让幼儿提前进行大量的读书识字、学习加减法等教学方式来实现这一目标呢？还是通过各种模拟游戏、体验式活动等教学方式来培养幼儿的学习兴趣和探究能力呢？为什么？

### (二)有助于提高幼儿教育的效能

“人生百年，立于幼学。”随着社会的发展和人们教育意识的提高，儿童早期的智力开发和教育培训越来越成为社会关注的焦点。作为幼教工作者，积极学习和利用各种有关幼儿学习与教师有效教学的一般规律和特征，可以科学地选择恰当的教学内容和教学方法，合理地组织教学活动，采取各种正确的教育策略来促进幼儿的终身学习与全面协调可持续发展。另外，针对幼儿学习的不同方式、特点以及个体差异进行因材施教，可以使每个幼儿的身心都能得到充分而富有个性的发展。如此一来，就能极大地避免幼儿教育的盲目性，减少幼儿教育的失误，提高幼儿教育的效能。

相对于传统的教学模式而言，一些新的教学模式的运用可以在很大程度上提高幼儿教育的效能，改善幼儿教育教学的质量。然而这些成效的取得，都离不开幼教工作者对幼儿学习与发展课程的学习和领悟。比如，很多幼儿教师将合作学

习的教学模式引入常规的教学活动中，不仅可以极大地调动幼儿学习的积极性，而且还可以让幼儿实现认知共享、能力互补，进而促进幼儿对知识的全面掌握。此外，通过小组成员的互动，幼儿还可以深刻体验到团队意识、集体责任感、友谊、关爱等。

### (三)有助于促进自身的专业成长

提升幼儿教育的质量和效能，关键在于培养和造就一批理论素质高、实践能力强的一线幼儿教育工作者。随着国家对学前教育的重视程度越来越高，幼教工作者们迎来了大好的发展机遇，但同时也面临了比以往更大的挑战。如果幼教工作者能深入了解幼儿学习与有效教学的规律、深刻领会《3-6岁儿童学习与发展指南》的基本精神、认真学习幼儿学习与发展评价的原则和方法、积极吸纳当前幼儿学习与有效教学相关研究的新成果并及时转化到实际的教育教学工作中去，则不但有助于幼教工作者胜任自己的工作，而且还能促使其主动地对自己的教育教学进行反思、改进和完善，最终全面提升自身的专业素质，逐渐成长为专家型的幼儿教师。

为此，幼教工作者有必要学习幼儿学习与发展这门课程，以完善知识结构，提高理论水平，端正教育观念，并将其转化到工作实践中去。

## 本章小结

学习与幼儿的身心发展有着密切的关系，二者既相互制约，又相互促进。这表现在幼儿的身心发展为学习提供必要的准备，而学习又反过来能够促进幼儿的身心发展。因此，教师在教育中若能充分而有效地利用幼儿学习的一般特征和规律，选择和开展适宜的教学，对加速、促进幼儿的身心全面、健康发展将具有极其重要的作用。

幼儿学习与发展是一门揭示幼儿是如何学习的，即幼儿学习的特征、水平和规律以及研究如何更科学、合理、有效地促进幼儿的学习与发展，即如何开展适宜而有效的教学，特别是关注在教学环境和幼儿学习特征的交互作用下，幼儿是如何学习与发展的课程。幼儿学习与发展的研究范畴离不开幼儿、教师以及环境这三个重要变量，同时又与学习心理学、教学心理学、教师心理学、幼儿心理发展以及幼儿教育概论等密不可分。

幼儿学习与发展的基本任务一是科学地研究与阐释幼儿学习与有效教学的一般规律和特征；二是指导幼儿教师运用科学的教育教学手段促进幼儿的学习与发展。对于幼儿教育工作者来说，掌握幼儿学习与发展的基本原理和方法，不仅有助于幼儿教育工作的有效开展，而且也有助于自身的成长和专业发展。

【思考与练习】

1. 什么是幼儿的学习？你认为幼儿学习与发展是一门怎样的课程？
2. 幼教工作者为什么要学习幼儿学习与发展？
3. 联系实际谈一谈你将如何安排幼儿学习与发展这门课程的学习。
4. 请简要解释学习与发展的辩证关系。

# 第二章　幼儿学习理论

【本章学习要点】

1. 掌握行为主义、认知主义及建构主义等学习理论对幼儿学习的主要观点；
2. 能够综合运用各流派学习理论解释幼儿的学习行为；
3. 探讨不同学习理论指导下教师的相关教学策略；
4. 学会在不同的情境中，针对不同的学习任务灵活运用不同的学习理论为幼儿的学习提供支持。

一部人类的历史可以说就是一部人类的学习史，学习是人类的永恒主题。什么是学习？如何有效地学习？哪些因素影响和制约着学习？这些问题自古以来就受到人们的关注，继而产生了不少这方面的论述。时至近代，哲学家、教育家以及心理学家都从不同的角度对学习进行了思考、探索和诠释。各领域的专家学者纷纷从各自的学术立场出发，构建了一系列各具特色的学习理论，为我们洞悉学习的本质与规律、破解学习的奥秘与困惑提供了有力的支撑。这一章我们将沿着学习理论发展的历史轨迹，向大家呈现行为主义、认知主义以及建构主义等心理学流派关于学习的基本主张，以及在实际的教学情境中如何有效地运用这些理论为幼儿的学习提供支持和帮助，促进幼儿的发展。

## 第一节　行为主义学习理论

行为主义是西方心理学的主要流派之一，产生于20世纪初的美国，从20世纪20年代到50年代，整整30年在美国心理学研究中一直处于统治位置。行为主义者认为，早先各心理学流派研究心理现象的研究方法不科学，心理学不应只研究人脑中那种无形的、不可捉摸的东西——意识。如果心理学要成为一门科学，那就必须建立在自然科学研究的基础上，研究那些可观察、可测量的现象，即人的行为。

行为主义学习理论的标志不在于研究行为(所有的学习理论都研究行为)，而在于根据环境中的事件来解释学习。他们将学习过程看作是个体在外部刺激下的反应过程，认为S-R(刺激—反应)模式可用来解释人类各种形式的学习和个性特征。被认为是当代行为主义创始人的华生(John B. Watson，1878—1958)曾发表过如下著名的言论：

给我一打健康、外形完好的婴儿，放在我设计的特殊的环境里培养。我敢保证，随便挑选出其中一人，我都能把他训练成我所选择的任何一类专家——医生、律师、艺术家、商业首领，甚至是乞丐或是小偷，而无论他的才能、爱好、倾向、能力，或他先辈的职业和种族是什么。

最著名的行为主义学习理论当属斯金纳(B. F. Skinner)的操作性条件反射理论。而早期的刺激—反应学习理论如桑代克的联结主义理论、巴甫洛夫的经典条件反射理论则起到了重要的奠基作用。行为主义的另一杰出代表人物班杜拉则进一步考虑到了个体的认知学习，并从新行为主义的立场出发阐释了儿童的个性与社会性学习问题。

## 一、早期刺激—反应学习理论

### (一)桑代克的联结主义理论

爱德华·L. 桑代克(Edward Lee Thorndike，1874—1949)是美国著名心理学家。他创立了教育心理学这一学科，使教育心理学从教育学和儿童心理学中分化出来，成为一门独立的学科，因此也被誉为现代教育心理学之父。其主要著作为三卷本的系列丛书《教育心理学》(*Educational Psychology*)，书中他提出了著名的联结主义学习理论。此理论在20世纪上半叶的美国有着举足轻重的地位。

#### 尝试错误学习

桑代克的联结主义学习理论假设最基本的学习形式是感觉经验(刺激或对事件的感知)与神经冲动(行为表现)之间形成联想或联结。他认为学习经常发生在尝试错误(选择与联结)中。

对于桑代克而言，学习的最基本形式便是尝试错误学习，或者是他最初称作的选择与联结，他是在早期实验中得出这一基本观点的。桑代克亲自设计了实验所需的迷箱(如图2-1所示)，这个小而狭窄的箱子中间竖立着一根杆子或在顶部悬挂着链子，如果能推动杆子或拉动链条，门就会被打开。

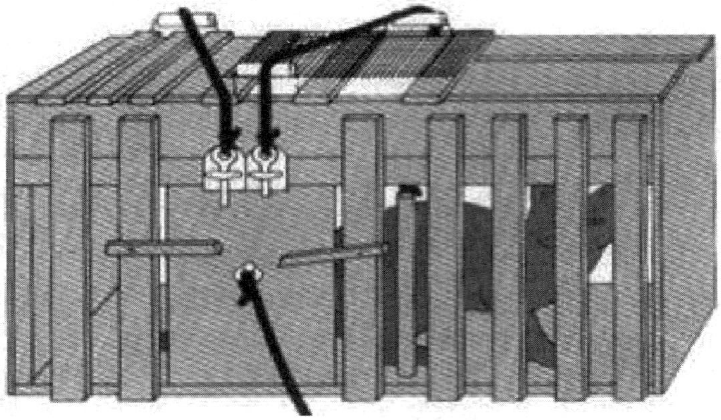

图 2-1　桑代克的迷箱

在一个经典的实验中，桑代克把一只饥饿的猫放入箱内，箱外放着食物。一开始，饿猫在箱内又抓又咬，拼命挣扎，想逃出箱子吃到食物。无意中它碰到了杆子或者链条，门被打开，饿猫逃出了迷箱，吃到了食物，随后猫又被放回箱子，继续下一轮实验。猫在箱内仍然乱抓乱咬，不过逃出箱子所需要的时间可能会少些。经过反复的尝试，猫逃出迷箱所需的时间越来越少，无效的动作逐渐被排除。图 2-2 显示了这个典型实验的结果。

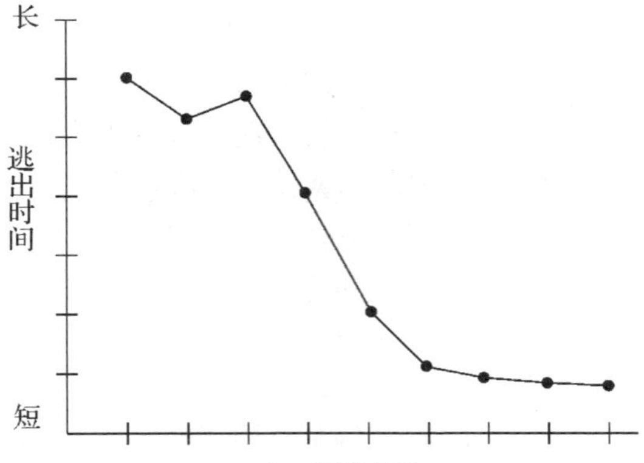


图 2-2　操作水平随尝试次数的增多而提高

据此桑代克认为，猫是在经过多次尝试错误之后，在刺激环境和正确行为之间形成了联结，从而掌握了开门的方法。猫被关在箱内，箱外的食物就是刺激，猫推动杆子或拉动链条逃出迷箱是它所要学习的行为或反应。在刺激情境下，如何作出适当反应达到逃脱目的，就是“刺激—反应”的联结，而联结的形成就是学习。桑代克认为，学习的实质就在于有机体形成“刺激”(S)与反应(R)之间的联结。尽管人类的学习更加复杂，但是由于动物和人的研究所获得的结果存在相似性，桑代克最终还是用基本的学习原理来解释各种复杂的学习。他认为，一个受过教育的成年人不过是拥有成千上万个“刺激—反应”的联结而已。

“三大学习定律”

桑代克根据一系列动物实验的研究结果桑代克提出了以下学习规律。

**准备律(law of readiness)**

桑代克在他的《人类的原初本性》一书中提出了准备律，它由以下三部分组成。

1. 当一个传导单位准备好传导时，传导得以实现就会引发满意。

2. 当一个传导单位准备好传导时，传导不能实现就会引发苦恼。

3. 当一个传导单位没有准备好传导但被迫传导时，传导就会引发苦恼。

在这里，“一个准备好传导的传导单位”仅仅是指行为的准备状态或目标的指向状态。我们运用当前的术语可以把桑代克的准备律重述如下：

1. 当某人准备表现某一行为时，去做就会引发满意。

2. 当某人准备表现某一行为时，不去做就会引发苦恼。

3. 当某人不准备表现某一行为但被逼去做时，就会引发苦恼。

一般而言，阻碍目标的指向行为可以导致沮丧，促使个体去做他不想做的事情也会导致沮丧。

该原理是说，当一个人准备采取某种行动时，做这件事情本身就是一种奖励，不做就是惩罚。如果一个人肚子饿了，那么导致他获得食物的反应就处于一种准备状态，而其他不能使他得到食物的反应就不处于准备状态。如果一个人累了，那么强迫他去锻炼就是惩罚。把这种思想应用到学习上，就可以说，当学习者为学习某种行为(根据发展水平或以前习得的技能)做好了准备时，那么促进这种学习的行为将是一种奖励。当学习者从发展水平看还没有做好学习的准备或不具备必备的技能时，让他去学习就是一种惩罚，而且浪费时间。

**练习律(law of exercise)**

桑代克提出的练习律主要包括两个部分。

1. 如果反应与刺激的联结被使用，它们就得到加强。换言之，仅仅是练习刺激情境与反应之间的联结就可以加强二者之间的联结。练习律的这部分被称为使用律(law of use)。

2. 如果反应与刺激情境的联结被停止练习或停止使用其神经联系，它们的联结就会减弱。练习律的这部分被称为失用律(law of disuse)。

在这里桑代克把强化界定为当刺激重复出现时反应发生可能性的增加。如果一个刺激与反应之间的联结被加强，当下一次刺激出现的时候反应发生的可能性就会增加；如果一个刺激与反应之间的联结被减弱了，当下一次刺激出现的时候反应发生的可能性就会降低。简言之，练习律是说，我们因做而学习，因不做而忘记。

**效果律(law of effect)**

效果律是桑代克理论的核心。

桑代克的效果律是指刺激与反应之间的联结因反应结果而增强或减弱。如果一个反应发生后跟随着满意事态，联结就被加强；如果一个反应发生之后跟随着苦恼事态，联结就被减弱。在现代术语中，如果一个刺激引发一个反应，这一反应又引发了强化，刺激与反应之间的联结就会被加强；另一方面，如果一个刺激引发一个反应，而该反应导致惩罚，刺激与反应之间的联结就被减弱。

### 迁移的相同要素理论

是什么决定我们如何对一个从未遇到过的情境作出反应？桑代克认为是类比反应，也就是将该情境与先前遇到过的情境相联系而对该情境作出反应。熟悉情境与陌生情境之间的训练迁移量取决于这两个情境具有共同要素的数量。也就是说，只有当两个情境具有共同要素时，从一个情境向另一个的迁移才会发生。这就是桑代克著名的训练迁移的相同要素理论。通过这种理论，桑代克反驳了长期占统治地位的以形式训练说为基础的迁移理论。

### 桑代克理论的修正

1929 年 9 月，桑代克站在康涅狄格州纽黑文召开的国际心理学大会讲台前，以“我错了”这句话开始他的演讲。这种坦诚展现了优秀科学实践极为重要的一面：如果数据要求这样，科学家必须改变他们的结论。

1930 年后，桑代克基本上放弃了整个练习律。宣称仅仅重复就能增强联结的失用律，被发现是不准确的。而且，单纯的失用或不用没有在很大程度上削减联结。虽然桑代克坚持认为练习会引起较小进步，缺乏练习会引起少量遗忘，但实际上他在 1930 年后便放弃了整个练习律。

1930 年后，早期的效果律被发现只有一半是正确的。正确的这一半是，跟随满意事态发生的反应被增强；而对于另一半，桑代克发现，惩罚一个反应对于联结强度没有影响。桑代克修正后的效果律认为，强化增加联结强度，而惩罚对联结强度没有影响。这一发现直到今天还具有极其深远的意义。桑代克关于惩罚效果的结论与几千年来的常识相反，他的结论总的来看对教育、儿童抚养和行为矫正有巨大的意义。

关于效果律，桑代克最初认为，令人满意的东西（奖励）和令人厌恶的东西（惩罚）产生的效果是相反的。然而后来的研究表明情况并非如此。奖励的确增强了联结，但惩罚不一定减弱联结。只有当替代性的联结被增强时，这些联结才会减弱。惩罚抑制了反应，然而，这些反应并没有被忘掉。惩罚不是改变行为的有效途径，因为惩罚没有教给学习者正确的行为，而仅仅让他们知道不要做什么。

### （二）巴甫洛夫的经典条件反射理论

伊凡·彼得罗维奇·巴甫洛夫（Ivan Petrovich Pavlov，1849—1936）是俄国生理学家。1904 年，由于他对消化的生理学研究而获得诺贝尔奖。事实上直到 50 岁时，他才开始涉足心理学领域的研究。巴甫洛夫给学习理论留下的宝贵遗产，是他做过的经典条件反射（classial conditioning）研究。

巴甫洛夫在彼得罗格雷德实验医学研究所当生理实验室主任的时候，主要从事有关消化的研究，研究消化的方法涉及对狗实施外科手术，使狗的胃液能经过一瘘管流到体外而被收集起来。在偶然的机会，他发现狗一看见饲养员给它们送食物，甚至一听到饲养员的脚步声就分泌唾液。巴甫洛夫意识到，饲养员并不是引起唾液分泌的自然刺激物，而是与食物建立了联系，而使狗获得了分泌唾液的力量。最初，他将这一反应称为“心理”反射，后称其为“经典条件反射”。

引起经典条件作用的必要成分包括：(1)无条件刺激（unconditional stimulus，简称 UCS），它引发有机体自然且自动的反应；(2)无条件反射（unconditional response，简称 UCR），它是由无条件刺激引发的自然且自动的反应；(3)条件刺激（conditional stimulus，简称 CS），它不引发有机体的自然且自动的反应，因此是中性刺激。这些成分以某种方式混合时，就发生了条件反射（conditional response，简称 CR）。要产生条件反射，条件刺激与无条件刺激必须多次配对。首先呈现条件刺激，然后呈现无条件刺激，而且呈现顺序非常重要。每一次无条件刺激出现时，就会出现无条件反应。最终，条件刺激可单独呈现，而且它会引起与无条件反应类似的反应。

在一项实验中，巴甫洛夫把一只饥饿的狗拴在一个装置上，向它呈现一个肉团（UCS），狗开始分泌唾液（UCR）。动物若要建立条件反射，需要在出现无条件刺激之前反复地呈现一个原来为中性的刺激。巴甫洛夫经常用一个能发出嘀嗒声的节拍器作为中性刺激。实验刚开始时，节拍器的嘀嗒声不会引起唾液的分

图 2-3　巴甫洛夫的经典条件反射

泌。当实验快结束时，狗在食物团出现之前就开始分泌唾液，对发出嘀嗒声的节拍器作出了反应。这时节拍器变成了条件刺激(CS)，引起了和无条件反射相类似的条件反射(CS)。

消退(extinction)

条件反应要依赖无条件刺激的存在，这就是无条件刺激被称为强化物的确切原因。显而易见，没有无条件刺激，条件刺激永远不会形成引发条件反应的能力。同样，如果条件反射已经形成，反复呈现条件刺激，而不呈现无条件刺激，条件反射的强度会逐渐减弱，甚至消失，这个现象就是人们熟知的消退现象。

自然恢复(spontaneous recovery)

经过一段时间条件刺激总不出现，条件反射基本消退之后。如果随后再次呈现条件刺激，条件反射又会重新出现，我们就说条件反射在消退之后又自然恢复了。条件反射自然恢复后不会持续很长时间，除非再次出现条件刺激。条件刺激和非条件刺激的同时出现使条件反射得到全面的恢复。

泛化(generalization)

泛化指的是和条件刺激相似的刺激引起了条件反射。狗一旦建立起条件反射，听到节拍器每分钟嘀嗒嘀嗒地敲 70 次就分泌唾液，有时当节拍器敲击的速度变快或变慢，甚至钟表或计时器的嘀嗒声也能使它分泌唾液。新的刺激和条件刺激的相似性越小，泛化出现的可能性就越小。

辨别(discrimination)

辨别是和泛化互补的过程。当狗学会对条件刺激作出反应而对其他类似的刺

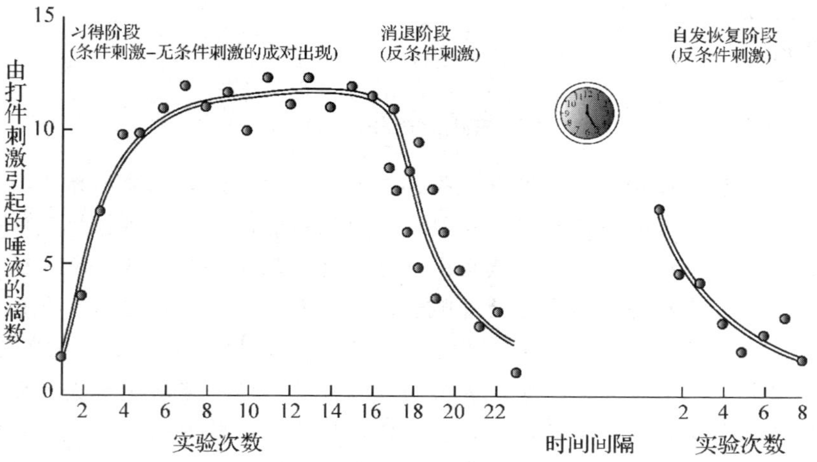


**图 2-4　显示条件反应消退和自然恢复的典型曲线**

激不作出反应时，辨别就出现了。要训练辨别能力，实验人员可以在条件刺激出现时呈现无条件刺激，而在其他类似的刺激出现时不呈现无条件刺激。例如，假定条件刺激是节拍器每分钟发出 70 次嘀嗒声，那么一出现这种声音就呈现无条件刺激，而出现其他节律(如每分钟 50 或 90 次)的嘀嗒声就不出现无条件刺激。

### 高级条件反射(higher-order conditioning)

刺激物一旦变成了条件刺激，就可以起到无条件刺激的作用，这个过程就叫作高级条件反射。如果狗一听到节拍器发出每分钟 70 次的嘀嗒声就作出分泌唾液的条件反射，那么节拍器就可以作为引起高级条件反射的无条件刺激。让新的中性刺激(如蜂音器)响几秒钟，紧跟着出现节拍器的嘀嗒声。试验几次后，狗一听到蜂鸣声就分泌唾液，此时，蜂鸣声就变成了第二级的条件刺激物。

高级条件反射是一个十分复杂、不易理解的过程。这个概念从理论上探讨是很有意思的，有助于解释一些社会现象(如测验失败)为什么可以引起条件性的情绪反应，如紧张和焦虑。在年纪较小时，失败也许只是一个中性事件，然后会逐渐地与家长、老师的批评联系起来。批评是引起焦虑的无条件刺激。通过条件反射，失败就能引起焦虑。与情境有关的线索也可以成为条件刺激。因此，当学习者走进即将举行测验的教室或当老师宣布不久就要进行考试时，学习者就会感到非常焦虑。

资料卡

### 情绪的条件反射

经典条件反射理论可用来解释某些机能失调的行为。刚入幼儿园的幼儿可能都会产生与新的经历有关的恐惧。在学年刚开始的时候，幼儿园教师可以安排一些活动，使幼儿对这些最初的恐惧减少一些敏感。教师可以安排几次入园前的参观活动，让幼儿有机会见到自己的老师和同学，见到自己的教室和写有自己名字的座位。开学头几天，教师还可以开展一些有意思但相对来说比较平静的活动，如让幼儿了解自己的老师、同学、教室和教学楼等。幼儿可以先游览教学楼，然后回到自己的教室，在教室里画画，和同学们谈谈自己所看到的一切。教师可以把幼儿带到办公室见园长、园长助理、校医和顾问等，让他们玩名字游戏，在游戏中幼儿先作自我介绍，然后设法回忆其他同学的名字。

这些活动属于非正规的脱敏方法。对一些幼儿来说，和幼儿园有关的线索都能引起焦虑。有意思的活动能够引起愉快的情绪，这些愉快的情绪和焦虑是互不相容的，把有意思的活动和有关幼儿园的线索联系起来，就可以减少后者所引起的焦虑。

（资料来源：戴尔·H. 申克，《学习理论》，江苏教育出版社，2012）

## 二、斯金纳的操作性条件反射学习理论

斯金纳(B. F. Skinner，1904—1990)，美国著名的行为主义心理学家，新行为主义的代表人物斯金纳早年立志成为一名作家，但遗憾的是早年他在写作方面的努力备受打击。然而在他有幸拜读了巴甫洛夫写的《条件反射》(*Conditioned Reflexes*)和华生写的《行为主义》(*Behaviorism*)以后，他开始对心理学产生了浓厚的兴趣。以巴甫洛夫经典条件反射理论和桑代克学习理论为基础，于 1937 年他提出了对当代心理学产生了深远影响的操作性条件反射原理，其相关的思想在今天的教育心理学，特别是儿童心理干预与矫正中依旧被广泛的应用。

同大多数的行为主义心理学家一样，斯金纳的操作性条件反射理论也是建立在大量动物实验的基础上。为进行动物实验，斯金纳设计了符合其操作条件作用学习理论的仪器，即“斯金纳箱”(Skinner box)。它是一个大约 0.3 米高的立方体箱子，箱子内设有一个杠杆装置和一个食物盘，如果里面的动物按压杠杆，就会有食物落入盘中。斯金纳把一只饥饿的白鼠放入箱中，白鼠在饥饿的刺激下不停

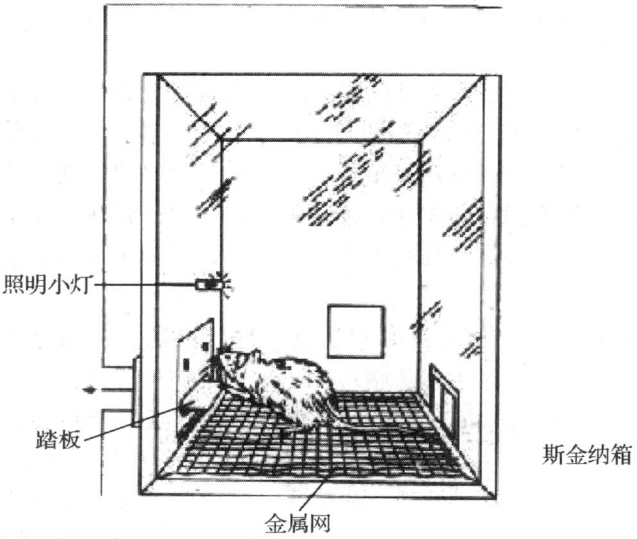


**图 2-5　斯金纳的操作性条件反射**

地活动，产生一系列的行为反应(R)，其中偶然出现的按压杠杆的行为会为它带来少量食物(S)，白鼠吃完食物后继续活动。偶然按压杠杆得到食物的反应—刺激会继续发生，这种在行为之后出现的刺激对行为本身是一种强化。白鼠在一次次获得食物刺激的奖励下，逐渐学会主动地按压杠杆来获取食物。这就是一个操作性条件反射形成的过程。

在 20 世纪 30 年代初，斯金纳发表了一系列论文，报道了他用动物做实验所获得的研究结果。在研究中他发现了操作性条件反射的各种成分。

斯金纳认为学习是“复杂情境中各种反应的重新组合”；条件反射是指由强化引起行为的加强。条件反射存在两种形式，一种是 S 型，另一种是 R 型。S 型条件反射是巴甫洛夫的条件反射，其特征是强化(无条件)刺激和另一个(条件)刺激成对出现。这种条件反射使人们对引起有机体反应的刺激给予了重视。对刺激作出的反应就是人们熟知的反应性行为。

S 型条件反射虽然能解释条件性情绪反应，然而，人的大多数行为在刺激一出现时就出现了，而非由刺激机械地引起。反应受结果控制，不受先前刺激的控制。斯金纳把这种行为称为 R 型条件反射，目的是要强调反应方面。从它作用于环境产生某种效果来看，这种行为是操作性的。

我们可能认为操作性行为是在“做中学”，事实上，我们在行为的过程中有许多学习正在发生着。与反应性行为(它在条件反射形成之前不会出现)不同，操作性行为出现的概率永远不等于零，因为必须作出反应才可能获得强化。强化改变了反应出现的可能性或频率。操作性行为作用于它们所在的环境，由于强化，它们出现的可能性会变大或者变小。

强化(reinforcement)起到使反应增强的作用，即提高了反应的效率，或者说使反应更有可能发生。强化物或强化刺激(reinforcing stimulus)指的是任何在反应之后出现的使反应增强的刺激或事件。强化物(奖励)的定义以他们产生的效果为基础，而非取决于意识、意图和目标这类心理过程。强化物不能事先确定，而必须由它们产生的效果来定，强化物是根据具体的情境来说的，它们只适合于某个时间某种情况下的个体。

正强化(positive reinforcement)包括反应之后出现一个刺激或把一些东西加入某个情境中，使该反应今后在该情境中出现的可能性提高的各种情况。正强化物(positive reinforcer)指的是反应之后出现的，使该反应今后在该情境中出现的可能性提高的刺激物。

负强化(negative reinforcement)是在反应之后取消某个刺激或从情境中抽走某些东西，他提高了该反应在该情境中出现的可能性。负强化物(negative reinforcer)指的是反应之后被取消的，使该反应今后在该情境中出现的可能性提高的刺激物。一些刺激物常常起到负强化物的作用，如强光、噪音、批评、讨厌的人、低分数等，因为移去这些事物的行为可以产生强化作用。正、负强化物都能产生同样的效果，即当刺激出现时，提高某个反应的出现频率。

诸如食物、水、住所之类的刺激物叫作一级强化物，因为它们是基本的生存条件。二级强化物是通过和一级强化物形成联结而变成条件的刺激物。通过和牛奶(一级强化物)形成联结，婴儿最喜欢奶瓶成为二级强化物。和不止一个强化物形成联结的二级强化物叫做一般性强化物。

惩罚(punishment)降低了今后对刺激作出反应的可能性。惩罚包括撤销正强化物和反应之后出现负强化物两种情况。惩罚压制反应，但无法使反应消除，当惩罚取消了，被惩罚的反应还可能恢复。惩罚的效果是十分复杂的。

**资料卡**

### 替代惩罚的方法

一是改变能够引起消极行为的辨别性刺激。例如，坐在教师后面的学生经常会调皮捣蛋，教师可以改变辨别性刺激，让这个违纪的学生移到前面的位子上去。

二是让不希望出现的行为继续表现，直到行为者满足为止。例如家长可以让孩子一直发脾气直到孩子疲劳为止。

三是用不理会的方法消除不希望出现的行为，这种方法对小的违纪行为很奏效。

四是把不相容的行为与正强化物建立条件反射。教师表扬富有成效的学习习惯，这有助于学生建立这些习惯的条件反射。

这种替代惩罚的方法的最大优点是让学生知道怎样做才是对的。

普雷马克原理(Premack principle)认为，提供价值较高的活动机会能够强化从事价值较低的活动。在这里，要根据在没有强化的情况下作出反应的数量或花在活动上的时间来定义“价值”。如果所安排的相倚活动的情况是第二个(相倚)事件的价值高于第一个(工具性)事件的价值，那么第一个事件发生的概率预计会提高(奖励假说)。如果第二个事件的价值低于第一个事件的价值，那么第一个事件发生的可能性应该降低(惩罚假说)。

由于强化物的价值会变化，所以这个顺序不是永远不变的。任何强化物，如果经常使用，都会导致饱和(satiation)，使反应的可能性下降。应用普雷马克原理的教师需要定期观察学生，询问他们喜欢做的事情，以便检查他们的偏好。在制订计划时，最关键的一个环节就是预先确定在情境中哪个强化物可能最有效。

强化的安排指的是确定什么时候给予强化。

1. 连续强化程式。指的是对每一个正确的反应都给予强化。在学习技能时，这种安排是有必要的。学生们在作出每个反应之后都得到有关他们工作正确性的反馈，连续的强化有助于确保学生不去学习各种错误的反应。

2. 定时强化程式。使用定时强化程式，只对动物在固定时间间隔作出的第一个正确反应进行强化。例如，只有间隔3分钟的反应才会受到强化。在定时间隔的开始，动物反应很慢或根本就没有反应。在快接近时间间隔的末尾时，动物逐渐提高了反应的速度，显然它是预期到强化时刻的到来，这类反应在累计记录中形成一种模式，被称作定时扇贝。

3. 定比强化程式。通过定比强化程式，动物作出的每一个第N次反应都会受到强化，在定比强化程式中，动物在受到强化之前必须作出一定数量的反应。

4. 不定时强化程式。通过不定时强化程式，动物在不定的时间间隔结束时反应会受到强化。也就是说，它不同于定时强化程式有一个固定的时间间隔，相反，在不定时强化程式中，动物也许会在接受一次强化后即刻受到强化，也可能在其他一个不确定的时间受到强化。这种程式消除了定时强化程式中的扇贝效应，并产生了一个稳定的、适度的高反应率。

5. 不定比强化程式。通过定比强化程式，动物在作出一定量的反应，如5

个后会受到强化；用不定比强化程式，动物平均每5个反应会受到强化，因此，动物也许会连续2次受到强化，也可能作10次或15次反应都没有强化。

总的来说，连续强化对消退产生的抵制最小，并在训练期间产生的反应率最低。所有的部分强化程式都比连续强化对消退的抵制更大，并在训练期间有更高的反应率。一般而言，不定比强化程式产生的反应率最高，其后依次为定比强化程式、不定时强化程式、定时强化程式，最后是连续强化程式。

资料卡

**行为塑造与矫正**

通过操作性条件反射进行行为改变的基本方法是塑造(shaping)，要塑造行为，教育工作者应该遵循以下步骤：

1. 确定学生现在能做什么事情(起点行为)。
2. 确定理想的行为。
3. 识别学生所在环境中的潜在强化物。
4. 把终点行为(第二步)分解成可以按顺序掌握的细小步骤。
5. 经过不断的强化每一个接近终点的行为，使学生由起点行为逐渐向终点行为靠近。

塑造就是通过不断地纠正反馈，在行动中学习。

(资料来源：戴尔·H. 申克，《学习理论》，江苏教育出版社，2012)

## 三、班杜拉的观察学习理论

阿尔伯特·班杜拉(Albert Bandura，1925—　)，美国著名心理学家，新行为主义的主要代表人物之一，社会学习理论的创始人。班杜拉认为学习的发生可以通过两种途径：一种是实际去做的行动性学习，如前面已经讨论过的斯金纳的操作性条件反射；另一种是通过观察榜样(例如，现场的、象征性的电子产品或印刷品的)行为的替代性学习。不仅如此，来源于直接经验的一切学习现象实际上都可以依赖观察学习而发生，而在此过程中，学习者没有外显的行为。

班杜拉在他的一项研究中很好地证实了学习与表现之间的区别。在这个实验中，儿童在观看电影，而电影中的榜样正在击打或踢一个洋娃娃。在班杜拉的理论中，榜样可以是能够传递信息的任何事物，如一个人、一部电影、一个电视节目、一个示范、一幅画或一本指导书等。在这个例子中，电影放映的是一个成年榜样表现出的攻击性。第一组儿童看到榜样因攻击而受到强化；第二组儿童看到榜样因攻击而受到惩罚；第三组儿童看到榜样的攻击结果是中性的，也就是说，既没有受到强化也没有受到惩罚。然后，把一个洋娃娃放到这三组儿童面前并测量他们的攻击性。正如预期的那样，看到榜样因攻击而受到强化的儿童最具有攻击性；看到榜样因攻击而受到惩罚的儿童攻击性最小；而看到榜样既没有受到强化也没有受到惩罚的儿童攻击性介于前两组儿童之间。这项研究非常有趣，是因为它证实了儿童的行为会受到间接经验或替代经验的影响。换句话说，观察到他人经历的事情对他们自己的行为会产生影响。第一组儿童观察到的是替代强化，这促使了他们的攻击性；第二组儿童观察到的是替代惩罚，这抑制了他们的攻击性。虽然这些儿童没有直接体验到强化或惩罚，但这同样也改变了他们的行为。

上面描述的研究的第二个阶段是为了清楚阐明学习与表现的区别而设计的。在这个阶段给所有儿童都提供了一个吸引人的诱因，以鼓励他们重现榜样的行为，而且他们所有人也都这样做了。换句话说，所有儿童都学会了榜样的攻击性行为，但他们的表现有所不同，这取决于他们观察的榜样是受到强化、惩罚还是经验中性的后果。

班杜拉认为，观察学习随时都在发生。“当观察学习的能力充分发展后，谁都无法阻止人们去学习他们所看到的东西。”观察学习既不需要外显反应，也不需要强化。说观察学习独立于强化而发生，并不是说其他变量不会对它影响。班杜拉列出了影响观察学习的四个过程，现将其概括如下。

### 注意过程

从榜样那里学习一些东西之前，首先必须注意到榜样。班杜拉认为学习是一个持续不断进行的过程，并指出只有被观察到的才可被学习。这样问题就产生了，是什么决定了哪些东西将被注意到呢？观察者的选择性注意会受过去强化的影响。以前的强化能够使观察者形成对以后观察产生影响的知觉定式。榜样的各种特征也会影响到他们将在多大程度上被注意到。研究已经表明，如果榜样与观察者是相似的(例如，同性别、同年龄等)、受人尊重的、具有较高社会地位的、表现出较强能力的、被认为是强有力的、有吸引力的，那么他们就会更多被注意到。

### 保持过程

保持即在认知中对榜样的信息进行组织、复述、编码和转化，以便于存储在记忆中。信息是以意象和言语两种方式被符号化存储的。

观察学习假定有两种储存知识的形式：一种是表象的，另一种是语言的，当然也可以两者兼而有之。表象编码对于不易于用言语描述的行为十分重要，另外许多认知技能的学习都依赖于对规则或程序的言语编码。

班杜拉认为符号化是一种高级能力，它可使人类通过观察学习大量行为，这种被存储的符号使得延迟模仿，也就是在被观察之后很长时间利用信息的能力成为可能。

### 行为复现过程

行为的复现过程决定了习得的东西在多大程度上被转换成表现。一个人可以在认知上学习很多东西，但由于很多原因不能将这些信息转换成为行为。例如，由于一个人的成熟水平、受伤或疾病等原因，可能不具备做出某些行为所必需的运动器官。

班杜拉坚持认为，即使一个人具备了所有作出适当反应所需要的身体器官，但在观察者的行为能够与榜样的行为相匹配之前，必须存在认知复演阶段。在班杜拉看来，从榜样经验中保持下来的符号充当着模板的角色，也就是将行为与其进行比较的模板。在复演过程中，个体观察自己的行为并将其与所模仿经验的认知表征进行比较。观察到一个人自己的行为与其关于榜样行为的记忆之间的任何不一致都会激发矫正行为。这个过程会一直持续下去，直到观察者的行为与榜样的行为之间出现可接受的匹配为止。因此，模仿经验的符号保持形成了一个“反馈”环，用这个反馈环就可以通过自我观察和自我矫正将自己的行为与榜样的行为进行匹配。

### 动机过程

动机之所以会影响观察学习是因为人们更容易去注意、保持和复制那些他们认为重要的榜样行为。人们根据他们亲身的经历和榜样的行为结果而形成对行为结果的期望，人们还根据行为的价值来展开行动。他们所表现出的行为一般是那些他们认为能带来好处的行为，他们会千方百计地避免他们认为可能带来消极结果的行为。在不顾及行为结果对自己及他人的影响时，人们会选择那些他们认为富有价值的行为而避开不令人满意的行为。

# 第二节　认知主义学习理论

认知主义是与行为主义相对立的心理学流派。一般认为，认知主义学习理论发端于早期认知理论的代表学派——格式塔心理学的顿悟说。20 世纪 50 年代中期之后，对于人类学习的研究经过一段时间的沉寂，再度复苏。随着布鲁纳、奥苏伯尔等一批认知心理学家开展了大量富有创造性的工作，使得学习理论的研究自桑代克之后又进入了一个辉煌时期。

同行为主义不同，认知主义认为学习在于个体内部认知结构的变化，学习是一个比 S-R 联结要复杂得多的过程。尽管不同的认知主义理论家对于学习者如何进行认知加工持不同的观点，但是他们都持有如下共同的假设。

## 一、格式塔心理学的学习理论

格式塔心理学(Gestalt Psychology)于 1912 年创立于德国柏林大学，故又称为“柏林学派”。后来它在美国发展成为西方现代心理学的主要流派之一。其创始人是马克斯·惠特海默(M. Wertheimer)、沃尔夫冈·苛勒(Wolfgang Kohler)、库尔特·考夫卡(Kurt Koffka)。

格式塔(Gestalt)是一个德语词，意即构型或模型。这一学派的成员认为，我们将世界经验视为有意义的整体。我们看到的并不是孤立的刺激，而是聚集为有意义构型或 Gestalten(Gestalt 的复数)的刺激。我们看到的是人、椅子、车、树和花。我们并未看到线条、轮廓和颜色的碎片。

行为主义者倾向于将大脑视为感觉的被动接收器，感觉又反过来产生反应。而对于格式塔理论家而言，大脑并不是环境信息的被动接收器和储藏室。大脑以某种方式作用于正在输入的信息，使这些信息更有意义，更富有组织性。这并不是习得的技能，大脑的“天性”就在于赋予感觉信息组织和意义。

大脑对信息的组织和加工遵循着一条最高的原则即“完形趋向原则”。考夫卡将完形趋向原则界定为：“心理组织将始终如控制性的环境所允许的一样好。”“好”这个词，考夫卡指的是诸如简单、完整、简洁、对称或和谐这样的性质。换句话说，每个心理事件都存在着朝向有意义的、完整的和简单的倾向。

格式塔学派的成员关于学习最重要的研究是由苛勒进行的，他于 1913 年至 1917 年在加那利群岛特纳利夫岛的柏林大学类人猿研究站以大猩猩为被试，进行了大量学习实验研究。这些研究主要是给大猩猩设置各种各样的问题，并观察大猩猩解决这些问题的过程表现，以此来探索人类学习的心理机制。

图 2-6 “叠箱问题”实验

在实验中，苛勒常常会设置这样的场景：把一只饥饿的黑猩猩关在笼子里，香蕉挂在笼子高处，使黑猩猩无法够到。同时，他又在笼子里放了一个箱子，然后悄悄地躲在一旁，观察黑猩猩能否发现箱子的用处。因为拿不到香蕉，黑猩猩在笼子里焦躁不安，发出愤怒的吼声，来回跳个不停。有时，它甚至会拉着箱子到处乱转，跑累了，就把箱子扔到一边。显然，这时箱子只是它撒气的对象。过了一段时间后，它似乎领悟到了什么，迅速跑到箱子处，把箱子拖到香蕉下面，爬上去，轻轻松松地拿到了食物。

图 2-7 “接竿问题”实验

在另一个实验中，苛勒把一只黑猩猩关在笼子里，在笼子外它够不到的地方放了一串香蕉。黑猩猩手中有一根短棍，但不够长，无法够到香蕉。在笼外不远处有一根长棍，苛勒在考验黑猩猩能否用手中的短棍把长棍拨过来，然后用长棍够到香蕉。一开始，黑猩猩拼命地用手中的短棍去够香蕉，但都失败了。它很着急，就拼命地咬笼子，但也是徒劳。然后，它又不停地打量笼子四周，过了好一会儿，突然跳向笼边，用手中的短棍把长棍拨到身边，并用长棍拿到了食物。拿到食物的它似乎很得意。

在上述任何一种情况中，动物都拥有解决问题所需要的所有成分，问题仅在于以恰当的方式将这些成分组合在一起。

对于格式塔论者来说，学习是一种认知现象。他们认为个体通常在获得问题的解决方法之前，要经过一段相当长的时间，被称作前解决阶段。

在这一阶段有机体将进行思考，并“最终看到”问题的解决方法。格式塔心理学家对这一段时间内发生事情的描述接近试误学习概念，但他们所指的试误学习是认知的而不是行为的。学习者将思考解决问题所需的所有成分，起初以这种方式，随后又以其他方式将各种成分聚在一起，直到问题解决。解决方法的产生是突然出现的，也就是说，有机体对问题的解决方法产生了顿悟。问题仅能以未解决和已得到解决这两种方式存在。在这两种状态之间不存在部分解决状态，学习是不连续的。

顿悟学习有四个特征：(1)从前解决阶段到解决阶段的转变是突然的、完整的；(2)以通过顿悟得到的解决方法为基础的操作或表现通常是流畅的、没有错误的；(3)通过顿悟得到的问题解决方法会保持相当长的时间；(4)通过顿悟得到的原理较容易应用于其他问题。

惠特海默比较了机械记忆与基于格式塔原理的问题解决。通过前者，学习者学习到事实或规律，但没有真正理解他们。这种学习是僵化的，而且容易遗忘，仅能应用到有限的情境。然而，根据格式塔原理进行的学习，是基于对潜在问题性质的理解。这种学习来自个体内部，而不是他人强加的；它很容易得到泛化，并能够长时间地记忆。人们在不理解所记住的事实和规则就加以使用时常常会犯愚蠢的错误，例如，一位护士值夜班巡视时叫醒患者，给他们吃下安眠药。

惠特海默描述了一个由卡托纳于 1940 年进行的实验。在这个实验中，递给一组被试一张写有如下 15 个数字的纸条，要求他们学习数字 15 秒。

1 4 9 1 6 2 5 3 6 4 9 6 4 8 1

被试观察后，实验者要求他们按原来呈现的顺序将数字复写出来。大多数被试仅能够写出少数几个数字。一周后，大多数被试一个也记不起来。另一组被试在看数字前，实验者要求他们从中找出一定的模式，一看到这一系列的数字，其中一些被试声称，“这些是数字 1 至 9 的平方”。看出模式的被试不仅在实验中而且在实验数周乃至数月后仍能够完整地复写出来。因此，我们再次看到，基于对问题解决情境规律理解的学习，会非常深刻，并能够近乎完整地长时保持。

还要指出的是，这个实验中并没有涉及外部强化。唯一的强化是内在的，而且是在学习者获得对问题解决方式的领悟时产生的。格式塔心理学家假定，当有机体面临问题时会产生认知失衡状态，而且这种状态将一直持续到问题得到解决为止。解决方法对于问题解决者而言，就相当于汉堡对于饥饿的人一样。在某种意义上，认知失衡具有动机属性，他们会使有机体力图重新获得心理系统的平衡，根据完形趋向原则，认知平衡比认知失衡更令人感到满意。自格式塔心理学家的早期研究后，强调内部强化而反对外部强化就成为大多数认知理论的特征。

因此，在格式塔理论家看来，学习是令个人感到满足的，它不需要外部强化的推动，格式塔取向的课堂将体现出师生间给予—获得的关系。教师将帮助儿童理解关系，并将他们的经验组成有意义的模式。设计一次格式塔的学习经验，包括由熟悉的知识开始，而且教育过程中的每一步都基于已经获得的知识。课堂的所有方面都可以被划分为有意义的单元，而且这些单元本身必须与全面概念或经验相关。格式塔取向的教师必须使用授课技术，但要坚持允许进行师生间的互动，最重要的是，要避免对事实或规律的机械记忆。只有当儿童掌握学习经验中涉及的原理时，他们才能真正理解他们，当所学的知识得到理解而不是被记住时，它才能被应用到新的情境中，并被长时间地保持。

## 二、奥苏伯尔的有意义言语学习理论

奥苏伯尔(David P. Ausubel)是当代美国著名的教育心理学家。他积极从事课堂教学环境中儿童知识学习过程的研究。他的学习理论和教学思想以“认知结构同化论”为基础，系统地阐述了有意义言语学习的实质、条件和种类。他提倡在课堂教学中儿童以有意义的接受学习为主，教师以讲授为主，教师适当采用“先行组织者教学模式”，可以提高儿童的学习效果。

奥苏伯尔的认知结构同化论认为，一个事物的意义是它在人的心理上，即人的意识中引起一个与该事物相当的映像。同样，一个概念的心理意义也是在于它与头脑中已有的观念相当。总之，客观的事物或观念必须在人的意识中具有可与之相等的“东西”才有意义，这个“东西”就是认知结构。所谓“认知结构”是指学科知识的实质性内容在学习者头脑中的组织。它由有组织的、稳定的概念组成。认知结构的构成遵循“不断分化”和“综合贯通”的原则，使其形成一个按层次高低和纵横联系组织起来的“金字塔”式的结构。处于结构顶端的是最抽象和概括性最强的知识或概念，下面是逐级向下分化的从属概念、命题或具体信息。

基于这种观点，奥苏伯尔认为新知识的学习必须以已有的认识结构为基础。学习新知识的过程是学习者积极主动地从自己已有的认知结构中提取与新知识最

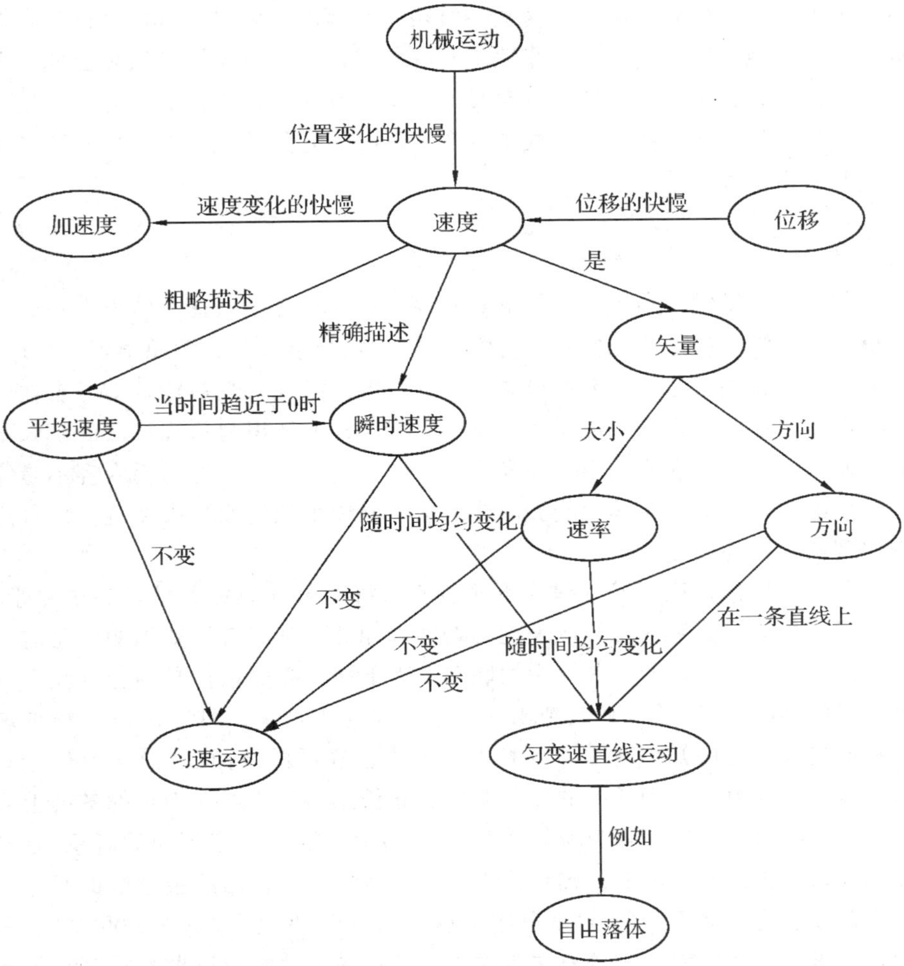


**图 2-8　知识结构**

有联系的旧知识，用来“固定”或“归属”新知识的过程。过程的结果导致原有认知结构不断地分化和整合，使学习者获得了新知识或清晰稳定的意识经验，原有的知识也在同化过程中发生了意义的变化。

奥苏伯尔的知识学习理论之所以被称为“有意义言语学习理论”，是因为该理论强调学生的知识学习主要是通过对语言文字所表述的概念、原理和事实信息的意义理解来获得知识的。知识学习的真正目的在于理解语言文字或符号所代表的知识的实质性内容。这些实质性内容包括具体的事实、概念和原理。同时，奥苏伯尔认为，知识的作用是提高人们对客观事物的认识，指导人的各项实践活动。

学习知识不仅是记住和背诵用语言文字所表述的知识的词句，而是理解和掌握前人或他人对客观事物的属性和规律性东西的认识，并将他人的认识转变成自己的认识。知识的有意义学习必然以有意义的知识内容和已有的知识经验为基础，加上有意义学习的心向。此三者构成了有意义学习的充分必要条件，是有意义学习的基础和前提条件。

### 奥苏伯尔对学习的划分

奥苏伯尔根据学生知识学习的形式和性质，对学习作出基本的类别划分。他首先根据学生学习的形式和性质，将学习分为“接受学习”和“发现学习”两种。所谓接受学习，就是学习的主要内容是以定型的形式呈现给学习者，学习者在学习过程中不需要任何发现，只需要将语言文字所表述的知识内化到自己的认知结构中，以便将来适时再现或应用。而发现学习的特征是，学习的主要内容不是完整而容易地给予学生的，在学生能够内化之前，必须由他们亲自去发现，发现之后再内化到认知结构中去。

奥苏伯尔根据知识学习过程的不同性质，将学习分为意义学习和机械学习。意义学习是指语言文字或符号所表述的新知识能够与学习者认知结构中已有的有关旧知识建立一种实质的和非人为的联系。以下两个先决条件是划分意义学习和机械学习的标准：(1)学习者表现出一种意义学习的心向，即表现出一种把新学的材料同他已了解的知识建立非任意的、实质性联系的意向。(2)学习任务对于学习者具有潜在意义，即学习的任务能够在非任意的和非逐字逐句的基础上同学习者知识结构联系起来。这里所说的“实质性联系“或“非逐字逐句的联系”是指新的知识或新的观念与学习者认知结构中已有的事物表现、已经被理解的符号、概念、命题或观念的联系。所谓“非任意的联系”，也可称为“非人为的联系”。是指新知识与学习者认知结构中的有关观念建立起一种合理的或逻辑基础上的联系。

当然意义学习和机械学习的划分也不是绝对的。奥苏伯尔认为这两种学习仅是处在一个连续体的两个极端。概念、命题和原理的学习是意义学习。而符号学习便具有某种机械学习的逐字逐句的性质。有时机械学习和意义学习也会同时发生。

### 教学中的先行组织者策略

奥苏伯尔有意义言语学习理论的核心思想是，有意义学习必须以学习者原有的认知结构为基础。奥苏伯尔认为认知结构对新知识获得和保持的影响因素主要有三个：(1)认知结构中对新知识起固定作用的旧知识的可利用性；(2)新知识与同化它的原有旧知识之间的可辨别性程度；(3)认知结构中起固定作用的旧知识的稳定性和清晰性程度。

为提高学习效果，发挥认知结构中三个变量在新知识学习中的积极作用，促进学习的有效迁移，奥苏伯尔提出了所谓“先行组织者”教学策略。这种策略也是促进学习迁移的一种有效策略。先行组织者教学策略就是在向学生传授新知识之前，给学生呈现一个短暂的具有概括性和引导性的说明。这个概括性的说明或引导性材料用简单、清晰和概括的语言介绍新知识的内容和特点，并说明它与哪些旧知识有关，有什么样的关系。使用先行组织者的目的在于：(1)为新知识的学习提供可利用的固定点，即唤醒学习者认知结构中与新知识学习有关的旧知识或旧观念，增强旧知识的可利用性和稳定性。(2)说明新旧知识之间的本质区别，增强新旧知识之间的可辨别性。

组织者可根据它的作用而分为两类：一类是陈述性的组织者，它的作用在于为新知识的学习提供适当的起固定作用的旧知识，提高有关旧知识的可利用性；另一类是比较性组织者，他的作用在于比较新知识与认识结构中有关相似知识的区别和联系，从而增强似是而非的新旧知识之间的可辨别性。奥苏伯尔和其同时进行的一系列实验向我们证明了先行组织者在教学中起到的重要作用。

1960年，美国心理学家奥苏伯尔比较了两组被试学习有关钢的性质的材料。实验组在学习该材料之前，先学习一个“陈述性组织者”。“陈述性组织者”强调了金属与合金的异同、各自的利弊和冶炼合金的理由。控制组在学习之前，先学习了一个有关炼钢和炼铁方法的历史说明材料，虽然这个材料可以提高被试的学习兴趣，但没有提供可以作为理解钢的性质的相关内容。结果两组被试在学习钢的性质的材料之后，学习成绩有显著差异(见表2-1)。

**表2-1　“陈述性组织者”对后续学习的影响**

| 组别 | 先学习的材料类别 | 平均分数 |
|---|---|---|
| 实验组 | “陈述性组织者” | 16.7 |
| 控制组 | 历史介绍 | 14.1 |

“先行组织者”的积极效果对言语和分析能力相对较低的学习者更为明显。因为这些学习者自身不能很好地把新旧材料联系起来，而在“先行组织者”的帮助下能够找到支撑点，继而加强理解与记忆。所以“陈述性组织者”不仅用学生能懂的语言为他们的学习提供了适当的支撑点，而且促进了他们有意义学习的心向，避免了不必要的机械记忆。

在另一个实验中，奥苏伯尔和约瑟夫利用“比较性组织者”促进了对虽然相似但有矛盾的材料的学习。他们将被试分成两组，即实验组和控制组，都是先学习佛教材料，后学习禅宗佛教材料。实验组在学习佛教材料前，先学习一个“比较性组织者”，它指出佛教与基督教的异同；在学习禅宗佛教材料之前，又学习另一个比较佛教与禅宗佛教异同的“比较性组织者”。而控制组在学习第一个材料之前先学习一个历史材料，在学习第二个材料之前先学习一个传记性材料。实验结果见表 2-2。

表 2-2 “比较性组织者”对后续学习的影响

| 组别 | 平均测验分数 | |
|---|---|---|
| | 佛教 | 禅宗佛教 |
| 实验组 | 19.4 | 14.8 |
| 控制组 | 17.6 | 14.2 |
| 差异显著水平 | 显著 | 不显著 |

前一个“比较性组织者”对佛教知识的学习与保持起到显著的促进作用；后一个“组织者”对学习与保持并没有起到显著作用。两组的禅宗佛教测验分数相近，原因可能是先前的佛教知识学习和巩固本身为后续的禅宗佛教学习起了“组织者”的作用，从而部分抵消了外加的“组织者”的作用，即后者的差异并不显著。

## 三、加涅的信息加工学习理论

罗伯特·米尔斯·加涅(1916—2002)，美国教育心理学家，信息加工理论的代表人物之一。加涅可以称得上是各流派学习理论的集大成者，他以一种极为宽容的态度，客观地评价各家的学说，并合理地采纳有价值的研究成果，形成了既有理论支持也有技术操作支持的学习理论。这一理论解释了大部分课堂学习，并提出了切实可行的教学策略。

### 学习的信息加工模式

加涅认为，学习的模式是用来说明学习的结构与过程的，它对于理解教学和教学过程，以及如何安排教学事件具有极大的应用意义。他提出了影响深远的信息加工的学习模式。

这个模式描述了信息从一个假设的结构流到另一个假设的结构中去的过程：首先，学习者从环境中接受刺激，刺激推动感受器，并转变为神经信息。这个信息进入感觉登记，这是非常短暂的记忆储存，一般在百分之几秒内就可把来自各感受器的信息登记完毕。有些部分登记了，其余部分很快就消逝了，这涉及注意

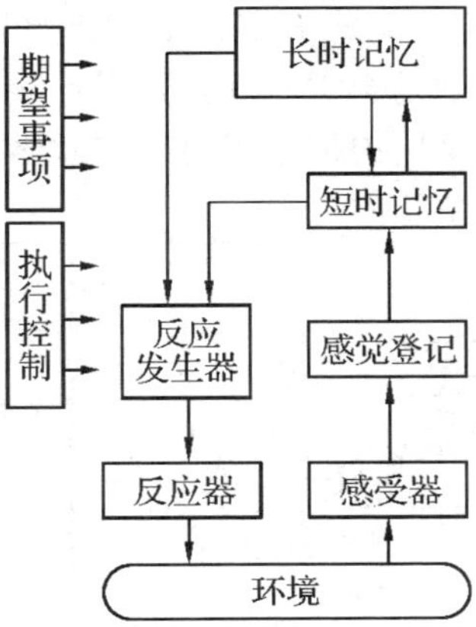


**图 2-9　学习的信息加工模式**

或选择性知觉的问题。被视觉登记的信息很快进入短时记忆，信息在这里可以持续二三十秒，如果想要保持信息，就得采取复述的策略。当信息从短时记忆进入长时记忆时，信息发生了关键性转变，即要经过编码过程。所谓编码，不是把有关信息收集在一起，而是用各种方式把信息组织起来。信息是经编码形式储存在长时记忆中的。一般认为，长时记忆是个永久性的信息储存库。当需要使用信息时，需经过检索提取信息。被提取出来的信息可以直接通向反应发生器，从而产生反应，也可以再回到短时记忆，对该信息的合适性作进一步的考虑，结果可能是进一步寻找信息，也可能是通过反应发生器作出反应。

在这个模式图中，很值得我们注意的是“预期事项”和“执行控制”这两部分的作用。期望事项是指学生期望达到的目标，即学习的动机。正是因为学习者对学习有某种期望，教师给予的反馈才会具有强化作用。换言之，反馈之所以有效，是因为反馈能肯定学习者的期望。执行控制即加涅学习分类中的认知策略，执行控制过程决定哪些信息从感觉登记进入短时记忆，如何进行编码、采用何种提取策略等。由此可见，“期望事项”与“执行控制”在信息加工过程中起着极为重要的作用。

### 学习阶段及教学设计

加涅认为，学习是一种内部过程，但受外部刺激或事件的影响。外部事件可以用激化、维持、促进或增强学习内在过程的种种方式加以计划和执行，这就称之为教学。

从学习的信息加工模式中可以看出，学习是学习者与环境之间相互作用的结果。学习过程是由一系列事件构成的。加涅认为，每个学习动作可以分解成八个阶段。图 2-10 左边是学习阶段，其中方框上面是该阶段的名称，里面是该阶段内部的主要学习过程；右边则是教学事件。这样，学生内部的学习过程一环接一环，与此相应的学习阶段把这些内部过程与构成教学的外部事件联系起来了。

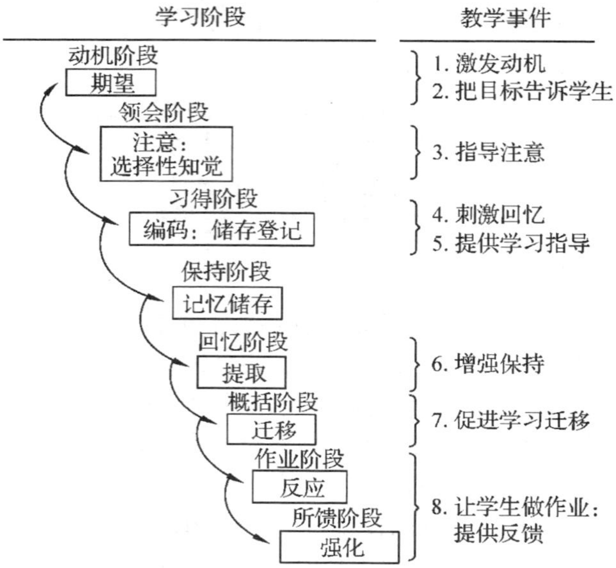


**图 2-10 学习阶段与教学事件**

**动机阶段** 有效的学习必须要有学习动机，这是整个学习的开始阶段。动机的形式多种多样，在教育教学情境中，首先要考虑的是激发学习者进行学习活动的动机。它是借助于学习者内部产生的心理期望过程而建立起来的。期望就是指学习者对完成学习任务后将会得到满意结果的一种预期，它可以为随后的学习指明方向。

但是，在有些场合下，学习者最初并没有被达到某种目的的诱因所推动，这时就要帮助他确立学习动机，形成学习期望。理想的期望只有通过学习者自己的体会才能形成，而不能仅仅通过教师告诉学习者学习的结果来形成。因此，为了使学习者形成理想的期望，在学习者实际获得某种知识和技能之前，应先作出安排使学习者达到某种目标，以便向学习者表明他们能够达到预期的目标。

**领会阶段** 有了学习动机的学习者，首先必须接受刺激，即必须注意与学习有关的刺激，而无视其他刺激。当学生把所注意的刺激特征从其他刺激中分化出来时，这些刺激特征就被进行知觉编码，储存在短时记忆中。这个过程就是选择性知觉。

为了使学习者能够有效地进行选择性知觉，教师应采用各种手段来引起学习者的注意，如改变讲话的声调、手势动作等；同时，外部刺激的各种特征本身必须是可以被分化和辨别的。学习者只有对外部刺激的特征作出选择性知觉后，才能进入其他学习阶段。

**习得阶段**　当学习者注意或知觉外部情境之后，学习者就可获得知识。而习得阶段涉及的是对新获得的刺激进行知觉编码后储存在短时记忆中，然后再把它们进一步编码加工后转入长时记忆中。

在短时记忆中暂时保存的信息，与被直接知觉的信息是不同的。在这里，知觉信息已被转化成一种最容易储存的形式，这种转化过程被称为编码过程。当信息进入长时记忆时，信息又要经历一次转换，这一编码的目的是为了保持信息。如用某种方式把刺激组织起来，或根据已经习得的概念对刺激进行分类，或把刺激简化成一些基本原理，这些都会有助于信息的保持。在此过程中，教师可以给学习者提供各种编码程序，鼓励学习者选择最佳的编码方式。

**保持阶段**　学习者习得的信息经过复述、强化后，以语义编码的形式进入长时记忆储存阶段。对于长时记忆，人类至今了解不深，但有几点目前是清楚的：第一，储存在长时记忆中的信息，其强度并不随时间进程而减弱，如七八十岁的老人回忆孩提时的事情往往比当天的事情更清楚；第二，有些信息因长期不用会逐渐消退，如一个人已习得的外语单词会因经常不用而遗忘；第三，记忆储存可能会受干扰的影响，新旧信息的混淆往往会使信息难以提取。因此，如果教师能对学习条件作适当安排，避免同时呈现十分相似的刺激，可以减少干扰的可能性，从而提高信息保持的程度。

**回忆阶段**　学习者习得的信息要通过作业表现出来，信息的提取是其中必需的一环。相对其他阶段而言，回忆或信息提取阶段最容易受外部刺激的影响。教师可以利用各种方式使学习者得到提取线索，这些线索可以增强学习者的信息回忆量。但作为教师，最重要的是指导学习者，使他们为自己提供线索，从而成为独立的学习者。所以，对于教学设计来说，通过外部线索激活提取过程固然重要，但更重要的是使学习者掌握为自己提供线索的策略。

**概括阶段**　学习者提取信息的过程并不始终是在与最初学习信息时相同的情境中进行的。同时，教师也总是希望学习者能把学到的知识运用于各种类似的情境中去，以达到举一反三的目的。因此，学习过程必然有一个概括的阶段，也就是学习迁移的问题。为了促进学习的迁移，教师必须让学习者在不同情境中学习，并给学习者提供在不同情境中提取信息的机会；同时，更为重要的是，要引导学习者概括和掌握其中的原理和原则。

**作业阶段**　一个完整的学习过程需要有作业阶段似乎是不言而喻的，因为只有通过作业才能反映学习者是否已习得了所学的内容。作业的一个重要功能是获得反馈；同时，学习者通过作业看到自己学习的结果，可以获得一种满足。

当然，作业主要是给教师看的。一般来说，仅凭一次作业是很难对学习者的学习情况作出判断的，有些学习者可能碰巧做得很好，有些学习者则可能碰巧做得不理想，因此教师需要几次作业才能对学习者的学习状况作出判断。

**反馈阶段** 当学习者完成作业后，他马上意识到自己已经达到了预期的目标。这时，教师应给予反馈，让学习者及时知道自己的作业是否正确，从而强化其学习动机。当然，强化在学习过程中之所以起作用，是因为学习者在动机阶段形成的期望在反馈阶段得到了肯定。

教师在提供反馈时，不仅可以通过"对"或"错"、"正确"或"不正确"等词汇来表达，而且可以使用点头、微笑等许多微妙的方式反馈信息。同时，反馈并不总是需要外部提供的，它也可以从学习者内部获得，即进行自我强化。例如，学习者可以根据已经学过的概念、规则，知道自己的答案是否正确。

总之，加涅认为教师是教学活动的设计者和管理者，也是学习者学习效果的评定者。一个完整的学习过程是由上述八个阶段组成的。在每个学习阶段，学习者的头脑内部都进行着信息加工活动，使信息由一种形态转变为另一种形态，直到学习者用作业的方式作出反应为止。教学程序必须根据学习的基本原理来进行。在学习结果(即言语信息、认知策略、智慧技能、动作技能、态度)确定之后，它们必须按照教学工作目标的适当顺序安排。有效的教学要求教师根据学习者的内部学习条件，创设或安排适当的外部条件，促进学习者有效地学习，以实现预期的教学目标。

## 第三节 建构主义的学习理论

建构主义是一个被哲学家、课程设计者、心理学家、教育家等广泛应用的术语。这是一个在当代心理学、认识论和教育界中涉及领域很广，但尚不明晰的领域，以皮亚杰、维果茨基、巴特利特以及教育哲学家杜威等人的研究为基础来建构理论。

和其他的理论不同，建构主要的含义缺乏一致性。严格意义上说，建构主义不是一种理论，而是一种认识论或者看成是对学习本质哲学层面上的解释。理论是对学习作出的一种有科学依据的解释，理论允许产生和检验假设。建构主义者并没有指出学习原则的存在，且这些原则会被发现和检测，相反他们认为学习者自己创造自己的学习。建构主义理论家们拒绝科学真理存在并且等待发现和证实的论断。他们认为任何表述并不能都被看成是真实的，而应该以理性的怀疑态度来看待。世界是由多种方式建构的，所以，没有一个理论掌握真理的钥匙。以下的这个故事也许可以更好地帮助我们理解建构主义理论的核心观点。

**资料卡**

### 基于情境的学习

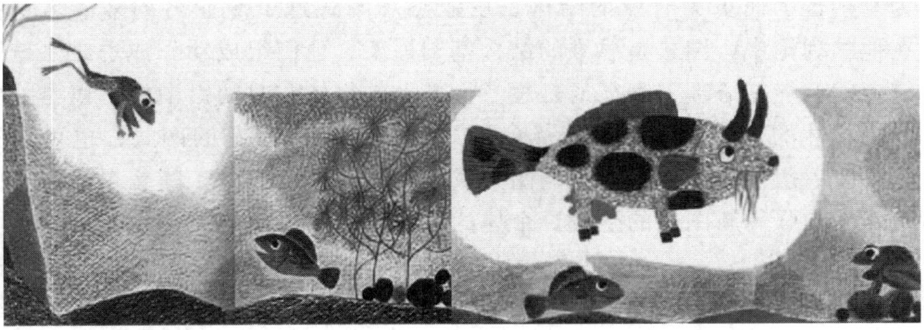

图 2-11　“鱼牛”

在一个小池塘里住着鱼和青蛙，它们俩是好朋友，都想出去看看。因鱼不能离开水，只好让青蛙独自走了。

青蛙在外面周游一番回来了，它告诉鱼：“外面有许多新奇有趣的东西。比如说牛吧，它的身体很大，头上长着两只弯弯的犄角，吃青草为生，身上有着黑白相间的斑块，长着四只粗壮的腿……”小鱼听着听着，这时，在它的脑海里，出现了“鱼牛”的形象。

可见，对建构主义来说，这样的表述可能更为准确：因为太多变量的存在，没有一种形式看起来比另外一种形式更为正确。相对于把知识看成真理，建构主义将其看作是进行中的假说。知识不是由外部强加的，相反，而是由内部形成的。一个人的建构只对他本人是真实的，对其他人却不一定。这是因为人们基于自己的信念和情境中的经验形成知识，这个因人而异。所有的知识都是主观的、个人的，是我们认知的产物。学习是基于情境的。

## 一、皮亚杰的认知发展理论(建构主义的第一次浪潮)

让·皮亚杰(Jean Piaget，1896—1980)，瑞士心理学家，以儿童心理学之研究著名的发展心理学家，他的认知发展理论成为了这个领域的典范。

皮亚杰的理论之所以被认为是建构主义的，因为它假设儿童将他们掌握的概念应用于世界，从而理解世界。这些概念不是先天的，而是儿童通过他们的日常经验获得的。来自环境(包括成人)的信息不是自动地被接受，而是依照儿童的基本心理结构被加工处理的。儿童在其现有能力的基础上理解他们的环境，建构事物现实。反过来，随着经验的增加，这些基本的概念发展成更加复杂的认识。

皮亚杰认为，人们生来就倾向于将他们的思维过程组织入心理结构。这些心理结构是我们理解世界和与世界互动的系统。简单的结构不断地被组合和整理变成更为复杂也因而更为有效的结构。皮亚杰用图式这个专业名词来命名这些结构。在他的理论中，图式是思维的结构基础框架。他们组成动作或思维系统，这些系统使我们能在心理上表征或是思考世界上的物体和时间。图式可以是非常小和具有特异性的，如用管子吸液体的图式或是辨认玫瑰花的图式；也可以是更大、更具有一般性的，如喝饮料的图式或是植物归类的图式。随着个体思维过程的组织性的加强和新图式的生成，个体的行为也会变得更为复杂和更适应环境。

### 学习机制

当儿童经历认知冲突时，他们采用同化或顺应的过程来建构或改变其内部结构，学习便因此发生了。

平衡是一种内在的、器质性的属性。这样，只有存在不平衡或认知冲突时，才会出现认知发展。因此，发生一个在儿童的内在结构(图式)上产生干扰的事件，能使儿童的观念与他观察到的事实无法匹配。平衡通过同化和顺应来寻求这种冲突的解决。

同化是指对外部现实与已经存在的认知结构相适应的过程，即以现有的图式来理解环境事件的行为。当我们进行解释、分析、表达时，我们对现实的特征进行改变，使它适应我们的认知结构。顺应是指改变内部结构使之与外部现实相一致的过程，它发生在环境经验引起人改变图式的实质之时。当我们调整观念来理解现实的时候我们就在进行着顺应。

同化和顺应是相辅相成的，当现实被同化时，结构也得以顺应。任何时候只要有新的经验被同化到已有的一个图式中，这个图式就会变大并做出一定的改变，因此同化过程包含了某些顺应。

当然，冲突(或失衡)的水平必须是恰当的或是最佳的，太少，我们对变化没有兴趣；太多，我们可能会对变化过于焦虑。

按照皮亚杰的理论，认知发展依赖于四个因素：生物性成熟、有关物理环境的经验、有关社会环境的经验、平衡。前三个因素是不需要加以说明的，但它们的作用效果依赖于第四个因素。平衡是指认知结构和环境之间生成一种最佳平衡状态的生物驱力。平衡是认知发展中的一个核心因素和动机力量。

#### 皮亚杰理论对教育的启示

**理解认知发展**　当教师理解学习者的功能处于哪种水平时，教师会受益。不应期望一个班级中的所有学习者的认知活动都在同一水平上。教师应该努力探知学习者的水平，并相应地调整教学，使之与学习者的水平相适应。处于阶段过渡期的学习者似乎可以受益于更高一级水平上的教学内容，因为对他们来讲认知冲突不会太大。

**保持学习者的主动性**　皮亚杰对消极教学提出了批评。儿童需要丰富的环境，允许他们主动探索，亲身参加实际活动。这种安排能促进学习者主动建构其知识。

**制造认知矛盾**　只有当输入的环境信息与学习者的图式不相匹配时，才会出现发展。理想的情况是学习材料不能被立即同化，但也不应太难，使学习者无法顺应，允许学习者自己解决问题，得到错误答案也能产生认知矛盾。皮亚杰理论并没有谈到学习者必须成功，教师对错误答案的反馈能够促成失衡的状态。

**提供社会互动**　尽管皮亚杰理论认为没有社会互动发展也可以进行，社会环境还是认知发展的关键资源。教师必须设计一些能够提供社会互动的活动。向具有不同观点的他人学习能够帮助儿童去自我中心化。

## 二、维果茨基的社会文化理论(建构主义的第二次浪潮)

维果茨基(Lev Vygotsky，1896—1934)，是苏联卓越的心理学家，他主要研究儿童发展与教育心理，着重探讨思维和语言、儿童学习与发展的关系问题。由于他在心理学领域作出的重要贡献而被誉为“心理学中的莫扎特”，他所创立的文化历史理论不仅对苏联，对西方心理学也产生了广泛的影响。

在维果茨基看来，人类活动是在文化环境中发生的，不能离开这些环境去理解人类的活动。他的一个主要观点是，我们特殊的心理结构和加工可以追溯到我们与他人的交互作用。这些社会交互作用对认知发展的影响绝不简单——事实上它们创立了我们的认知结构和思维过程。实际上，“维果茨基将发展概念化为社会共享活动内化的这样一种转换”。

### 个体思维的社会起源

维果茨基认为，“儿童文化发展中的每一功能都出现两次：首先在社会层面上，随后在个体层面上；首先是人际的(人际心理)，随后是儿童内心的(内在心理)。”换句话说，高级心理过程一开始是在儿童和他人的共同活动中联合建构的。随后，儿童将这些心理过程内化并成为其认知发展的一部分。

因此，对维果茨基而言，社会交互作用对发展而言不是一个简单的影响因素，它是诸如问题解决这样高级心理过程的起源。例如：

一个6岁的孩子丢了玩具并请她父亲帮忙。父亲问她最后看见玩具是在什么地方；这个孩子说“我记不得了”。他问了一系列的问题：你把它放在你房里了吗？外面？隔壁？孩子对每一个问题的回答都是“不”。当父亲问“在车内吗”，她说“我想是的”，并去车内找回了玩具。

谁记得玩具在什么地方？答案不是父亲也不是女儿，而是父亲和女儿一起。记忆和问题解决通过人与人的相互作用联合建构起来。经过这番对话，儿童可能已将问题解决的策略内化，以便下次有物品丢失时使用。因此，与找回玩具这类策略相似，高级功能在出现于儿童个体内部前可能先出现于儿童和教师之间。

### 文化工具和认知发展

维果茨基认为文化工具，包括物质工具(如印刷机、犁、尺、算盘——现在还要加上平板电脑、计算机、因特网)和心理工具(姿势和符号系统如数字和数学系统、盲语和手语、图形、艺术作品、代码、语言)，在认知发展中起着非常重要的作用。

维果茨基认为，所有高级心理过程，如推理和问题解决，都以语言、姿势和符号这样的心理工具作为中介。成人在日复一日的活动中将这些工具交给儿童，儿童将它们内化，接着这些心理工具可以帮助学习者提升他们自己的发展。这一过程有可能是这样：当儿童参与成人或是更有能力的同伴的活动时，他们之间交换思维的观念、方法或是代表的概念，如画图作为一种表征空间和位置的方式。这些联合创造的思维被儿童内化。如此，通过挪用由文化及社团中其他成员提供的行为和思维方式，儿童的知识、思想、态度和价值观念得到了发展。

在这种姿势、符号和语言的交换过程中，儿童开始发展“文化工具箱”以理解和学习周围的世界。工具箱中不仅装满了直接指向外部世界的物质工具，如铅笔和尺；还装满了心理演算所需要的概念和问题解决策略的心理工具。然而，儿童不仅仅是接受工具。他们在建构他们自己的表征、符号、模式和理解的同时也在改造工具。在维果茨基的理论中，语言是工具箱中最重要的符号系统，正是语言帮助其他工具装入工具箱。

最近发展区

维果茨基理论中的一个关键概念是最近发展区(zone of proximal development)，是指由儿童独立地解决问题所决定的当前发展水平和儿童在成人指导下或是与更有能力的同伴合作能达到的发展水平之间的一个区间。在这个区间内，因为学习是可能的，因此对学习者指导能发生作用。卡辛·伯格(Katheen Berger)将这一区间称为“魔法中心”(magic middle)——介于学习者已知的知识和尚未有能力学习的知识之间。

在最近发展区内，教师和学习者共享文化工具促进了认知的发展。当学习者将这种文化作中介的互动进行内化时，认知的发展就产生了。在最近发展区的教学活动中，需要大量有人指导的参与活动；然而学习者既不是从这种交互作用中被动地获得文化知识，也不一定必须要自动化地或精确地对事件进行反应。相反，学习者对社会互动有自己的理解，并通过将这些理解与自己在具体情境中的经验整合起来，从而构建成自己的思想。

与最近发展区相匹配，伍德、布鲁纳和罗斯提出了教学支架的概念，它是指对那些超出学习者能力的任务元素加以控制，从而使学习者将注意力集中到他们能力所及的任务内容上，并快速地掌握它们。以建筑工程中使用的脚手架作类比，教学支架有五个基本功能：提供支持，具有工具的性能，扩展学习者所能达到的范围，使学习者能完成本来不可能完成的任务，只有在需要的时候才选择使用。

在一个学习情境里，教师最初要承担大部分的工作；在这之后，学习者和教师分担责任。当学习者逐渐变得有能力时，教师逐步地撤走支架，从而使学习者得以独立完成任务。这其中的关键是，要保证支架一直处于学习者的最近发展区之内，在学习者能力有所发展的时候，这个支架要作出调整。学习者在最近发展区的范围内学习有挑战性的内容。

## 三、布鲁纳的“认知—发现”学习理论

吉罗姆·布鲁纳(Jerome Bruner，1915—)是一位发展心理学家，他提出了认知成长理论。不同于皮亚杰将发展变化与认知结构联系起来，布鲁纳强调儿童表征知识的多种方式和途径。

### 知识的表征

按照布鲁纳的说法，智力发展中的一个重要因素是能对知识作出表征的能力。知识表征系统使儿童储存了能对其经验中反复出现的主题进行组织和解释的一些规则或概括。人们以三种方式来表征知识，这三种方式在发展中依次出现，它们是动作的、形象的和符号的。在人达到青春期时，他们一般都拥有这三种表征系统。这些模式不是结构，而是代表了不同的认知加工形式。

**动作性表征**　即通过运动反应对知识进行的表征，人们可以通过做来了解某些事情。当知识以动作的方式得以表征或储存时，知识往往就表现为某种习惯或完成某一任务的动作活动方式。例如，对学步儿来说，一个球(刺激)被表征为某种用来扔和拍(动作)的东西。

**形象性表征**　即通过心理表象来表征知识。儿童获得了对当前并非物理性存在的物体进行思维的能力。例如，年幼的儿童可以用圆的心理图像来表征对圆的理解。布鲁纳指出，如果将言语信息转变为图像或表象，甚至成年人往往也能对其作出更好的理解。例如，为了帮助学习者理解文本中的各个观点的关系，人们时常会采用文本内容的地图或图解。

**符号性表征**　即使用符号系统对知识进行编码。重要的符号系统是语言的和数学的符号。这样的系统使得一个人能够理解抽象的概念，并发展逻辑思维能力。符号系统可以表征冷僻的、随意的知识。

符号性表征模式是最后发展起来的，并很快成为最常用的模式，虽然人们还保持了以动作性模式和形象性模式表征知识的能力，一个人可能会体验到一个网球的“感觉”，在头脑中形成一个它的心理图像，然后用语言描述出来。符号象征模式的主要益处在于它可以使学习者用一种比其他方式更为灵活的和有力的方式来表述和转换知识。

### 螺旋式课程

布鲁纳关于“知识能够以不同的形式被表征”的论点对教师的提示是，应该根据学习者的发展水平来改变教学进行的方式。在学习者能够理解抽象的数学符号之前，可以让他们参加以动作性表征的数学活动(如使用积木)和以形象性表征的活动(如使用图片)。当我们谈到无法教给儿童特定的概念，因为学习者根本不理解(即他们还缺乏准备)时，实际上说的是学习者无法理解教师安排的教他们那些概念的方法。教学方法需要适合学习者的认知能力。

布鲁纳因其有争议的观点而广为人知，他的论点就是，“任何一个学科的基础知识都可能以某种形式教给任何年龄阶段的任何人。……位居所有科学和数学核心的基本思想和构成生活与文化的基本主题，它们有多么有力，就有多么简单，掌握这些基本观点并有效地使用它们需要一种持续地、不断深入地对它们的理解，这种理解来自于以逐渐复杂的形式运用它们”。然而，布鲁纳的论点已遭曲解，变成“任何年龄的学习者都能够学习任何知识”这当然是不正确的。据此，布鲁纳提出了螺旋式课程，即关键性的教学内容应该被周期性的“重新光顾”，概念在最初应该以一种简单的方式传授(这样儿童能够理解它们)；当儿童长大一点时，可以以一种更复杂的形式呈现出来，这种呈现应与提升儿童的先前知识及表征能力一致起来。

布鲁纳的理论是建构主义的，因为他假设任何年龄的学习者都可以在他认知能力的基础上，并基于他们关于社会和物理环境的经验，来理解刺激和事件。

### 发现学习

布鲁纳认为，学习者自己发现的知识是他们拥有的最为独特的个人知识。他把发现学习定义为“凭借自己的头脑获得知识的所有形式”。作为一种课堂教学方法，发现学习是一种归纳的过程，它要求通过学习者自己体验发现一些重要的原理、关系或概念，按照布鲁纳的说法，发现过程可以有多种方式发生，其中包括使用苏格拉底式的提问，使学习者能够发现模式的问题例证，以及鼓励学习者愿意在学习中挑战有难度的活动。

这个由布鲁纳进行的实验，很好地揭示了发现学习的机制。

实验中，先让8岁儿童摆弄一些扁平的积木。告诉儿童，大的正方形的边长还不知道，可以用$x$表示；长方形的长为$x$，宽为1；小正方形的边长为1。在开始时，教师要使学习者相信，大正方形的面积确实不知道，而且不必关注它到底有多大，用$x^2$来表示很有趣。如果用尺子去量，下面的“游戏”就没有什么意思了。然后问学习者，能否搭出一个比“$x$正方形”更大的正方形。这对学习者来说并不难。他们早已有许多搭积木的经验。学习者很快就会搭出一系列正方形。在搭积木的同时，要求学习者记录下每个大正方形需要用多少块积木，每边有多长。学习者一般会表示为：$x^2+2x+1$；$x^2+4x+4$；……有些学习者还能用另一种方式来表示：$(x+1)(x+1)$；$(x+2)(x+2)$；……这样的表述比实际采用的程序简便多了。学习者继续拼搭更大的正方形，并记录下推导出来的方程式，教师耐心地让学习者自己去操作、探究、对照。到一定的时候，学习者会逐渐领悟到隐藏于其中的重要规则或结构：

$$x^2+2x+1=(x+1)(x+1)$$

$x^2+4x+4=(x+2)(x+2)$

$x^2+6x+9=(x+3)(x+3)$

……

布鲁纳提倡发现学习，因为他认为，发现学习利用学习者与生俱来的好奇心，而它却有助于发展学习者的思维能力。但他也指出，“同感受意外一样，发现青睐于有准备的头脑”，缺乏相关背景知识和技能的学习者是不大可能有成功的发现，这一点也得到了随后归纳学习研究结果的支持。布鲁纳还支持由专家型学习者提供支持或指导的那种发现学习形式，而非全然的无结构或开放式的发现学习，即所谓有指导的发现。

## 本章小结

什么是学习？如何有效地学习？哪些因素影响和制约着学习？在学习了本章内容后相信你已经得到了一些答案。

行为主义者将学习看作是个体在外部刺激下的反应过程，认为S-R(刺激—反应)模式可用来解释人类各种形式的学习和个性特征。早期桑代克的联结主义学习理论认为学习常常发生在尝试错误(选择与联结)中。而无论是巴甫洛夫的“经典条件反射”还是斯金纳的“操作性条件反射”都强调了“强化”在个体行为塑造过程中的关键作用。与其他的行为主义心理学家不同，班杜拉通过实验研究向我们揭示了这样的事实，学习并不是只有通过学习者的实际操作才会出现，学习也能够独立于强化而发生，其观察学习理论使我们重新重视生活中“榜样”的作用。

同行为主义不同，认知主义认为学习在于个体内部认知结构的变化，学习是一个比S-R联结要复杂得多的过程。格式塔心理学家认为我们通常将世界经验为有意义的整体，大脑遵循着“完形趋向原则”对输入的信息进行组织、加工；而学习不是连续的，问题解决的方法往往是突然出现顿悟。奥苏伯尔的有意义言语学习理论认为，有意义学习必须以学习者原有的认知结构为基础，在教学中为了使新旧知识能够更好地联系起来，奥苏伯尔向教师们提供了“先行组织者教学策略”。作为各流派学习理论的集大成者，加涅提出了影响深远的信息加工的学习模式。加涅认为，学习是一种内部过程，但受外部刺激或事件的影响。所谓的教学其目的就在于通过外部事件来激化、维持、促进或增强学习内在过程。

建构主义与其将它作为一个心理学流派，我们更倾向于将它看成是一个涉及广泛但还并不明晰的领域。相对于把知识看成真理，建构主义将其看作是进行中的假说。知识不是由外部强加的，相反，而是由内部形成的。所有的知识都是主观的、个人的，是我们认知的产物，学习则是基于情境的。皮亚杰的认知发展理论被称作是“建构主义的第一次浪潮”，他将学习解释为个体“认知图式”，在与外部环境的冲突中，通过“同化”与“顺应”过程的不断更新和重组。维果茨基的社会文化理论被誉为“建构主义的第二次浪潮”，他强调文化工具，在认知发展中的重要作用。因此，他认为学习发生在个体与社会文化的交互过程中，“最近发展区的概念”很好地揭示了这一理念。布鲁纳的认知—发现学习理论强调了个体学习的主动性，但其更著名的原因在于他假设任何年龄的学习者都可以在他认知能力的基础上，并基于他们关于社会和物理环境的经验，来理解刺激和事件。

然而在广泛地阅读了这些学习理论后我们不难发现，对于学习的过程和性质我们并没有最终的结论。上述任何一种理论都无法完全解释人类学习的本质。不同流派、不同的学习理论家依然进行着激烈的争论。那理解这些学习理论会给我们带来什么呢？也许这样的一个比喻较为恰当，在建造房屋时，有时候铁锤是最有效的工具，有时是螺丝刀，有时则是锯子。在我们解释儿童的学习行为或在支持儿童的学习时，有时行为主义的策略最有效，有时我们又需要运用认知主义的原理，有些时候则必须持有建构主义的观点。因此，如何深入地了解和领会不同流派、不同心理学家的学习理论和观点并将其融会贯通，继而灵活地运用于教学实践中，最大限度地促进儿童的成长和自身的发展才是本章学习的要义。

## 【思考与练习】

1. 简述行为主义、认知主义以及建构主义等心理学流派对学习所持有的基本观点，并作简要评价。

2. 举例说明桑代克的“三大学习定律”如何运用在实际的教学情境中。

3. 反思斯金纳的“操作性条件反射理论”在儿童行为塑造中的利与弊。

4. 班杜拉的观察学习理论对我们的教育教学理论有何启示？

5. 格式塔理论在解释人类学习的过程中存在哪些缺陷？

6. 如何根据加涅的信息加工理论来组织教学？

7. 皮亚杰和维果茨基的理论在阐述个体知识建构方面有何异同？

8. 如何理解布鲁纳提出的“任何一个学科的基础知识都可能以某种形式教给任何年龄阶段的任何人”？

# 第三章　幼儿学习与发展的生理基础和动因

【本章学习要点】

1. 了解大脑的基本结构及其功能，掌握大脑与幼儿学习、发展的关系；
2. 理解作为主体的幼儿、同伴、教师、家长对幼儿学习与发展的影响；
3. 了解环境对幼儿学习与发展的影响。

人的发展可以分为两个方面：身体的发展和心理的发展。身体的发展主要由遗传、营养、物理环境等因素决定，在当今社会中，随着生命科学及医学等相关学科的发展和进步，促进个体身体良好发展并不是一个难题，而良好的心理发展对于“人”则显得更为有意义。个体的学习过程是个体与环境相互作用的过程，也是个体适应社会的过程。幼儿的学习与发展受到哪些因素的影响呢？本章内容或许对你有所启迪。

## 第一节　幼儿学习与发展的生理基础

现代科学指出，生物物种都是由简单到复杂，从低级到高级，通过长期演化形成的。虽然人们发现人与哺乳动物特别是与灵长类动物在解剖和生理上有许多相近之处，但是人与动物毕竟有极大差别，其一就是有发达的大脑，有认识和改造自然的能力。抽象思维能力的发展、语言的获得与发展、社会技能的学习等都与人特有的、发达的脑分不开。

## 一、脑结构及其功能

### (一)人脑结构

人的脑部构造分为大脑(在医学及解剖学上，多用大脑一词来指代端脑)、小脑与脑干(如图 3-1)。大脑由大脑皮质(大脑新皮质)、大脑边缘叶(旧皮质)、脑干、脑梁所构成。人脑是一个复杂的物质系统。人脑容量约在 1200～1500mL 之间，体积约 $600cm^3$，表面积约有 $2200cm^2$，因而形成了众多的“沟”和“回”。

人脑重量约在 1350～1500g 之间，大约占体重的 1/50～1/40(猿脑重量只占体重约 1/500)。整个人脑可区为以下几个主要部分：大脑两半球、小脑两半球、间脑、中脑、脑桥(或桥脑)、延脑(或延髓)。中脑、脑桥和延脑又称为脑干。再往下是脊髓。所谓脑神经系统即是指脑的各部分和脊髓组成的中枢神经系统，以及遍布全身的外周神经系统。统率整个脑神经系统的便是在外观几乎覆盖全部人脑的发达的大脑两半球。

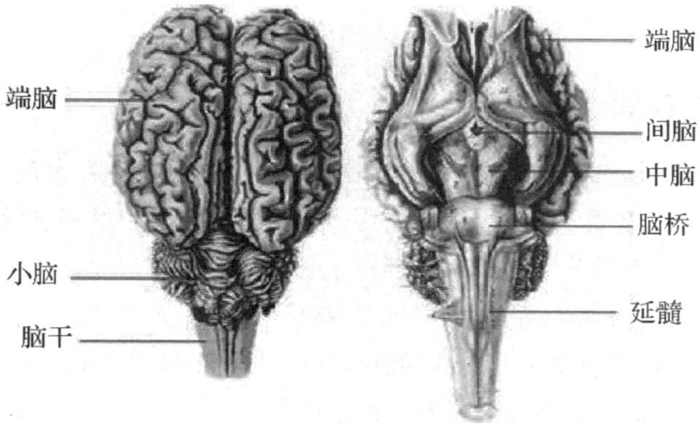


**图 3-1　脑背侧面和腹侧面形态**

### (二)神经元

大脑两半球的主要组成部分是大脑两半球皮质。在形态结构上，大脑皮质又分为额叶、顶叶、颞叶(左右两侧)和枕叶。大脑皮质也是脑神经元(如图 3-2)大量积聚的地方。

总厚度 2～5$\mu$m 的大脑皮质所拥有的神经元，占大脑两半球约 200 亿神经元的 70%，即 140 亿左右。而整个人脑的神经元数高达 $10^{11}$(1000 亿)数量级。此外还有对神经思维的神经元起支持和营养作用的胶质细胞，其数目比神经元还要多得多，故而使脑表面巨大并形成沟、回。大脑皮质中神经元大量积聚却并非杂乱无章堆积在一起，而是按不同形状(主要有椎形、梭形和星形三种细胞，椎形细胞数量最大)有序地分6层排列。人脑上千亿神经元间有着错综复杂的神经联结，其结点称为“突触”。研究表明，平均每一个神经元大约有数千个突触联结，因此人脑的全部突触数目约达$10^{15}$数量级。神经元间的信息传递即通过如此巨大数目的突触的联结来实现。

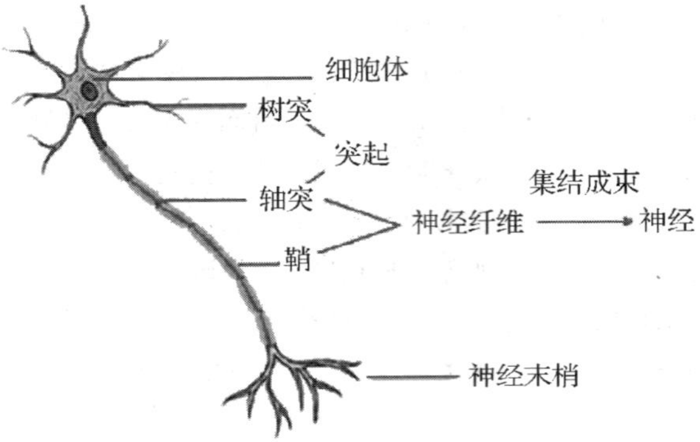


**图3-2　大脑皮层神经元**

### (三)左右脑功能

人脑结构如此复杂，其功能潜力也必定是巨大的。但巨大的人脑潜力，在实际生活中却往往未能得到充分发挥。因此，了解人脑，尽可能熟悉人脑活动规律，对人们自觉并有效地学习将会大有助益。

在19世纪前，人类对左右脑之间的差异几乎一无所知。人类对大脑功能的认识经历了漫长而痛苦的过程。1861年，法国医生布罗卡(Pierre Paul Broca)偶然碰到一位失语症病人，原来他能讲话，患病后却不能用语言表达自己的思想。但检查表明，他的听觉器官和发音器官却完好无损。当患者的尸体被解剖时，布罗卡发现，患者左额叶组织有严重病变，他为此写出了轰动科学界的论文《人是用左脑说话》。对失语症的研究使人类终于认识到了左脑和右脑，这就是著名的布罗卡分脑区实验。

真正确立左右脑分工的新观念，开始于20世纪50年代。在此我们不能不提一个人，他就是美国著名生物学家斯佩里(R. W. Sperry)。他和他的学生开始在动物身上进行裂脑实验研究，并发现当切断猫(随后是猴子)的左右脑之间的全部联系时，这些动物仍然生活得很正常。更令人兴奋的是，他们可以训练两个脑半球以相反的方式去完成同一项任务。后来他们又对裂脑人进行了实验研究，即切断严重癫痫病人两半球之间的神经联系，使其两脑半球相对独立。结果发现，各自独立的半球有其自己的意识流，在同一个头脑中两种独立意识平行存在，有各自的感觉、知觉、认知、学习以及记忆等。也就是说，左脑同样具有右脑的功能，右脑也同样具有左脑的功能，只是各有分工和侧重点而已。左右脑两部分由3亿个活性神经细胞组成的胼胝体联结成一个整体，不断平衡着外界输入的信息，并将抽象的、整体的图像与具体的逻辑信息连接起来。

左脑与右脑形状相同，功能却大不一样。左脑主要与语言有关，也就是用语言来处理讯息，左脑把看到、听到、触到、嗅到及品尝到(左脑五感)的讯息转换成语言来传达。如果将右脑的功能特点进一步加以概括，则无外乎三方面，即非言语、形象化和直觉化思维。右脑功能或右脑意识的这三大特点，适于人们在创造性的活动中实现思维创新。

如果进行形象一点的描绘，左脑就像个雄辩家，善于语言和逻辑分析；又像一个科学家，长于抽象思维和复杂计算，但刻板，缺少幽默和丰富的情感；右脑就像个艺术家，长于非语言的形象思维和直觉，对音乐、美术、舞蹈等艺术活动有超常的感悟力，空间想象力极强，不擅言辞，但充满激情与创造力，感情丰富、幽默、有人情味。

图 3-3　左右半脑的分工

资料卡

## 智力早期开发的生理基础

脑神经的发展，为智力早期开发提供了生理上的基础。近年，我国幼儿教育工作者在总结幼儿教育工作时，认为过去之所以存在“过多地灌输知识和训练技能，忽视儿童的主动性”的问题可能在于指导思想上存在“左脑优势”的传统观念。我们知道，学龄前儿童虽然也能掌握一些低级的概念和进行简单的计算，但需要直观形象不断的强化和支持，否则就会发生很大的困难。大脑左右脑功能的研究，使我们认识到，首先大力发展形象思维才是早期开发儿童学习潜力的适宜途径。形象思维是先于语言的。所以在幼儿教育中应突出地加强美术、音乐教育，艺术教育不仅使幼儿掌握有关知识、技能，更重要的是发展他们的记忆力、想象力和丰富的情感。

（资料来源：唐孝威等，《脑科学导论》，浙江大学出版社，2006）

### (四)大脑各叶的位置、结构和主要功能

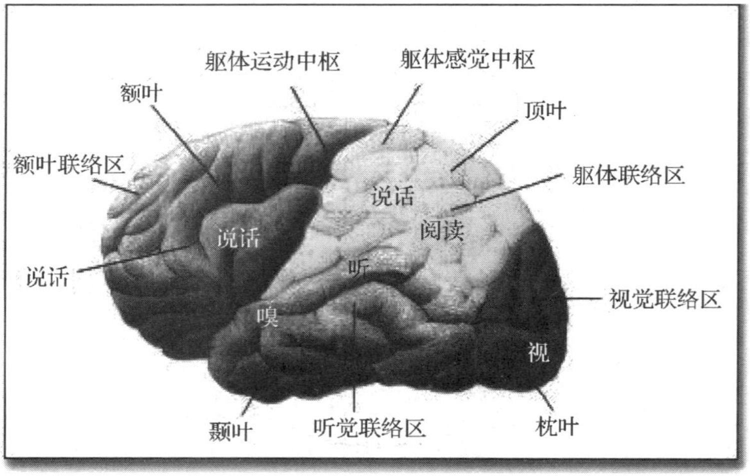


图 3-4　大脑结构及功能区

1．额叶

大脑最重要的区域之一，是大脑发育最高级的部分，位于中央沟以前。在中央沟和中央前沟之间为中央前回，在其前方有额上沟和额下沟，两沟相间的是额

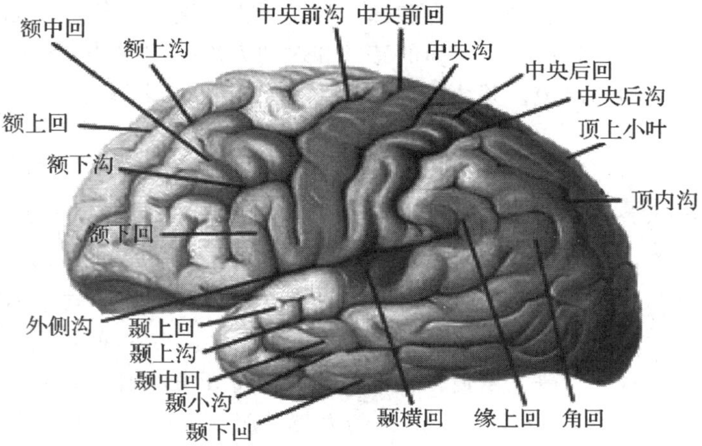


图 3-5　大脑皮层构造

上回、额中回和额下回。脑前额叶与中枢及其他部位（如顶叶、枕叶、颞叶、丘脑、脑干等）有非常广泛的神经联系，脑前额叶接受和综合由脑的各部位传入的来自机体内外的各种信息，并能及时组织传出冲动，给全部结构以组织性、指导性和调节性的影响，保证中枢神经系统整体的协同和达到整个高级心理过程的机能统一，与语言、记忆、思维、计划，个体的需求和情感相关。

2. 顶叶

位于中央沟之后。在中央沟和中央后沟之间为中央后回，横行的顶间沟将顶叶余部分为顶上小叶和顶下小叶。顶下小叶又包括缘上回和角回，响应疼痛、触摸、品尝、温度、压力的感觉，该区域也与数学和逻辑相关。

3. 颞叶

位于外侧裂下方，由颞上、中、下三条沟分为颞上回、颞中回、颞下回，负责处理听觉信息，也与记忆和情感有关。

4. 枕叶

位于半球后部，在枕顶沟的后方，主要负责处理视觉信息。

5. 岛叶

位于外侧裂的上方，其表面的斜行中央沟分为长回和短回。岛叶主要负责躯体和内脏的感觉，包括味觉、痛觉和其他情感、内脏运动和自主神经的控制，以及心血管功能(血压和心率的调控)和部分涉及听觉、语言功能的控制。人类的岛叶还涉及面部的厌恶表情、对疼痛的感知和对他人疼痛的同情。岛叶监视机体饥饿以及对其他事物的渴望，并协助将这些渴望转化为取得满足(如香烟或者可卡因)的行动。

6. 边缘系统

与记忆有关，在行为方面与情感有关。

人脑中有2000亿个脑细胞，可储存1000亿条讯息，思想每小时游走300多里，拥有超过100兆的交错线路，平均每24小时产生4000种思想，是世界上最精密、最灵敏的器官。研究发现，脑中蕴藏无数待开发的资源，而一般人对脑力的运用不到5%，剩余待开发的部分是脑力与潜能表现优劣与否的关键。

**资料卡**

### 人脑的潜能有多大

我们许多人往往在对伟人的丰功伟绩及其超人的智慧惊叹之余，特别羡慕他们那“与众不同”的脑袋，甚至埋怨父母为什么不给自己这样一个出众的大脑。事实上，我们每一个健康的人的大脑都不比世界上任何一个伟大智者的脑袋逊色。现代医学、心理学、思维学等科学研究表明，每一个健康人的大脑都有着同样的功能，在质上没有任何差别，在量上的差别也几乎等于零。读到这里，你也许会问：“既然每一个人的大脑的生理条件几乎没有差别，那为什么有的人可以成为伟人，扬名世界，而有的人却默默无闻，毫无建树?”这就涉及大脑的潜能开发的问题了。心理学家经常说，人类只用上自己大脑潜能的10%以下，即使是伟人也是如此。更有研究报告指出，一般人平均连大脑潜能的1%也没用上。我们不管用到的潜能是1%还是10%，总而言之，我们确实浪费了大脑庞大的潜能。那么，大脑的潜能到底有多大呢？又是什么决定了一个人的智力呢？

大脑是由数以亿计的微小细胞组成的，这些细胞被叫作神经细胞。每个神经细胞就像一只八爪鱼一样，有一个中心(细胞核)，还有大量的小触须，由中心向四面八方伸展，而每条小触须均附有数千颗细小结节，就像八爪鱼触须上的吸盘。这些神经细胞就是我们思维的物质载体，利用的神经细胞越多，我们的思维也就越灵活。而事实上，一个普通人的大脑约由100亿个神经细胞组成。但遗憾的是，我们利用的细胞却少得可怜。如果把整个大脑的神经细胞比作大的电影院，而我们所利用的细胞仅仅是几万个座位中的几百个，其余的座位都在闲置着，造成了一种资源的浪费。

既然大脑中的神经细胞与我们的思维有如此大的相关性，那么是否神经细胞的数目就决定了一个人智力或是潜在智力的高低呢？以前也有专家曾一度这样认为过，而且很多人都认为一个脑“大”的人，相对来说就比较聪明，而一个脑“小”的人相对来说就比较愚蠢一点。然而事实并非如此，决定智力的不是神经细胞的数目，而是细胞与细胞之间的相互联系。每个细胞触须上的结节，可以和其他细胞的结节联系起来；借助生化电作用，组成一个电路。整个大脑，就是一个极度复杂的电路网络。智力的高低，取决于这个网络的有效性。假使我们能充分发挥大脑的潜能(即将100亿神经细胞之间的相互联系全部打通)，整个大脑网络可以有多少条通路呢？据专家的保守估计，这是一个大到令人无法相信的数字；如果用标准打字机打出来，会是：10000000……0 会有1500万公里总长度的“0”！所以，古往今来，没有人能充分利用大脑，大脑的潜能是无限的！

所以，人类的大脑可以说是自然界中最奇妙而又最具威力的东西。根据计算，若将全球的电话网络系统和大脑电路网络相比，它的复杂程度也仅仅是占大脑网络的1粒豌豆般大小而已。而且大脑的运行速度也是任何电脑所无法比拟的，假如电脑每秒运行4亿次，那么它也要工作100年，才能完成人脑1分钟之内做的事情。

(资料来源：唐孝威等，《脑科学导论》，浙江大学出版社，2006)

## 二、幼儿大脑的发育与保健

### (一)大脑的发育

幼儿出生后脑和神经系统的发展最快，成熟最早，到幼儿期末已接近成人水平。脑和神经系统的发展为幼儿心理的发展提供了物质基础。

3～6岁时，脑的发育仍较迅速，脑重已由1岁时的900g增至6岁时的1200g。神经纤维分支加多加长，这有利于神经元联系的形成。6岁左右，大脑半球的一切神经传导通路几乎都已髓鞘化，身体在接受刺激后，可以很快地、准确地由感官沿着神经通路传到大脑皮质高级中枢。大脑皮质各区间增加了暂时联系的可能性，分化作用也大大加强，条件反射的形成比较稳定而巩固。

幼儿的大脑的继续发育，主要表现在以下方面。

1. 脑重继续增加

如前所述，幼儿期是儿童大脑发育最快的时期，幼儿脑重的增加情况为理解幼儿的大脑发育提供了粗略的指标。3 岁幼儿的平均脑重为 1011g，在幼儿 5～6 岁时，脑的结构就基本成熟，但未达到成人水平。7 岁儿童的平均脑重为 1280g，基本上接近成人的脑重(平均为 1400g)。此后，儿童的脑重不再有明显变化。

大脑的发展是渐进的、连续的，但不是等速的、直线的。大约在 4～20 岁这个年龄阶段中存在着两个显著的加速时期，第一次是在 5～6 岁左右，第二次在 13～14 岁左右。

2. 大脑皮质结构日趋复杂化

根据大脑生理学的研究，儿童脑重的增加并不是神经细胞大量增殖的结果，而是由于神经细胞结构的复杂化及神经纤维分支增多和长度增长。幼儿的神经纤维继续增长。额叶表面积的增长率继 2 岁左右的增长高峰后，在 5～7 岁时又有明显加快，此后维持在一稳定水平(见图 3-6)，同时，神经纤维的髓鞘化也逐渐完成，这就使得神经兴奋的传导更加精确迅速。

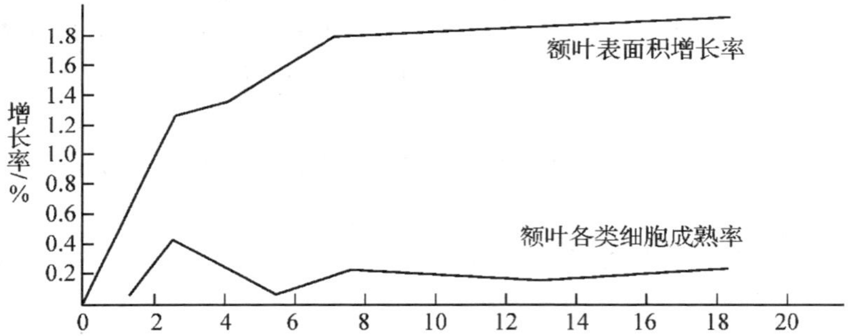


**图 3-6　额叶表面积的增长和各类神经细胞的成熟**(Luria，1973)

3. 脑电波的变化

脑电波频率是脑发育过程的又一重要参数。国外有关研究(Corbin & Bickford，1955)指出，5 岁前儿童的脑电波中的 $\theta$ 波(4～7 次/秒)多于 $\alpha$ 波(8～13 次/秒)，5～7 岁时 $\theta$ 波与 $\alpha$ 波的数量基本相同，7 岁之后 $\alpha$ 波逐渐占主导地位(如图 3-7)。我国的有关研究则发现：1～3 岁时儿童脑电波中的 $\delta$ 波(0.5～3 次/秒)减少，$\theta$ 波增多，同时出现少量 $\alpha$ 波；4～7 岁时 $\theta$ 波减少，$\alpha$ 波增多；8～12 岁 $\theta$ 波开始从枕叶、颞叶、顶叶消失，$\alpha$ 波占主要地位。

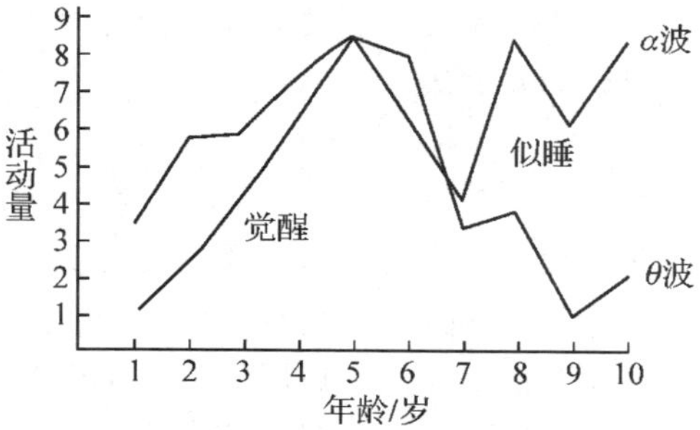


**图 3-7　儿童脑电图 α 波与 θ 波的变化**

儿童脑电图的变化表明，儿童大脑是随年龄的增长而发展的，而且这一过程是不可逆的。儿童大脑各区成熟的顺序是：枕叶—颞叶—顶叶—额叶(如图 3-8)。

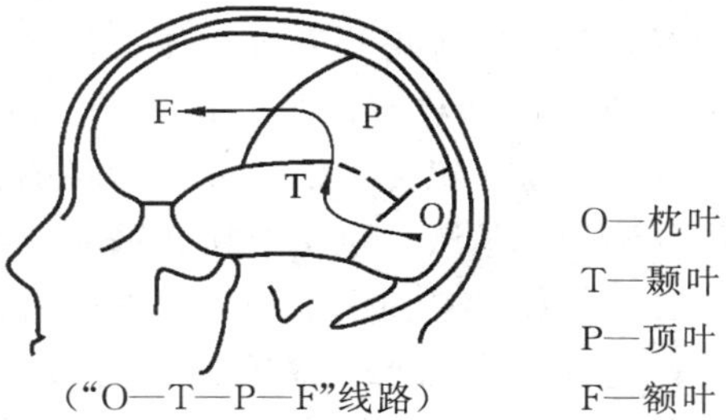


**图 3-8　儿童脑发展成熟程序示意图**(Corbin & Bickford，1955)

4. 皮质抑制机能的蓬勃发展

皮质抑制机能的发展是大脑皮质机能发展的重要标志之一，它既可使反射活动更精确、更完善，又可使脑细胞受到必要的保护，因而是儿童认识外界事物和调节控制自身行为的生理前提。3 岁以前儿童的内抑制发展很慢，约从 4 岁起，由于神经系统结构的发展，内抑制开始蓬勃发展起来，皮质对皮下的控制和调节作用逐渐加强。与此同时，幼儿的兴奋过程也比以前增强，表现为幼儿的睡眠时间逐渐减少，清醒时间相对延长。尽管幼儿的兴奋和抑制机能都在不断增强，但是相比之下，抑制机能还是较弱。因此，对幼儿过高的抑制要求，如要求幼儿长时间保持一种姿势或集中注意于单调乏味的课业，往往会引起高级神经活动的紊乱。

**(二)幼儿大脑的保健**

幼儿大脑正处在迅速发育阶段，尤其大脑皮层的神经细胞还很脆弱，对周围环境的适应能力差，在这个年龄阶段，需要采取达到卫生要求的措施，以保护和促进神经系统的发育，保证幼儿健康成长。

1. 制订和执行合理的生活制度

幼儿园必须根据幼儿解剖生理特点，为不同年龄班安排好一天的活动时间和内容，让全体幼儿按时活动、休息、就餐和睡眠等，注意动静交替，活动多样化，这样长期坚持下去，就会使幼儿大脑皮层形成一系列时间性的条件联系，使整个生理活动按照一定规律进行，以减轻神经系统的负担，促进神经系统的发育。

2. 保证幼儿有充足的睡眠

睡眠可以使神经系统、感觉器官和肌肉等得到充分的休息，因为睡眠时，大脑皮层和某些皮层下中枢，进入广泛的抑制状态，所以睡眠是一种保护性抑制，能消除神经细胞的疲劳。同时，睡眠时脑组织能量消耗减少，脑细胞的重要成分磷脂类物质合成加速；脑下垂体分泌的生长激素也主要在睡眠时分泌。幼儿时期是生长发育的重要时期，因此，必须养成夜晚和中午按时睡眠的习惯。睡眠持续的时间与脑发育的程度有关。年龄越小，所需要的睡眠时间越长(见表 3-1)。但不可让幼儿睡眠时间过长，以免影响其他教育、锻炼等活动的安排。

**表 3-1　不同年龄所需要的睡眠时间**

| 年龄 | 新生儿 | 1 岁 | 2 岁 | 3～4 岁 | 5～7 岁 | 7～13 岁 | 成人 |
|---|---|---|---|---|---|---|---|
| 睡眠时间（小时） | 22 | 15 | 14 | 12～13 | 10～12 | 9～10 | 8 |

**资料卡**

## 睡眠的生理意义

睡眠并不是脑活动的简单停止，而是脑活动状态的转变。睡眠时脑血流和代谢有时还有增强的趋势，表明睡眠是一种主动、积极的生理过程，有着复杂的脑神经元活动。睡眠的重要生理意义是恢复脑力和体力。生长激素在觉醒状态下分泌较少，进入慢波睡眠后，生长激素分泌量明显升高，转入快波睡眠后分泌量又减少，因此有人认为慢波睡眠对儿童少年时期的生长发育特别有利。快波睡眠时蛋白质合成及脑代谢率都比慢波睡眠时增强，这对促进生长、恢复脑力与体力、促进记忆也是很有利的。睡眠缺乏或睡眠不足会影响注意力和记忆的保持。剥夺睡眠与脑力活动过分紧张一样，都会引起脑疲劳，典型表现是注意力不集中、记忆减退、情绪波动、思维反应不灵敏等。

（资料来源：叶创兴、周昌清、王金发，《生命科学基础教程》，高等教育出版社，2006）

3. 积极开展体育锻炼

适当的体育锻炼可以加强神经系统的调节作用，使大脑皮层的活动更迅速、更准确、更灵活。在从事各项锻炼活动时各器官系统的生理活动密切配合，以适应机体的需要，这样就促进神经系统进一步完善，加强了对机体调节控制的能力。

4. 提供合理营养

营养是大脑发育的物质基础。供给充足的营养，能促进脑的发育；而缺乏营养，尤其对正值生长发育的脑有不良影响。

5. 创造良好的生活环境

幼儿园的工作人员必须关心热爱幼儿，全面细致地照顾他们，不歧视智力低下或有缺陷的幼儿，不伤害他们的自尊心，不变相体罚幼儿。家庭成员也应当和睦相处，使幼儿心情舒畅、精神愉快地生活，否则会影响幼儿的身心健康。

6. 适当安排幼儿教育、教学的时间、内容和方法

幼儿园应根据不同年龄的生理特点来安排教育、教学活动。幼儿第二信号系统发育还不够完善，对直观形象模仿能力很强，而抽象思维能力还较差，并且幼儿的注意力又是和他们的兴趣紧密联系着，所以教师在教学过程中，教学内容要浅显易懂，积极结合教具，运用直观教学法，同时还要反复强化，以巩固所学的知识和良好的行为习惯。但教学时间不宜过长，不同年龄班就有区别。教师应从各方面培养幼儿的兴趣，发展幼儿的观察力和想象力，促进和增强神经系统的功能。

## 三、脑科学与幼儿的学习与发展

脑科学是 21 世纪若干国际重大的前沿研究领域之一，新技术和新事物的不

断涌现使脑高级功能的基本理论发生了巨大变革，动摇了百余年来脑高级功能的传统观念，使之获得了新的科学含义。21世纪世界经济发展的竞争，归根到底是知识、人才和教育的竞争。美国国会也于1989年通过了公共法，宣布20世纪90年代为“脑的十年”。在中国，由当时国家科委发起，在国家科委和中国科学院的支持下，正式创办了面向全国科技界的常设性高层次学术会议组织“香山科学会议”。

当今人们对脑科学与教育之间关系的认识，已经取得了不少进展。专家学者们根据多年的教育教学经验，在吸收国内外脑科学最新研究成果的基础上，提出了跨学科的研究设想，力图使大脑研究走进学校、走进课堂、走进教学实践。对幼儿学习与发展的研究与实践起重要作用的脑科学新概念，归纳起来有以下几点。

### (一)大脑神经突触生长呈倒U状的模型假说

人在出生后20年里神经突触密度的变化呈倒U型，即刚出生时低，童年期达到高峰，而成年后则又降低下来。产生学习行为的原因是突触传递方式的改变，而细胞释放出传输体个数的不同，又会导致突触传输方式的变化，这一点似乎与学习行为有关。突触密度变化的倒U型现象表明神经突触密度与智力水平是直接关联的。从出生到10岁，随着突触联系和密度迅速增加，与此相关的技能和能力也随之迅速发展，一直持续到成年后才逐渐衰退。假定这个倒U状模型是存在的话，似乎可以得出这样一个结论，突触生长高峰期的童年是学习收获最多和智力发展最充分的时期。这项研究发现对开展早期教育提供了科学依据，尽管还没有完全证实，但值得进一步探讨。

### (二)大脑发育的关键期假说

脑科学研究的另一项发现是关于大脑发展的关键期问题。大脑发展的关键期概念是英国学者戴维·休伯尔(David Hubel)等人在20世纪60年代提出来的。他们的研究发现，将出生后的小猫或小猴子用外科手术缝上眼皮，数月后打开，这些动物就无法获得视觉信息，尽管它们的眼生理机制是正常的。而且这些早期剥夺了视觉经验的动物在视皮层上的结构也有异于正常的动物。休伯尔等人由此提出了一个视觉机能发展的关键期概念。

最近30多年来，数以百计的脑科学专家对“关键期”做了大量研究并已取得相当的进展。其科学结论简要说来就是：脑的不同功能的发展有不同的关键期，某些能力在大脑发展的某一敏感时期最容易获得，如人的视觉功能发展的关键期大约在幼年期；对语言学习来说，音韵学习的关键期在幼年，而语法学习的关键期则大约在16岁以前。此时相应的神经系统可塑性大，发展速度特别快，过了关键期，则可塑性与发展速度都要受到很大的影响。此外，对不同的人来说，脑的不同功能发展的关键期也并不完全一致，存在着一定的个体差异，在脑的不同发展上有着不平衡性。所以在教育中要抓住关键期，让诸如视觉、听觉、语言等能力都应适时打开“机会之窗(windows of opportunity)”，使脑的不同功能得到及时的发展。如果我们教育工作者在适时的关键期给予儿童适当的学习机会，则不但学得快，还可以促进生理发展，进而更能促进相应能力的发展。

**资料卡**

## 蒙台梭利关于幼儿发展关键期的观点

1. 语言敏感期(0～6岁)。婴儿开始注视大人说话的嘴形，并发出牙牙学语的声音，就开始了他的语言敏感期。学习语言对成人来说，是件困难的大工程，但幼儿能容易的学会母语是因为儿童具有自然所赋予的语言敏感力。因此，若孩子在2岁左右还迟迟不开口说话，应带孩子到医院检查是否有先天障碍。

2. 秩序敏感期(2～4岁)。幼儿需要一个有秩序的环境来帮助他认识事物、熟悉环境。一旦他所熟悉的环境消失，就会令他无所适从，蒙台梭利在观察中，发现孩子会因为无法适应环境而害怕、哭泣，甚至大发脾气，因而确定“对秩序的要求”是幼儿极为明显的一种敏感力。

3. 感官敏感期(0～6岁)。孩子从出生起，就会借着听觉、视觉、味觉、触觉等感官来熟悉环境、了解事物。3岁前，孩子透过潜意识的“吸收性心智”吸收周围事物；3～6岁则更能具体地透过感官判断环境里的事物。因此，蒙台梭利设计了许多感官教具，如听觉筒、触觉板等以敏锐孩子的感官，引导孩子自己产生智慧。你可以在家中用多样的感官教材，或在生活中随机引导孩子运用五官，感受周围事物，尤其当孩子充满探索欲望时，只要是不具危险性或不侵犯他人他物时，应尽可能满足孩子的需求。

4. 对细微事物感兴趣的敏感期(1.5～4岁)。忙碌的大人常会忽略周边环境中的细小事物，但是孩子却常能捕捉到个中奥秘。因此，如果你的孩子对泥土里的小昆虫或你衣服上的细小图案感兴趣，那么正是你保护孩子的好奇心，培养孩子细心、认真的学习品质的好时机。

5. 动作敏感期(0～6岁)。2岁的孩子已经会走路，最是活泼好动的时期，父母应充分让孩子运动，使其肢体动作正确、熟练，并帮助左、右脑均衡发展。

除了大肌肉的训练外，蒙台梭利则更强调小肌肉的练习，即手眼协调的细微动作教育，不仅能养成良好的动作习惯，也能帮助智力的发展。

6. 社会规范敏感期(2.5～6岁)。2.5岁的孩子逐渐脱离以自我为中心，而对结交朋友、群体活动有了明确倾向。这时，父母应与孩子建立明确的生活规范，日常礼节，使其日后能遵守社会规范，拥有自律的生活。

7. 阅读敏感期(4.5～5.5岁)。孩子的书写与阅读能力虽然较迟，但如果孩子在语言、感官肢体等动作敏感期内，得到了充足的学习，其书写、阅读能力便会自然产生。此时，父母可多选择读物，布置一个书香的居家环境，使孩子养成爱书写的好习惯，成为一个学识渊博的人。

8. 文化敏感期(6～9岁)。蒙台梭利指出幼儿对文化学习的兴趣，萌芽于3岁，但是到了6～9岁则出现探索事物的强烈要求，因此，这时孩子的心智就像一块肥沃的田地，准备接受大量的文化播种。成人可在此时提供丰富的文化资讯，以本土文化为基础，延伸至关怀世界的大胸怀。

（资料来源：http://baike.baidu.com/view/309781.htm）

### (三)环境刺激会对大脑产生影响

脑科学研究发现，多姿多彩的环境刺激对早期大脑发展具有显著的影响。科学材料证实，大脑的生理变化是经验的结果，而大脑功能的水平在很大程度上取决于其工作时所处的环境状态，服从“用进废退”的规则，不能缺乏足够的刺激。要知道，人并不是生来就拥有一个功能完备、高效运转的大脑，大脑的逐渐成熟是一个人的遗传特征与外部经验交互作用的结果，也就是基因与环境交互作用的结果。

以语言功能为例，语言是人和其他动物区别的重要标志，也是大脑成熟的重要标志。从脑的进化和关于语言机制研究中我们可以了解到，语言的产生的确具有重要的脑科学基础，这就是为什么人有语言而其他动物没有语言。语言功能是大脑和环境交互作用的产物。遗传特征在语言发展中固然起着重要作用，但正常的语言发展仍需要儿童期语言环境，也仍需要语言教育的配合。总之，环境影响基因的变化，基因决定环境的作用，这是脑科学研究得出的一个新的见解，而这里的关键因素是对脑的刺激。

人们在研究中已经认识到，引起脑内巨大变化的主要是有学习和记忆参与的活动而不只是体力活动，像课外愉快的交谈，有意义的交往，填字游戏和勤奋的阅读，都可以不拘一格地使人脑得到刺激。丰富的环境能影响大脑的发育和学习，并且在关键期更显得重要，因此有必要为幼儿创设一个多姿多彩的环境。

### (四)脑高级功能的生理基础是后天形成且终生可变的

美国亚拉巴马大学心理学家拉迈耶在1996年从事了一项对贫困儿童进行早期教育干预的研究，证实了对贫困儿童的教育干预方案能够有效防止他们智力发展上的延缓，并能提高智商测试分数。该项研究中还有一个重要的发现是，智商测试或许是一个有用的工具，但智力实际上是多元或者说多重的。因为每个大脑表现出来的个体特征不尽相同，在情感、行为和认知能力上存在着差别。在这方面美国哈佛大学心理学教授加德纳(Howard Gardner)曾花数年时间分析了教育对大脑的影响，他的结论是简单但极其重要的。他在《心智的结构》一书中指出，我们每个人的大脑至少由8种智力构成，即语言智力、逻辑或数学智力、音乐智力、空间或视觉智力、运动或身体智力、人际智力、内在智力或内省智力、自然观察智力。且脑外科和脑科学研究表明，每一智力或能力都在大脑中有相应的位置，存在着脑功能的不同定位，若严重损伤某个部位，你就会有失去特定能力的危险。

在加德纳看来，传统上大多数所谓智商测试都集中在语言智力和逻辑数理智力上，全世界很多学校教育也片面集中在这两种能力上，致使我们对大脑学习潜力产生了一种不正常的、有局限的看法。而加德纳所提出的“多元智力理论”拓宽了人们对智力的认识，既向传统的智商测试提出了挑战，又为教学策略的研究提供了脑科学依据。

### (五)“情感智力”和“情商(EQ)”概念

脑科学研究越来越多的证据表明：情感在人类学习中起着不可低估的作用，情感与认知并不是对立的两个过程，而应当理解为两个并行的过程，它们以特殊的方式联系在一起，对有机体有不同的意义或价值，都是脑神经整体功能的体现，反映出神经活动的效率。美国哈佛大学的行为与脑科学专家戈尔曼(Daniel Goleman)认为我们具有两个大脑、两个中枢、两种不同的智力形式：理性的和情感的。人生成功与否，取决于这两者，不仅仅是智商(IQ)，还有情感智商(EQ)与之并驾齐驱。

美国纽约大学神经科学中心的脑科学专家勒杜(J. Ledoux)发现情绪的神经通路在新皮质之外，专门负责情绪事务的杏仁核在大脑整体结构中作为情感中枢起关键作用，作为情绪前哨，杏仁核占据着优势，有能力造成大脑神经中枢“短路”，对脑的功能，包括思维有着重要影响。戈尔曼和勒杜的研究都揭示了“情感智力”在学习和推理中以及个性发展上举足轻重的作用。

资料卡

### 情商的内容

美国心理学家沙洛维(Peter Salovey)和梅耶(John Mayer)于20世纪90年代初期最早提出了情商，后来美国《纽约时报》专栏作家戈尔曼撰写的《情感智力》一书，把情商加以解释使得人们都能理解，认为“情商是个体最主要的生存能力，能够发掘人的情感潜能，是人类素质发展的重要组成部分，其内容主要包括五个方面：一是认知自身情绪的能力；二是妥善管理情绪的能力；三是自我激励的能力；四是认知他人情绪的能力；五是人际关系的管理能力。”

（资料来源：孙永清、马仁真，《学生情商与非智力因素培养训练实用全书》，人民中国出版社，1998）

## 第二节　幼儿学习与发展的动因

人除了有自然的属性之外，还具有社会属性，个人仅凭生而具有的自然属性和生物本能是不能在社会中生存的，必须通过社会化途径学习和掌握社会文化知识和规范。幼儿的学习与发展不是孤立的，在幼儿的学习与发展过程中，除了自己主动的建构，同样也离不开社会中其他因素的影响。

### 一、作为学习与发展主体的幼儿

#### (一)建构主义与幼儿的学习

1. 建构主义学习理论的基本观点

建构主义者认为世界是客观存在的，但是对于世界的理解和赋予意义却是由每个人自己决定。“学习者是以自己的经验为基础来建构现实，或者至少说是在解释现实，学习者个人的世界是用他们自己的头脑创建的。”

建构主义认为学习不是教师直接传授的结果，也不是简单的信息加工过程，而是学习者通过主动建构而获得的意义理解和新的认知图式，也就是说，学习者在一定的情境即社会背景下，借助于其他人，利用必要的学习资源，主动采用适合自身的学习方法，通过意义建构的方式而获得的。建构主义强调，意义不是独立于我们而存在的，个体的知识是由人建构起来的，对事物的理解不仅取决于事物本身，事物的感觉刺激(信息)本身并没有意义，意义是由人建构起来的，同时取决于人们原来的知识经验背景。不同的人由于原有经验的不同，对同一种事物会有不同的理解。学习是学生主动建构的过程，学生是学习的主体，教师对学生的学习只是一种帮助，学生不再是接受知识的被动客体。

2. 建构主义学习观

(1)学习者以自己的方式建构自己的理解

这包含两层意思，一方面，学习是一个积极主动的建构过程，学习者不是被动地接受外在信息，相反，他要对外部信息做主动的选择和加工，要主动地建构信息的意义，这种建构不可能由其他人代替；另一方面，由于作为学习活动主体的学习者本身的特点不同，因此建构活动的方式也不同，所获得的对于意义的理解也不同，从而使这种建构活动带有主体特点的烙印。

**资料卡**

## 体验知识建构的过程

有一个孩子，坐在自家门前，看见一辆卖雪糕的车开过来，突然想起春节时奶奶给的压岁钱，猛地冲进屋内……

这个孩子猛地冲进屋内可能干什么？拿钱准备买雪糕。如果学习只是复制、印入信息，那我们充其量只接受到“猛地冲进屋内”，那么后面的“省略号”所代表的意义是从哪儿来的，来自这段文字吗？不是，而是来自我们的解释和推测。

如果我们把这段文字中的“卖雪糕的车”换成“希望工程捐款车”，这个孩子这次猛地冲进屋内可能干什么呢？拿钱准备捐款。倘若我们从不知道“希望工程”是什么，也不知道“捐款”是什么，你能想到他进屋拿钱准备捐款吗？恐怕我们还以为这是一辆什么稀奇古怪的车，小孩子是由于恐慌而躲进屋里呢。这说明，学习不只是印入信息，而是调动、综合、重组甚至改造头脑中已有的知识经验，对所接收到的信息进行解释，生成了个人的意义或者说自己的理解。个人头脑中已有的知识经验不同，调动的知识经验相异，对所接收到的信息的解释就不同。也就是说，知识的意义不是现成的，而是学习者经过建构活动而生成的。

(资料来源：http：//jky. xsedu. net. cn/Article/ShowArticle. asp? ArticleID＝1962)

(2)新的学习依靠原有的经验

学习者原有的经验是学习的基础。知识或意义不是简单由外部信息决定的，意义是学习者通过新旧知识经验间反复的、双向的相互作用过程而建构成的。外部信息的输入如果没有主体已有的经验作为基础，那么这种信息对于学习主体，将是毫无意义的。每个学习者都以自己原有的经验系统为基础对新的信息进行编码，建构自己的理解，而且原有知识又因为新经验的进入而发生调整和改变，所以学习并不简单是信息的积累，同时包含由于新、旧经验的冲突而引发的观念转变和结构重组，是经验在质上的变化。

(3)社会性的互动可促进学习

建构主义者主张，知识不仅是在个体与物理环境的相互作用中建构的，社会性的相互作用同样重要。因此我们要重视教学中教师与学生以及学生与学生之间社会性的相互作用。从建构主义的学习观看来，每个人都以自己的经验为背景建构对事物的理解，不存在对事物唯一正确的理解。教学要使学生超越自己的认识，看到那些与自己不同的理解，看到事物的其他方面，就必须通过充分的合作和广泛的讨论，使理解更加丰富和全面。

(4)意义学习发生于真实的学习任务之中

首先，这种教学应使学习在与现实情境相类似的情境中发生，以解决学生在现实生活中遇到的问题为目标，学习的内容要选择真实性任务，不能对其作过于简单化的处理，使其远离现实的问题情境。其次，这种教学的过程与学生的问题解决过程相类似，教师在课堂上并不是提前将已准备好的内容教给学生，而是让学生经历与专家解决问题相类似的探索过程。由于问题的真实性，易于激发学生的内部动机，同时有利于培养学生的探索精神。

建构主义的学习观较为科学地揭示了学习的本质，建构主义不是适应某些条件的一种具体的教学策略，而是一种有关学习的哲学，是人探索、认识、发现世界的方式。

### (二)幼儿的主体性

#### 1. 幼儿主体性内涵

学习主体性即指个体作为学习活动的承担者，能够意识到自己在学习活动中的特殊地位，并能依据这种意识调控自己的行为水平的高低。学习主体性是学生在学习中体现出来的内在思想和外在行为上的独立与自主，是衡量其心理发展水平高低的一个重要标志。学习主体性是学生主动获取知识的过程，教师要采取多种教学方法充分调动学生的主观能动性，发挥学生的主体能力。强调学生积极主动地参与教学，唤起学生的好奇心、探究兴趣和求知欲，充分调动学生的学习积极性、主动性和创造性。

幼儿主体性是指幼儿在参与活动中作为主体所具有的特征和属性。幼儿主体性包括整体性、独特性、选择性、能动性和创造性五个方面的内容。

(1)幼儿的整体性是指幼儿是一个身心俱全的、智力和非智力都在发展的人，这使得我们不仅要重视幼儿的保育工作，而且要重视幼儿的教育工作；不仅要重视幼儿智力的开发，而且也不能忽视幼儿非智力因素的培养。幼儿应该得到全面和谐的发展。

(2)幼儿的独特性是指每一个幼儿有其独特的个性，有各自的需要，有各自的好恶，有各自的情感世界，教师应该尊重幼儿的个性，尽量地为每个幼儿设计适合他们各自发展的教学计划，促使他们在各自原有的基础上不断发展。

(3)幼儿的选择性是指幼儿在活动中根据自己的要求、爱好，对活动作出选择的权利和能力。要发挥幼儿的选择性，就应该尊重幼儿选择的权利，承认幼儿有选择的能力，同时创造可供幼儿选择的环境和机会，鼓励幼儿自由自主地选择。

(4)幼儿的能动性是指幼儿在与外界事物发生关系时积极主动地对外界事物作出反应。幼儿教师不应该把幼儿看作消极的、被动的接受者，而应提供各种条件让幼儿参与到活动中，激发其探索的兴趣与热情，使幼儿自主地与外界发生作用，从而主动地形成自己的认知结构。

(5)幼儿的创造性指幼儿在外界相互作用时对原有事物的更新，这种更新不是完全意义上的更新，只是相对于幼儿原有的认知而言。幼儿的这种创新可能没有社会价值，但却是真正创新的萌芽。

我们必须承认幼儿的主体性，将幼儿作为其自身发展的主体来看，认识到幼儿是一个身心俱全、各种能力都在发展的完整的人。幼儿有自己独特的性格、独特的爱好，有按自己喜好自己作出选择的能力和权利，他们能对外界事物作出主动的判断与反应，能按自己的想象创造出与现有事物不同的事物。

### 2. 幼儿主体性的特征

(1)主体意识不强

幼儿自从出生起就在不断地与外界产生联系、发生作用，逐渐地从主客体不分的混沌状态发展到了解自己与外界事物有区别的状态。但在幼儿期，幼儿对主客体区分的能力相对成年人来说还是很差的。那种认为只有在活动中具有十分清晰的主体意识的主体才具有主体性的观点，无疑有所偏颇。在幼儿期，虽然幼儿在活动中对自己的主体地位认识并不清晰，但并不能否认幼儿自身作为活动的主体具有主体性这一客观存在。幼儿的主体意识不强，表现为活动的目的性不强、自主性不强以及自我意识差。

(2)主体性的发挥易受环境的影响

任何主体的主体性的发挥都会受到客观环境、客观规律的制约。人不可能超越提供的客观条件和客观规律去选择和创造。人对客观规律的掌握程度决定了人的主体性发挥程度。幼儿对客观规律的掌握是非常有限的，因而受客观环境的制约是必然的。而且由于幼儿身心的不成熟，使得他们对环境有较强的依赖性。在一个充满丰富刺激物的环境里，更容易吸引幼儿参与到活动中去。在一个自由、宽松的空间和时间里，更容易为幼儿提供选择的机会和发展的机会。相反，一个有着各种束缚的环境会使幼儿主体性难以显现和发挥。

(3)主体性发展的程度较低

人的主体性是在不断与外界作用、不断积累经验、不断掌握客观规律的过程中发展起来的，是一个历史的进程。幼儿的主体性处在这一进程的初始阶段，主体性的表现和发展都处于程度低下的状态。以创造性为例，如果将创造性划分为高级、中级、初级三个层次，那么高级层次的创造性指经过长期的研究，反复的探索所产生的非凡创造，形成了某一领域的划时代成果；中级层次的创造性指经过模仿或改革，在原有知识和经验的基础上重新组织材料或加工而成，能形成一定的社会价值；初级层次的创造性，主要指对本人而言是前所未有的，而不一定具有社会价值。客观事实表明，幼儿所具有的创造性无疑处于初级层次。

幼儿教育是促进幼儿主体性发展的教育。“幼儿园教育要强调从知识技能出发寻找教育目标，一定要落实到儿童的身心发展上，对幼儿来说，掌握知识技能，特别是学科方面的知识技能，不应该是唯一的，重要的是使它成为一种促进儿童发展的手段。”在幼儿园中不论采取什么课程模式，都应该使幼儿能积极地、主动地作用于客观世界，从而促进幼儿主体性的发展。

### (三)学习动机——影响幼儿主体学习与发展的心理因素

#### 1. 学习动机的产生

学习动机就是激励幼儿进行学习活动的心理因素，它是直接推动幼儿进行学习的一种内部动力。学习动机是学习行为的激活和唤起。学习动机强弱的标志主要是活动水平和指向性。

学习动机是怎样产生的呢？一切活动都产生于需要。人的需要从它的发生和发展过程看，又可分为生理的和社会性的需要两大类。因此，动机也可以分为初级的(又称原发性的)和高级的(习得的、后继的)两大类。初级的动机不需要经过学习，如食欲、性欲等都是初级动机的源泉。高级的动机是指在初级动机的基础上产生的社会性动机，如在社会生活中习得的社会交往的需要，自我提高的需要，在工作和学习中取得优异成绩的需要等。当这些需要在人的主观上以愿望或意向的形式被体验到，并激励着人们活动时，需要就转化为动机。幼儿的学习动机是社会和教育对幼儿学习的客观要求在幼儿头脑里的反映，它在幼儿的主观上以对学习的意向或愿望的形式被体验着。在幼儿园教育中，只要能引起幼儿的这种意向或愿望，同时又有相应的能满足幼儿意向和愿望的活动存在时，就能产生推动幼儿学习的动力。但是，社会和教育对幼儿的要求并不都能成为学习动机，只有那些对学习能起推动作用的心理因素，才能成为学习动机。

### 2. 学习动机的分类

(1)内在动机、外在动机和非动机

根据动机的自主水平不同，可以把学习动机分为内在动机、外在动机和非动机。内在动机是由学习活动本身产生的快乐和满足所引起的，它不需要外在条件的参与，完全是自主性的，如幼儿为了探索土豆是怎么样生长的而去主动观察。外在动机是由学习活动外部因素所引起的，如幼儿为了获得老师的表扬而去探索。非动机是指人们的学习行为由自己无法控制的力量引起，这种动机自主性水平较低。

(2)间接的、长远的学习动机和直接的、短近的学习动机

从动机的远近和起作用的久暂，又可把学习动机分为两大类。

第一类是间接的、长远的学习动机。这类动机与学生对学习的社会意义的认识相联系，是社会要求在学生学习上的反映，是学生本人的理想、世界观等在学习上的体现。比如，我国多数学生能把个人学习与祖国社会主义事业相联系，为将来参加祖国建设作出贡献而努力学习。这类动机一旦形成，就具有稳定性和持久性，不易为情境中的偶然因素所改变，能在较长时间内起作用。

第二类是直接的、短近的学习动机。这是与学习活动本身的特点及其切近的意义相联系的动机，例如，某些学习活动内容丰富多彩、生动有趣，能给学生的兴趣、爱好以很大的满足，能使学生的知识水平有显著的提高，从而获得优良的学习成绩和教师的赞扬等，这些因素都可能成为推动学生学习的内在动力。这类动机比较具体，且有实际效能，但作用较短暂而不稳定，容易随情境的变化而改变。

(3)一般动机和具体动机

根据学习动机起作用的范围不同，可将学习动机分为一般动机和具体动机(Brophy，1987)或性格动机和情境动机(Slavin，1991)。一般动机是在许多学习

活动中都表现出来的、较稳定、持久地努力掌握知识经验的动机。该类动机贯穿于学生生活的始终，甚至在以后的工作中或毕生都具有这类动机。另外，该类动机广泛存在于许多活动中，表现在对不同领域、不同内容的学习都具有强烈的动机。一般动机主要产生于学习者自身，与其价值观念和性格特征密切相连，因而也称为性格动机，具有高度的稳定性。具有这种学习动机的学生，即使遇到教学能力低、教学责任感差的教师，也仍能认真努力学习，是典型的“为读书而读书”者。

具体动机是在某一具体学习活动中表现出来的动机，由这种动机支配的学生，常常只对某一门或某几门学科或内容感兴趣，而对其他学习内容则不予注意。这类学习动机多半是在学习过程中因学业成败或师生关系的影响而逐渐养成的。例如，在学生学习经历中，如多科失败而只有一科成功，就可能只形成对该门学科的学习动机；又如，在师生关系中，只获得某位教师的关爱和接纳，很可能只对该教师任教的科目有兴趣。由于这类动机主要受到外界情境因素的影响，因而也称为情境动机，其作用是暂时的、不稳定的。

(4)合理动机和不合理动机

根据动机的意义，可以把动机分为合理动机和不合理动机。合理动机是指与我们的社会利益相一致的、有利于个体健康的动机，包括高尚的、正确的和在一定时期里有较多积极因素的动机。所谓不合理动机，则是指不符合我们的社会利益和个体健康发展的动机，包括低劣的、错误的和有较多消极因素的动机。

### 3. 学习动机的功能

(1)激发功能

学习动机能激发个体产生某一学习行为。在这里学习动机是引起某种学习行为的原动力，对学习行为起着始动作用。例如，幼儿对声音的产生很感兴趣，产生要探究声音是如何来的动机，便会在这一动机驱动下出现相应的行为——敲打物体使其发出声音。

(2)指向功能

学习动机能使个体的学习行为指向某一具体目标。在这里，学习动机是引导某种学习行为的指示器，对学习行为起着导向作用。在上述例子中，幼儿在探索声音产生的动机引导下，将激发起让物体发出声音这一目标，把注意力放在物体发声的方法上。

(3)调节功能

学习动机能调节个体学习行为的强度、持续时间和方向。在这里，学习动机是调节某种学习行为的控制器，对学习行为起着调控作用。在上例中，那个幼儿在探索物体发声时，把注意力集中于发声的方法这一行为的强度、维持时间的长短，都受到该学习动机的制约。

### 4. 学习动机对学习的影响

学习动机和学习的关系是辩证的，学习能产生动机，而动机又推动学习，二者相互关联。正如奥苏伯尔所说的："动机与学习之间的关系是典型的相辅相成的关系，绝非一种单向性的关系。"动机可以增强行为方式促进学习，而所学到的知识反过来又可以增强学习的动机。因此，教师在强调动机在学习中的重要作用的同时，也应看到学生在学习过程中，学习本身就是下一步学习的动机。奥苏伯尔和斯金纳都认为，就学校而论，动机的问题不是"传递"动机之事，而是安排好学习与研究的条件，使之起强化作用的问题。

动机对学习的影响，一般说来，并不是直接地卷入认知的相互作用过程之中，也不是通过同化机制发生作用，而是通过加强努力，集中注意和对学习的立即准备去影响认知的相互作用过程，犹如"催化剂"产生间接地增强与促进的效果。根据耶克斯—多德森律，唤起水平与绩效之间的关系是一种曲线关系。唤起水平太高或太低都不能引起最佳的皮质工作状态，从而也不能得到最佳绩效。由此，不少心理学家认为，动机的中等程度的激发或唤起，对学习具有最佳的效果。动机过弱不能激发学习的积极性，动机过强则会造成学习效率的降低。研究还发现，动机的最佳水平随课题的性质不同而不同。在比较容易的课题中，工作效率随动机的提高而上升；随着课题难度的增加，动机的最佳水平有逐渐下降的趋势。

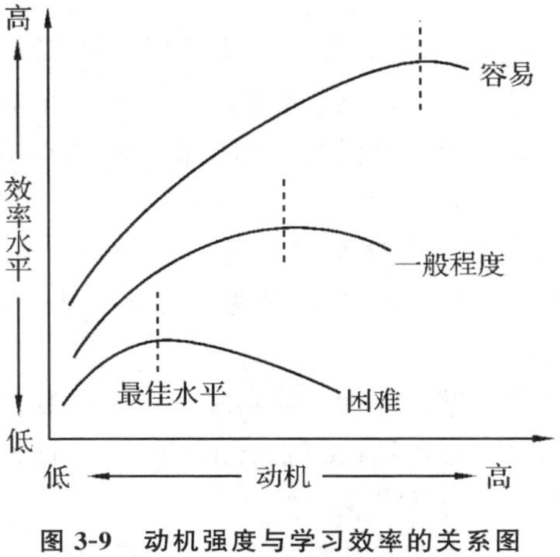


**图 3-9　动机强度与学习效率的关系图**

动机过强或过弱，不仅对学习不利，而且对保持也不利。并且，在难度不同的任务中，动机的强度影响解决问题的效率。

## 二、环境因素

作为学习主体的幼儿，是在周围环境的影响下，并在与周围环境的作用中发展的。影响幼儿学习与发展的环境因素主要有：幼儿园环境、家庭环境和媒体。

### (一)幼儿园环境

幼儿园是幼儿接触的主要社会教育机构，幼儿期是幼儿各方面迅速发展的关键期，幼儿园的环境对幼儿的学习与发展会产生深远的影响，如，生活的作息制度、膳食营养、疾病预防、物质与精神环境、教学方法等都会影响幼儿的行为和发展。

建构主义者认为，学习者是在原有的经验、心理结构和信念的基础上建构知识的，它强调学习的主动性、社会性和情境性。根据这一理论，幼儿对环境的真正认知只能基于幼儿在自身原有经验之上的主动建构。日常生活里，儿童自发地通过自身的感觉器官(看、听、闻)获取了有关环境的具体事实和直接经验。幼儿园环境作为幼儿发展的一种刺激条件，可以有目的地塑造幼儿的某些行为习惯。一旦幼儿园环境创设具有明确的指向性，就可以影响或促进幼儿特定方面的发展。

#### 1. 视觉环境

视觉环境主要是指幼儿园中可被视觉感受到的客观刺激。包括：幼儿园布局，幼儿园中的建筑、道路、运动场、绿化等的情况与分布。幼儿园的规划除应当合理、安全、方便幼儿学习与生活外，还应符合视觉审美的要求，特别是校园的绿化、色彩搭配、卫生等。

教室布局，主要指教室内各区角的布置、主题墙的布置、桌椅的摆放形式等。不同的教室布局会让幼儿产生不同的视觉效果，从而产生不同的心理效应，对学习和教学产生不同影响。

教室色彩，指教室的墙壁、地面、课桌椅等颜色及整体主色调。主色调可分为冷色调(蓝色、绿色等)和暖色调(黄色、红色等)。不同性质的色调也会对活动中教师和幼儿的意识水平和心境产生影响。

教室布置，指教室中人为布置的标语、墙报、饰物等，有的可以在幼儿活动中起警示作用，有的则营造一种文化氛围，供幼儿学习、观赏。

教室光线，即教室光线的强弱与分布。光线状况会通过对视觉系统的刺激影响幼儿学习活动中的接受心理。

2．听觉环境

听觉环境主要指幼儿在活动中可被听觉感受到的客观刺激。根据教学的关系，可将教学中听觉刺激分为信号与噪声。前者是老师组织活动中用以传递教学内容的声音，后者则是与教学活动无关的声音。幼儿园中应尽量消除噪音，或提高信号音与噪音的比值。信号音的大小与变化也会对幼儿的心理，特别是注意水平产生影响。教师突然提高或者降低音调、音量能引起幼儿的注意力，活动间隙轻柔舒缓的音乐也能改善听觉环境，达到放松身心的目的。

3．触觉环境

触觉环境是指活动中可被触觉感受到的客观刺激，在活动中主要是幼儿对桌椅、操作材料的触觉。这种触觉是活动中较持续地影响幼儿的因素。课桌椅是否适合幼儿的高度，其轮廓是否与人体吻合，其稳定性是否良好等，都会影响幼儿在教学活动中的舒适感受，从而对其注意力产生影响。

除了上述视觉、听觉、触觉环境外，其他物理环境也会对幼儿产生不同程度的影响。有人研究了味觉环境对幼儿记忆效果的影响，结果发现，如果在学习和回忆时，向幼儿呈现同一种令人愉快的气味，那么会产生记忆提高现象。另外，长期的拥挤、空气污染也会影响幼儿的学习效果。在幼儿的发展与学习过程中除了要与这些物理环境相互作用，还会受到与成人、同伴相互交往的影响。

**(二)家庭环境**

家庭，是一个人成长的摇篮，家庭环境对一个人的成长影响是巨大的。特别是幼儿，他们对周围的一切都充满好奇。他们热情洋溢、兴趣广泛，却缺乏毅力；他们渴望了解社会、了解人生，渴望独立自主，却又缺乏足够的能力摆脱幼稚，幼儿的这些不稳定的个性与含糊的观念如得不到及时的引导和教育，他们就很容易被一些不良的事物所引诱。因此，幼儿需要学校、家庭、社会给予全方位的教育。

父母应意识到这一点，并努力创造一个温馨、和谐、健康、文明的家庭环境，适时对孩子进行科学的人生观、世界观、价值观的教育，以便引导他们走好童年、少年、青年的每一步，帮助他们健康成长。相反，父母自己沾染各种恶习，家庭环境便会受到各种污染，并且会影响孩子的成长，甚至毁掉孩子的一生。

### 1. 家庭经济地位对幼儿的影响

家庭社会经济地位主要包括父母的职业、文化程度和家庭收入等几个关键性指标。国外有关研究表明，家庭生活环境是儿童认知发展和情感经验的有力来源，对幼儿以后认知的发展、学业的成功、情绪的健康以及行为问题有重要的影响(Rogers，Parcel&Menaghan，1991)。长期处于贫困家庭的儿童易产生消极的社会性情感和问题行为，低社会经济地位的家庭中的幼儿更易出现孤僻、自卑、社会交流技能缺乏等问题(McLoyd，1998)。科尔夫等(Kalff et al.，2001)研究表明，5～6岁幼儿行为问题发生频率与父母的职业和教育程度有密切关系，父母教育程度越低、职业越低，幼儿出现问题行为的频率越高。

家庭经济状况好可以从物质上为儿童发展提供保障，满足幼儿发展所需的物质条件，从而有利于幼儿的发展。但是，经济状况与幼儿的发展并不存在某种必然的联系，并不是说家庭经济状况好的幼儿就一定会出类拔萃。家庭经济状况对幼儿发展所起的作用是否积极主要在于父母如何对待和安排经济生活。如果父母科学地安排经济收入，使家庭生活过得和谐，尽管物质生活相对艰苦一些，幼儿也会觉得幸福、温暖，会有利于幼儿身心发展。如果家庭收入支配不科学，没有计划，即使收入较高，对幼儿也不会有积极的影响，甚至会产生消极的影响，可能会使得幼儿重物质、轻精神，形成奢侈、浪费的不良品德。

### 2. 家庭结构对幼儿的影响

家庭结构是指家庭中成员的构成及其相互作用、相互影响的状态以及由此形成的联系模式，包括横向的组合(同代人之间的联系模式)和纵向的组合(代际的联系模式)，可以从不同角度进行划分。

从家庭成员的构成和数量来看，可以把家庭分为核心家庭和主干家庭。核心家庭是指父母和未婚子女两代人组成的家庭，主干家庭是由父母和一对已婚子女组成的家庭。杨善潭等人对两代和三代人家庭的儿童进行调查研究，发现两类家庭中的幼儿在独立性、自制力、敢为性、自尊心、文明礼貌、行为习惯等方面存在极其显著的差异。按照家庭结构的完整情况，可以把家庭分为完整型和残缺型家庭，完整家庭是由父母和子女等构成，而残缺家庭则是指由于死亡、离异、遗弃或其他原因而造成父母一方或双方不在家的家庭。许多研究表明，离异家庭的儿童在智力、同伴关系、亲子关系、情绪障碍、自我控制和问题行为等方面与完整家庭的儿童相比，都存在显著的差异。家庭结构与儿童的行为发育密切相关，桑标研究发现，儿童行为问题在不完整家庭组的比率显著高于完整家庭组。

3. 父母职业对幼儿的影响

一个人的职业是现代社会衡量其社会地位高低的一个重要指标，父母的职业往往代表着这个家庭的社会地位、经济状况、生活的质量，而这些又影响着他们的自我实现需要的满足程度，影响到他们对子女的教育方式以及期待，从而影响子女的发展。父母职业与他们受教育的程度、经济收入、居住条件及对儿童的经济投入密切相关。父母职业可能通过以上因素共同影响青少年的心理。日本学者村山良子通过研究得出下列结论。

(1)父母从事专门性职业，子女个性一般表现为反省性、外向性、友人多、不合群、协同性、钻研性、顺从性、意志力、虚荣心、责任感；

(2)父母无职业者，子女个性一般表现为神经质、不健康、内向性、友人少、好读书、协同性、亲切、决断力；

(3)父母从事事务性职业，子女个性一般表现为外向性、人际关系良好、合群、做事慢、空想、自私、顺从性；

(4)父母经商者，子女个性一般表现为神经质、不健康、反省性、内向性、友人多、喜欢群集、虚荣心、空想、自私、见异思迁、依赖、意志薄弱；

(5)父母从事技术性职业，子女个性一般表现为轻微神经质、外向性、人际关系不良、不合群、无协同性、不亲切、嫉妒、依赖、无责任感；

(6)父母从事半技术性职业，子女个性往往表现为人际关系恶劣、嫉妒、不亲切、无责任感。

**(三)媒体**

媒体，特别是电视、网络对幼儿的影响不容忽视。我国以核心家庭为主，幼儿的活动空间逐渐缩小，电视已成为幼儿生活中的重要伙伴，观看电视已成为他们生活中不可缺少的组成部分。

1. 积极影响

幼儿通过电视、电脑学知识、交往、看世界，这些会对幼儿产生积极的影响。电视节目为幼儿提供了学习的机会，可以作为一种“会说话的图书”。大量的信息通过新闻、专题片、广告、影视剧等方式表现出来，不断影响着少年儿童的成长。这些信息使少年儿童的知识面和知识结构都得到了很大的扩展，而且也使他们掌握了不断获得新知识的方法，对他们成长的作用是不可忽视的。而且不同的信息从不同的方面锻炼着他们的思考和鉴别能力，使他们的想象力、思维能力都有可能得到很大的提高，有助于他们从小培养创新意识，打破“陈旧保守”的思维定式。

美国的幼儿电视节目《芝麻街》就是能引起幼儿兴趣、并促进他们认知发展的节目之一。在《芝麻街》播出的第一年度，美国教育考试服务中心就对其影响做了评估，研究表明观看最多的儿童总得分、字母得分、书写能力得分都是最高，3岁幼儿的受益比5岁幼儿更多。也有研究发现，观看《芝麻街》与儿童词汇量和阅读技能的提高相关（Rice et al.，1990）；与没有看过《芝麻街》的幼儿相比，那些经常观看电视的孩子能够更好地适应学校生活，对学校的兴趣更高（Bogatz & Ball，1973）。

2. 消极影响

在看到积极一面的同时，我们也要看到电视、网络给幼儿的学习与发展带来的负面影响：看电视是单方向的信息交流，幼儿只是被动地接受，而缺少主动交流，会产生孤独、沉默、退缩、自私等不良行为；再者，电视传播的内容有些不适合幼儿观看，会对幼儿产生不良影响，如一些暴力画面会使幼儿的攻击行为、侵犯行为增多。相对于很少看暴力事件的幼儿而言，观看了许多电视暴力事件的幼儿更具敌意性和攻击性。

电视节目还会对幼儿价值观念产生消极影响。电视为了调和多元化观众的口味，它所体现的价值观念是统一的、批量生产的。幼儿的收视过程，实质上就是对这种统一的毫无个性的观念进行接纳的过程。在这个过程中，幼儿丧失了培养自己明辨是非能力的机会，取而代之的是对电视所传播观念的简单复制，幼儿放弃了自己理解的权利。

## 三、交往活动

20世纪80年代以来，主体性和主体性教育受到我国教育研究者的关注，个体主体性的建构和发展成为教育的重要目标之一。随着研究的深入，人们日益意识到：交往是幼儿个体与周围环境相互作用的一种重要活动形式，也是儿童获得经验、认识世界的重要方式之一。幼儿与父母、教师等“重要他人”的互动是幼儿主体性建构和发展的重要途径。

### (一)社会建构的理论

社会建构论的学习观与其知识观相对应，提出学生在“学习共同体”中自主地学习，强调学习是学习者在丰富情境中合作、主动建构意义、创造知识的过程，明确指出“知识的生成不是单纯个体内部的事件。知识是通过大量心智的辩证的交互作用而建构的”，从而改变学生在课堂上单纯接受学习的僵化局面，使课堂学习形式丰富多彩。这在一定程度上也培养了学生的情感和态度，便于学生对过程与方法性的知识掌握，同时也彰显了学生的主体地位。

个体在“共同体”中的社会建构活动，确实对知识的掌握具有很大的促进作用，但是要考虑到不同主体在交往中的社会角色效能，即要考虑到不同交往主体的社会层次性。对于学习中的学生而言，强调其在学习过程中主动地社会交往固然重要，但若就此走向极端，则可能过犹不及。个体对世界的认识，需要个体与外在的世界之间的互动，个体既行动于外在世界，亦从外在世界获得反馈。

知识也是一种社会建构，它植根于特定的历史和文化，是人们在社会交往中的“发明”，是人们协商、对话的结果，而非通过所谓客观方法的“发现”。所谓的真理，并不是先于人类存在的，并不是由人在实践中逐渐发现的，而是在特定环境中产生出来的。真理不是在个人的头脑中产生，而是在对话交流中追求真理的人们之中产生的。

### (二)幼儿与教师的交往

#### 1. 教师对幼儿学习与发展的影响

(1)支持、引导幼儿的学习与发展

幼儿园是家庭之外对其发展影响最大的正式机构，幼儿教师又是主要的影响者，幼儿在幼儿园里获得了大量的知识和学习能力。健康的膳食、合理的课程、趣味的游戏、丰富多样的材料等这些都支持幼儿的学习与发展。

当今的知识观强调知识的动态性、不确定性、情境性，将知识视为时间、空间、理论范式、价值体系等文化因素中的存在，更关心知识对于幼儿的意义和价值，关心幼儿个体对于知识的接受过程和知识的感受性。幼儿教师应细心观察幼儿当前发展中的问题，了解幼儿现有发展水平，适时以设问或构建问题情境等方式进行干扰，从而促成幼儿个体内部的不平衡，引导幼儿的思维由混乱和冲突到建构起新的和谐与平衡。换言之，幼儿教师在教学活动中，应成为幼儿个体意义建构的引导者和教学活动非线性秩序的组织者，而不是教学过程的完全控制者。

资料卡

## 幼儿园部分区角材料投放

(1)爱心医院

器械：听诊器、输液瓶、注射器、温度计、显微镜(自制)、病床。

药品：药瓶若干、药袋、泡沫(做药粒)。

其他物品：病历本、挂号单。

服饰：帽子、服装等。

(2)理发店

理发工具：吹风机、镜子、梳子、卷筒、热水器、发胶。

洗发用品：洗发香波、毛巾。

墙面：贴奇特、夸张的发型图。

理发基本功训练操作材料：用旧挂历纸剪成条贴在废皮球上，用卷发器制作卷发；用布娃娃的头发编结各种发式。

服饰：自制帽子、衣服。

(3)小食品自选商场

糕点：蛋糕模型、饼干模型。

饮料：豆奶、果汁、矿泉水、奶粉、百事可乐、易拉罐、娃哈哈等(各种废旧饮料瓶)。

各种小食品。

电脑收银台：电脑、货币。

(4)炊事角

炊事员的服饰、帽子、围裙。

厨房炊具：电饭煲、电炒锅、锅铲、灶、菜板。

餐具：锅、碗、瓢、勺、盆、筷、叉。

用具：桶、篮子、桌椅、擀面棍、饺子器、冰箱、刀。

调料：盐、豆油、醋、味精、花椒、大蒜、油、糖。

操作材料：时令水果、蔬菜、面团。

(5)娃娃家

洋娃娃及儿童的服饰：儿童用的围腰、毛巾，洋娃娃的衣服、裤子、裙子及床上用品小枕头、小被盖、床单。

家庭生活用品及家具：小木桶、小菜篮、桌子、小椅子、积木或各废旧物品、沙发、柜子、小盆子、衣架。

家用电器类：自制电视机、电冰箱、录像机、卡拉OK机、话筒、电话、吹风机、烘干机、热水器。

厨房的炊事用具：锅、铲、自制小刀、瓢勺、盘子、盆子、叉子、筷子、菜板、菜篮子、各种自制调料。

(2)促进幼儿学习与发展

作为专业的教育工作者，幼儿教师通过教学活动、游戏、日常生活教育教给幼儿运用各种规则、方法，来处理各种各样的信息，从而促进幼儿的认知和元认知的发展。教师除了提供认知和学习的挑战外，还要给幼儿提供非正式课程：要求幼儿遵守制度、与同伴合作、尊重权威等，影响幼儿的社会性和情绪发展，引导幼儿探索知识，为将来的工作和经济上的自立奠定基础。

幼儿教师最重要的职责，不是评判幼儿的“好”与“坏”，而应充分认识到每个幼儿在生理、心理上的差异性和独特性，在对幼儿原有发展水平充分把握的基础上对幼儿采取纵向评价；幼儿教师更应看重幼儿在活动和学习过程中的表现，着眼于幼儿发现问题、解决问题的思维能力发展；作为幼儿教师，应采用多维的角度，不仅考察幼儿知识和能力的发展，更关注幼儿个体的情感、兴趣和态度，注重幼儿精神和人格的成长，在此基础上将幼儿当前的状况视为未来发展的起点，为新的课程和教学提供基点和生长点，以此拓展幼儿更大的发展空间。

**资料卡**

## 区角中教师的支持与引导

在益智区里，幼儿在用三角形涂色并进行拼图游戏。突然，果果对旁边的壮壮说：“这些三角形有点不一样，亮亮你过来看一下。”“你左边的三角形大，你正在涂色的这个三角形小。”“不对，除了大小不一样，颜色也不一样啊，左边红色的三角形大，你现在涂的蓝色三角形小。”辉辉在一旁插话。突然，在另一组的一个小朋友不小心用剪刀把一个蓝色三角形剪开了，这时候，很多幼儿都围了过来，叽叽喳喳地讨论关于这些三角形的话题。“不好了，这个三角形分开了，变成一个梯形和一个三角形了。”“这是怎么回事？快点喊老师来看看吧？”铭铭在一旁说。老师听到幼儿们的对话，走了过去。“三角形被剪开了，变成不同的形状了，你们试试，如果把梯形和小三角形合起来会是什么样子？”孩子们都拿着剪刀剪开了自己手中的三角形，并按照老师的要求又重新拼了回去。“我发现了，原来不管剪了什么形状，拼回去的三角形还是之前那个大三角形。”“对呀，对呀，还是之前那个，还是个三角形。”“那我们生活中有什么物品是三角形的呢?”孩子们立刻在教室和走廊里去寻找三角形，在音乐区的女孩子找到三角铁，叮叮当当地敲起来……

资料卡

### 一次集体活动的设计

有一天，在一次集体活动中，一个小朋友发现班级的地板上出现了一只壁虎，就喊了出来，小朋友的注意力全部都被吸引了过去。老师就让孩子围了过去观察小壁虎，其中有的小朋友发现了壁虎的尾巴已经断了，他们就开始讨论起来。在观察了几分钟后，小壁虎跑了，孩子们仍然不愿离去。老师就对孩子们说：“小朋友们对小壁虎很好奇，我们回家都去和爸爸妈妈一起收集一些关于壁虎的资料，明天我们一同讨论好不好?”孩子们都非常高兴地喊道：“好!”

当天老师就查阅了很多关于壁虎的资料，并准备了壁虎的一些图片和故事，设计了一个“小壁虎找尾巴”的活动，在第二天的活动中，老师带着孩子们共同观察了壁虎的外部特征、了解了生活习性，活动中孩子对壁虎尾巴的功能表现出了极大的兴趣，老师准备接着再组织一次活动讨论小动物们的尾巴。

在科学角中，老师放了壁虎的图片供孩子们自主观察。

2. 师幼互动

幼儿教师与幼儿的交往主要体现在师幼互动中。师幼互动是指贯穿于幼儿园的一日生活学习环节中、师幼之间相互作用与影响的行为。师幼互动是幼儿园教育的核心要素之一，师幼互动的质量是幼儿教育质量高低的关键因素之一，有着以下几个特征。

(1)目的性和生成性

作为幼儿园教学设计的重要环节，师幼互动对幼儿园的教学质量具有重要影响，因此，必须有目的、有计划、有组织地开展师幼互动。这就要求幼儿教师在每一次游戏活动之前，应根据学年、学期和学周的教学任务，结合不同年龄段幼儿的身心发展特征，有目的地去进行师幼互动的教学设计。在此过程中，教师必须根据幼儿的活动表现，不断地调整教学策略和教学方式，使幼儿在与教师的沟通、对话、交流与合作中得到发展。这表明，师幼互动在本质上是教师与幼儿共同建构起自己生命体验的生成性过程。

(2)双向性和主体性

知识的本质在于变化性、动态性和发展性，这就要求我们培养具有创新知识能力的、面向未来的创新型人才。为此，就必须改变以往在教学中的单一线性关系，建立民主平等的双向互动关系，而师幼互动正体现了这一精神。在此过程中，以往教师主导学生被导、教师传授学生接受、教师主体学生客体的师生关系也开始被一种双主体的师生关系所代替，即教学过程是教师与幼儿两个主体以游戏活动为主渠道展开的持续不断的交往对话过程，是两个主体生命体验不断展开的人格实现过程。但由于幼儿年龄较小，这种双主体的关系往往又具有不平衡和不对称的特点，有学者把其概括为是“一种非对称的相倚关系”。

(3)指导性和暗示性

师幼互动的目的是促进幼儿的健全成长，为此，师幼互动就不是一般的陪幼儿玩，充当幼儿的玩伴，更不能看作是师幼间的嬉戏活动，而应体现指导性、教育性和发展性的要求，成为幼儿成长道路上的指导者、帮助者和促进者。在师幼互动中，教师如何对幼儿进行指导以及指导作用的发挥程度，与教师对指导的理解有着密切关系。师幼互动中的教师指导主要是通过教师的参与介入实现的，如在游戏指导中的平行介入和交叉介入，在材料指导上的及时投放和撤除，在语言指导上的建议、询问、澄清等。指导的本质在于暗示，旨在通过教师的潜在言行来达到促进教学活动向纵深发展，最终提升幼儿活动品质和水平的目的。

### 3. 师幼互动的创设

(1)重视情感的交流支持，创设轻松自由的师幼交往氛围

首先，教师应当深切关注幼儿的情感需求，及时回应、给予支持和满足。只有真正地走进幼儿的内心世界，师幼之间才能产生情感共鸣，达到心理上的相互接纳、彼此协调。这种心理上和谐相融的情感氛围，满足了幼儿的安全需要和归属需要，有助于幼儿大胆地探索新知。其次，教师应当避免过强的预设性和计划性，实施变通的科学活动计划，做到预设和生成相结合。再次，教师应当了解幼儿的真实发展水平，给予幼儿出错的机会。幼儿的错误，代表着当前的认知水平。允许和接纳幼儿的错误，有助于教师了解幼儿的真实水平，进而基于其水平引导幼儿重新探究，让自然结果的反馈来调整幼儿的科学认知。最后，教师应当寻求幼儿想法和行为背后的真实意图，避免误解或伤害幼儿。对于幼儿的特别想法和行为，教师要注意倾听、观察，不要急于批评、打断，揣测幼儿的真实动机，给予情感上的接受和支持。

(2)丰富指导技能

①教师语言的运用

首先，教师应少用指令性的语言，评价语言应丰富充实，重视情感语言的应用(教师指令性语言过多会降低幼儿的主动性；教师评价性语言过简、过少会增加幼儿的盲目性；教师对情感性语言的忽视对幼儿个性发展不利)。因此，教师的语言要更规范、严密，防止“儿化语”等不规范语言。其次，教师要多通过语言表达自己对幼儿的感受，让幼儿能感受教师的爱意，培养积极的情感。教师应鼓励幼儿主动发问，通过语言进行交流。最后，教师要注重提问的质量，多提开放式的问题，促进幼儿的创造性思维发展。

②重视体态语言

体态语言是非语词性的身体符号，包括目光与面部表情、身体运动与触摸、姿势、身体间的空间距离等，人们可以通过身体语言表达丰富的意义。例如，与幼儿谈话时，尽量蹲下身子，目光平视地与幼儿交流，而不要双手抱臂站立、眼睛向下俯视幼儿；请幼儿发言时，尽量注视着幼儿的眼睛，用手掌作出邀请的姿态，而不要用食指指点幼儿；鼓励和表扬幼儿时，可以向幼儿点点头、竖大拇指，或抱一抱、亲一亲幼儿等。

③建立多向的师幼相互作用模式

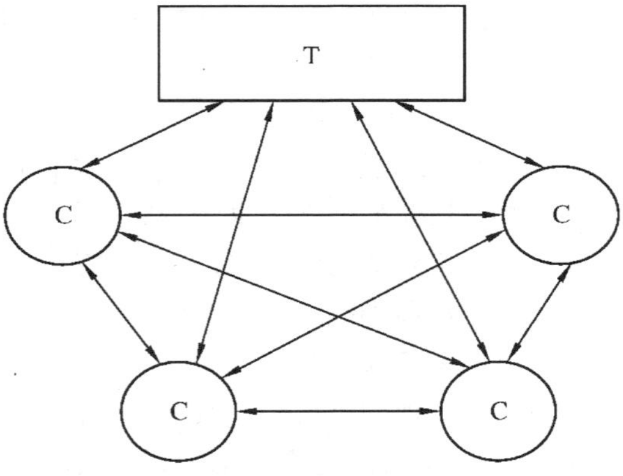


注：“T”代表教师，“C”代表幼儿

**图 3-10　师幼、幼幼间相互作用模式图**

(资料来源：黄娟娟，《师幼互动类型及成因的社会学分析研究》，《教育研究》，2009 年第 7 期)

④掌握师幼互动的方法

首先，保证教师施动的主导性，即依据幼儿实际，精心预设活动；围绕预设目标，突现重点的互动内容；根据活动内容，灵活选择互动方法；尊重幼儿需要，运用积极的互动方式，对幼儿发起的互动能够积极反应。

其次，突显幼儿施动的自主性，创设幼儿生成的空间(设计开放的问题情境、提供幼儿自主的机会)；捕捉幼儿生成的瞬间(教师要倾听孩子的心声、教师要关注每一位幼儿、等待幼儿的探索)；有效回应幼儿的生成(及时回应与延时回应相宜、直接回应与间接回应结合、个别回应和集体回应兼顾)。

再次，以多元化的活动建构有效师幼互动，师幼互动不应局限于一种形式，可以在教学、游戏、幼儿探索、合作等活动中开展，互动可由教师或幼儿发起，也可二者同时发起。

最后，让教师成为促进师幼互动的支点，当教师发现幼儿对活动失去兴趣、已不能专心于活动中时，就应当进行师幼互动；当幼儿的活动遇到困难时，教师应当进行师幼互动；当幼儿的探究只停留在表面、难以深入进行时，也需要进行师幼互动。

⑤沟通策略

与幼儿进行良好的沟通，可以用眼神与幼儿沟通，用心地观察幼儿，倾听幼儿的心声，面对问题放低心态，共同探讨，协同解题，以自己的真诚建立师幼之间的信任关系。

### (三)幼儿与家长的交往

#### 1. 家庭系统对幼儿发展与学习的影响

家庭就像人类的身体，是由相关部分组成的整体结构，其中每部分都会影响其他部分并受到其他部分的影响，而且每一部分都有助于总体功能的发挥。

作为系统的家庭，任何两个成员之间的交往都会受到第三个家庭成员态度和行为的影响。以父亲对母子关系的影响为例，与那些正体验婚姻压力且感觉到自己独自养育孩子的母亲相比，拥有幸福婚姻且与丈夫有亲密关系的母亲通常能够更为耐心、更为敏感地照顾孩子(Cox et al.，1989，1992)。同时，母亲会间接影响父子关系：当妻子认为丈夫在幼儿的发展中具有重要作用，且夫妻双方经常谈论孩子的情况时，丈夫就会更多地照顾婴儿。总之，当夫妻双方能够合作养育，也就是相互支持对方的教养活动，以合作而非敌对的方式发挥作用时，幼儿能够获得最好的发展。

#### 2. 家长教养方式的影响

家庭是孩子的第一课堂，父母是子女的第一任教师。幼儿具有极强的可塑性，家庭教育对孩子学习与发展起着奠基作用，其主要在于发展幼儿的情感、态度、价值观等非智力因素。

在家庭教育中，父母作为幼儿的主要抚养者、教育者，在对幼儿有意或无意的影响中，无论是在儿童学龄前期还是学龄期都起到主导作用。家庭教育的效果不仅取决于教育者的教育动机、教育内容，在更大程度上取决于教育的方式和形式。

家庭教养方式是指教养者在抚养、教育儿童的活动中通常使用的方法和形式，是家庭中各种教养行为的特征概括，是一种具有相对稳定性的行为风格。

鲍姆林德(Diana Baumrind)在进行一系列研究的基础上归纳出了幼儿父母的三种养育类型，即权威型、专断型和宽容—放纵型。在鲍姆林德和其他相关的研究结果的基础上，美国著名的心理学家麦考比(E. E. Maccoby)和马丁(J. Martin)提出了家长教养方式的四种主要类型并对每种对应的儿童社会性发展特点作了比较详细的描述。

(1)权威型

权威型的家长具有较高的民主意识，尊重和理解孩子的个性和独立性，与孩子有较好的情感沟通，在适当的时候对幼儿提供帮助，有积极的亲子关系；这类家长不断地向幼儿传达着关心的信息，刺激着幼儿主动寻求父母的指导，准确地判断着幼儿的需要，并作出积极的回应，以循序渐进的方式在幼儿心中逐步建立起家长的权威形象。在权威型教养方式的影响下，幼儿更易形成适应社会要求的成熟型情绪调节方式，在民主影响下长大的幼儿具有很强的认知能力和社会能力，善于自我控制和解决问题，自尊感和自信心较强，并具有更多的社会责任感和成就倾向。

(2)专制型

专制型属于高控制性教养方式，这类家长要求孩子无条件地服从自己，但缺乏对规则的解释，很少考虑幼儿自身的愿望和要求。这样的教养方式使亲子关系变得很不协调，严重影响了幼儿的道德内化，降低了幼儿对内部动机的归因，强化了幼儿的外部归因，大大影响了幼儿的社会认知和自我认知的发展，研究发现专制型的教养方式降低了幼儿的自信心和果断性，增加了幼儿的羞辱感和无助感，而且增加了孩子成年后患抑郁症的机会，使幼儿缺少社会责任感。

(3)放纵型

放纵型的家长对幼儿充满了积极和热情的态度，但缺乏控制力，很少对幼儿的要求提出质疑，对幼儿的错误行为也很少惩罚，对幼儿违反规则的行为采用漠视或接受的态度。这类教养模式下的幼儿跟父母的沟通和交流比较好，但这种教养下的幼儿往往具有较高的冲动性和攻击性，缺乏责任感，不太顺从，行为缺乏自制，自信心偏低。

(4)忽视型

忽视型的家长对孩子既缺乏控制力，同时缺乏爱的情感和积极的反应。亲子行为很少，父母缺乏对幼儿的基本关注，对幼儿的任何行为都缺乏反馈。在这种教养方式下的幼儿容易具有较强的攻击性和冲动性，不顺从，很少为别人考虑，缺乏热情和关心，这类幼儿在成长中很可能出现不良的行为问题。

父母之间关于幼儿的教养方式的争吵是非常有害的，通常比婚姻冲突的其他方面更容易导致儿童和青少年时期的适应困难(Mahoney，Jouriles & Scavone，1997)。所以父母双方应采取权威型的教养方式并保持一致。

### (四)幼儿与同伴的交往

幼儿的社会化是在与成人、同伴之间的共同生活、交往探索、游戏等的过程中完成的，同伴交往是指儿童与其他孩子之间的交往，是年龄相同或相近的儿童之间的一种共同活动、相互协作过程，具有平等互惠的特点，是与亲子关系平行的不可替代的人际关系，具有重要的心理价值。同伴交往是幼儿社会性学习的重要途径，同伴群体可以满足幼儿归属的需要，为幼儿的自我认识、自我评价提供最适宜的参照对象和他人评价信息，对促进幼儿自我意识的发展具有非常重要的意义。

#### 1. 同伴交往对幼儿学习与发展的影响

(1)同伴交往有益于幼儿社会性发展

社会化是幼儿在与他人交往的过程中，学习并掌握社会规范，逐步形成符合社会需要而又有自己特色的价值观、行为模式及人格特征，成为社会积极成员的过程。在幼儿的社会化过程中，同伴交往是一种重要的社会化力量。

帕克(J. G. Parker)等人的研究证明，根据幼儿的同伴关系能够预测幼儿的后期社会适应问题，儿童期的同伴关系障碍与退学、犯罪、精神病之间有着密切联系。

幼儿与父母之间的交往是不平衡的，父母比幼儿有更多的权利，幼儿必须遵从成人的权威，处于从属的地位，而与同伴交往的典型特点就是有同等的地位和权利，如果他们想共同完成一项任务或者友好相处，就必须学会理解彼此的观点，互相协商、妥协、合作。同等地位同伴的交往有助于幼儿获得在不平衡氛围的家庭中难以获得的社会能力的发展。

(2)有助于幼儿良好个性、品德的形成

教育及心理科学研究表明，幼儿的个性和品德的发展离不开幼儿之间的相互联系和相互交往，幼儿之间的同伴关系对幼儿个性、品德的发展起着重要的促进作用。

幼儿在同伴交往中可以逐渐学会适应他人而不断地调整和修正自己的行为，学习和掌握良好的行为准则，学习与他人建立融洽的关系，幼儿的积极交往行为会不断增加，关心他人、与他人通力合作等良好品行会不断形成。

研究表明，在学校里被同伴拒绝的儿童比有良好同伴关系的儿童更易辍学、参与不良行为活动或犯罪，在以后的青少年期或成年早期他们也容易出现严重的心理障碍(Parker & Asher，1987；Parker et al.，1995)。

(3)可促进幼儿认知能力的发展

皮亚杰认为幼儿同伴交往是影响幼儿认知发展的一个重要因素。幼儿同伴交往可以帮助幼儿摆脱自我中心，从别的同伴那里获得丰富信息，使自己的思维精细化。

鲁米斯坦和豪斯(1976)发现，与单独一个人玩相比，有熟悉的同伴在场时，儿童有更大可能去探究物体的独特功能。在儿童模仿同伴和被同伴模仿时，已经习得的使用物体的技能就会在更为复杂的行为水平上变得更为精练和完整。

符明弘、左梦兰的研究也证明5～11.5岁儿童通过相互交往可以促进认知水平的提高，其主要原因在于儿童在相互作用时，由于动作或观点不同，引起争论，造成认知冲突，从而导致认知结构的改变。

周宗奎认为幼儿同伴间的交往比成人交往更自由、更平等，这种关系使幼儿有可能从事一种新的探索和尝试，特别是产生一种新的敏感性，这种敏感性将成为发展社交能力、社会正义感和爱的能力的基石。

2. 幼儿同伴交往的特点

在现代社会中，一个人具备足够竞争力的前提是善于交往、学会尊重、重视协同努力与自我表现的统一。幼儿园、家庭、社区要为幼儿创设与同伴交往和互动的环境，形成合作的机制，即“利益共同体”或“成长共同体”。

幼儿同伴之间的交往最早可以在6个月的婴儿身上看到，这时的婴儿可以相互触摸和观望，甚至以哭泣作出反应；6个月以后，婴儿之间的交往的社会性逐渐加强。研究表明，家庭之外，12～24个月的孩子开始在一起相互游戏，表现出初步的相互交往能力。有人研究了不同年龄孩子交往的特点认为，3岁以下的小孩子的同伴关系建立在交换游戏物品的基础上，3～4岁的儿童的同伴关系建立在口头上，再大一点的孩子则出现较为复杂的和互惠的游戏。幼儿到5岁时，逐步掌握了与同伴友好相处的本领，懂得做些让步，接受对方的要求，能够和大家玩到一起。有关幼儿同伴关系发展特点的研究结果概述如下。

(1)小班

幼儿的同伴关系处于混沌期，其同伴交往具有随机性和情境性特点。幼儿还不能主动与同伴建立稳定的联系，两两之间固定的互选朋友的人数还不多，大多数幼儿对同伴未产生明确的偏好，因此，在小班处于不同类型同伴地位的幼儿的社会偏好不存在明显的差距，受忽视型幼儿的人数比中、大班多。

(2)中班

中班幼儿的同伴关系处于分化期，其同伴交往具有探索性和冲突性特点。中班幼儿能主动与同伴建立关系，并且能不断尝试与不同的同伴建立关系，对同伴已经有了明显的喜恶，因此，在中班处于不同类型同伴地位的幼儿之间的社会偏好差距突然增大，受忽视型的幼儿人数减少，受欢迎型和受拒绝型幼儿的人数增多。

中班幼儿在探索中逐步建立起稳定的朋友关系，两两之间的互选朋友数开始比小班增多，大多数幼儿都能进行交往，不同幼儿间社会影响力的差距明显缩小。幼儿选择同伴的标准越来越明确，喜欢同伴的理由是他(她)能陪伴自己一起活动，即一起玩、一起坐、一起吃饭等，而不喜欢同伴的理由往往是那些消极的交往行为，即“他打我”“他骂我”“他批评我”等。中班幼儿的交往冲突明显增多，同伴地位的分化也很明显。从不喜欢同伴的理由来看，中班幼儿的冲突性质发生了变化，往往与自尊相关，如幼儿不喜欢同伴批评自己，不喜欢被有意和当众欺负，而不再像小班幼儿那样，拒绝同伴是因为对方不满足自己对物的需要，冲突的特点从“以物为中心”转化为“以人为中心”。

(3)大班

大班幼儿的同伴关系处于形成期，其同伴交往具有群体性和稳定性特点。大班幼儿已具有稳定的同伴关系，他们主要在自发形成的小群体中进行交往，交往对象比较稳定，对同伴的喜恶也趋于稳定，因此，处于不同类型同伴地位的幼儿之间的社会偏好差距较中班幼儿小，互选小群体的幼儿人数最多。

## 本章小结

人的脑部构造分为大脑、小脑与脑干。大脑主要包括左、右脑半球，是中枢神经系统的最高级部分。大脑半球又划分为额叶、顶叶、颞叶、枕叶及岛叶。左半球是管人的右边的一切活动的，一般左脑具有语言、概念、数字、分析、逻辑推理等功能；大脑右半球是管人的左边的一切活动的，右脑具有音乐、绘画、空间几何、想象、综合等功能。幼儿期是神经系统迅速发育时期，需要抓住教育契机，促进幼儿发展，但同时大脑皮层的神经细胞还很脆弱，对周围环境的适应能力差，教师、家长要采取科学的措施，以保护和促进神经系统的发育，保证幼儿健康发展。

建构主义认为幼儿是以自己的经验为基础来建构现实，幼儿个人的世界是用他们自己的头脑创建的，幼儿是学习与发展的主体。幼儿主体性包括整体性、独特性、选择性、能动性和创造性五个方面的内容。作为影响幼儿主体主要心理因素的学习动机对幼儿的学习与发展起着激发、指向、调节的作用。

在幼儿学习与发展的过程中，教师、同伴、家长也是重要的社会动因。教师要注意发现幼儿的“最近发展区”，有效地进行师幼互动。家长要采用合适的教养方式促进幼儿的学习与发展。

幼儿园、家庭、媒体等环境也会对幼儿的学习与发展产生影响，各方面要创设良好的环境支持并促进幼儿的学习与发展。

## 【思考与练习】

1. 人脑的结构是怎样的？各部分有怎样的功能？脑科学的研究对幼儿教育有什么启示？

2. 你如何理解建构主义对幼儿学习与发展的影响？

3. 你是如何理解幼儿主体性的含义的？学习动机对幼儿的学习与发展有什么影响？

4. 如何进行有效师幼互动？家庭的教养方式对幼儿的学习与发展有什么影响？同伴交往对幼儿的学习与发展有什么意义？

5. 调查幼儿园的物理环境，谈一谈对幼儿学习的影响。

# 第四章　幼儿学习的过程和特点

【本章学习目标】

1. 了解知识、技能和情感的内涵；
2. 掌握幼儿知识的建构过程、技能的形成过程和情感的获得过程；
3. 把握幼儿的学习特点，为探讨幼儿学习的指导策略提供支持。

当婴幼儿第一次看见球的时候，一定会充满好奇，想弄明白球是什么，并逐渐尝试球的不同玩法，在玩球的过程中获得快乐、满足和进步。是啊，自出生之日起，儿童就逐步掌握一定的知识和技能，获得一定的情感，并在此过程中发展智力和创造力，培养个性和社会性。本章将重点探讨幼儿知识、技能和情感的学习过程，以及幼儿在学习中表现出来的特点，以便幼教工作者更好把握幼儿学习的进程和规律，提高幼教质量和效率。

## 第一节　幼儿学习的过程

学习是幼儿通过观察、操作或体验等获得知识、技能和情感的过程。从目标指向来看，幼儿学习的过程就是知识的建构过程、技能的获得过程和情感的获得过程。通过本节的学习，你将会从知识、技能和情感三个维度了解幼儿的学习过程。

### 一、幼儿知识的建构过程

#### （一）知识概述

1. 知识的概念

纵观国内外，知识的定义一直以来是一个争论不止、颇受关注的问题。

在国外，韦伯斯特词典1997年的定义是："知识是通过实践研究、联系或调查获得的关于事物的事实和状态的认识，是对科学艺术或技术的理解，是人类获得关于真理和原理的认识总和。"戴文波特(T. H. Davenport)和普赛克(L. Prusak)关于知识的定义是："知识是框架性的经验、价值、前后相关的信息和专家见解的流动性的混合体，它提供了一个评价和合并新经验和信息的框架。"美国施乐公司将知识定义为："知识是人们用于提高劳动生产率的信息。"也就是说，没用的信息不是知识。美国哈佛大学社会学家贝尔(Daniel Bell)在《知识的规范》一书中将知识定义为："一组对事实或概念的条理化的阐述，它表示一个推理出来的判断或者一种经验结构，它可以通过某种信息工具以某种系统的方式传播给其他人。"一个经典的定义来自于柏拉图："一条陈述能称得上是知识必须满足三个条件，它一定是被验证过的，正确的，而且被人们相信的。"

在国内，《辞海》中把知识定义为："人们在实践中积累起来的经验，从本质上说，知识属认识范畴。"《教育大辞典》(1990)对知识的定义是："对事物属性与联系的认识。表现为对事物的知觉、表象、概念、法则等心理形式。"《现代汉语词典》对知识的解释是："知识是人们在改造世界的实践中所获得的认识和经验的总和。"《中国大百科全书·教育》中对知识是这样定义的："所谓知识，就它反映的内容而言，是客观事物的属性与联系的反映，是客观世界在人脑中的主观映像。就它反映的活动形式而言，有时表现为关于事物的感性知觉或表象，属于感性认识，有时表现为关于事物的概念和规律，属于理性认识。"

基于上述诸多知识的定义，本教材将知识定义为："知识是人脑对客观事物的主观反映，是在人与环境相互作用的实践中建构起来的认识和经验的总和。"知识并不是一成不变的，会随着客观事物的改变或人们对事物的建构方式的改变而改变。

### 2. 知识的分类

(1)根据知识能否清晰地表述和有效地转移，可以把知识分为显性知识和隐性知识

显性知识(explicit knowledge)是能够被人类以一定符码系统(最典型的是语言，也包括书面文字、数学公式、各类图表、盲文、手势语、旗语等符号形式)完整表述的。

隐性知识(tacit knowledge)是和显性知识相对的知识，是难以表述的，像我们在做某事时所拥有的知识。

如果说显性知识是露出水面的"冰山的尖端"的话，那么隐性知识则是冰山隐

藏在水面以下的大部分，良好的学习习惯等隐性知识要比浮在外面显性知识博大、重要得多，因此，对幼儿教育来说，过早让幼儿追求显性知识不利于幼儿的学习与发展。作为幼儿教师，一方面要注重幼儿隐性知识的学习，促使幼儿形成良好的学习习惯；另一方面应鼓励幼儿通过交谈、倾听，分享别人的经验和经历，理解别人的思想和情感，以实现隐性知识的外化和共享。

(2)根据知识的状态和表现方式，安德森(Anderson，1983)将知识分为陈述性知识和程序性知识

陈述性知识(declarative knowledge)，也叫“描述性知识”，它是指个人具有有意识的提取线索，而能直接加以回忆和陈述的知识。它主要关心的是“是什么”，主要是用来说明事物的性质、特征和状态，用于区别和辨别事物。这种知识具有静态的性质。例如，昨天下雨了。

程序性知识(procedural knowledge)是个人没有有意识的提取线索，只能借助某种作业形式间接推论其存在的知识。程序性知识是一套办事的操作步骤，是关于“怎么办”的知识。这种知识具有动态的性质。例如，如何驾驶一辆汽车。

(3)根据知识的复杂性，斯皮罗等人将知识分为良构知识和劣构知识

良构知识(well-structured knowledge)指有关某一主题的事实、概念、规则和原理，它们之间是以一定的层次结构组织在一起的。

劣构知识(ill-structured knowledge)指将良构知识应用于具体问题情境时而产生的，即有关概念应用的知识，这意味着，良构知识中的同一个概念应用在各个具体实例中，其内涵表现出一定的差异。

(4)根据知识反映的深度，可以将知识分为感性知识和理性知识

感性知识(perceptual knowledge)是对活动的外表特征和外部联系的反映。可分为感知和表象两种水平。感知是人脑对当前所从事的活动的对象的反映。表象是人脑对从前感知过但当时不在眼前的活动的反映。

理性知识(rational knowledge)是对事物的本质特征与内在联系的反映，包括概念和命题两种形式。概念反映的是事物的本质属性及其各属性之间的本质联系；命题也就是我们通常所说的规则、原理、原则，它表示的是概念之间的关系，反映的是不同事物之间的本质联系和内在规律。

幼儿在学习过程中得到的往往是感性知识，比如，幼儿常常认为汽车比飞机跑得快，因为天空中的飞机看上去的速度根本没有地下的汽车速度快，因此，幼儿往往认识不到事物的本质特征与内在联系。作为幼儿教师，一方面充分利用幼儿学习的特点，幼儿感性知识的形成是在学习内容的直观中完成的，在教学中应做到三观：实物直观、模象直观、语言直观。实物直观是以实际的事物本身作为

直观对象而进行的直观活动，包括：实物观察、收集标本、野外考察、参观、实验等；模象直观是以事物的模拟性形象作为对象的直观活动，如模型、图片、幻灯、电影等；语言直观是指通过生动形象的语言描绘使幼儿获得感性认识的活动。另一方面，要促使幼儿的感性知识理性化，通过言语解释、实践操作等方式进而使幼儿掌握一定的理性知识。

### (二)幼儿知识的建构

幼儿对知识的学习过程不单是被动的知识的传递过程，而是幼儿主动建构自己的知识经验的过程，这种建构是通过新旧经验之间的双向的、反复的相互作用而实现的。新旧经验相互作用的具体方式是同化和顺应的统一。

#### 1. 幼儿知识的获得是一个主动建构的过程

幼儿对于知识的获得不是被动接受的过程，而是主动建构的过程，不是由教师把知识简单地传递给幼儿，而是由幼儿自己建构知识的过程，这种建构是无法由他人来代替的。幼儿不是空着脑袋进入学习情境的，而是带着他的经验、情绪情感经验和对知识的态度，如探究而来的直接经验、探究过程中情感体验、对知识的热情期待等进入学习情境，主动建构自己的知识的。教学不能无视幼儿的已有知识经验，简单强硬地从外部对幼儿实施知识的“填灌”，而是应把幼儿原有的知识经验作为新知识的生长点，引导幼儿从原有的知识经验中，生长新的知识经验。教学不是知识的传递，而是知识的处理和转换。教师不单是知识的呈现者，不是知识权威的象征，而应该重视幼儿对各种现象的理解，倾听他们的看法，思考他们这些想法的由来，并以此为据，引导幼儿丰富或调整自己的解释。

#### 2. 幼儿知识建构的三种途径

在对知识的建构过程中，幼儿所接触到的新信息的来源和形式可能不同，它可以是自己直接接受来自客体的信息，也可能是从其他人与客体的相互作用中获得关于客体的信息，还可以是接受关于客体的符号化的信息，按照这种信息来源形式的不同，我们可以把知识建构分成三类。

(1)活动性的学习

即通过幼儿与客体的相互作用、通过活动实现的知识经验的增长。幼儿以现有的知识经验为基础，带着一定的目的和对外界的预期，对现实的事物(客体)展开实际的观察、操作和实验等，直接获得关于客体的信息，同时在头脑中不断进行分析、判断、综合、推理、概括等，并对自己的活动过程及结果进行反思抽象，从而建构起关于客体及活动的知识经验。这是个体经验获得的最原本、最直接的途径。杜威的“在做中学”、皮亚杰及其后继者的研究等，基本就是对这一知识经验增长的途径进行的研究。

(2)观察性的学习

即幼儿通过对其他人与客体的相互作用(即活动)过程的观察而实现的知识经验增长。幼儿不仅可以从自己的活动中获得知识经验，而且可以通过对他人活动过程及其结果的观察和分析，来丰富或改造自己的经验。比如，幼儿看到同伴主动帮助了别人受到了老师的表扬，也表现出一定的亲社会行为。观察性学习不仅可以指社会规范的获得，也可以是一般知识经验的形成。班杜拉等提出并研究了“观察学习”，他提出，观察学习不仅是对具体行为的简单模仿，还可以是从他人的行为中获得一定的行为规则和原理(即抽象性观察学习)，或者把各种示范行为的不同特征组合成新的行为(即创造性观察学习)。但这里的“观察性学习”又与班杜拉的“观察学习”的概念有所不同，这里的观察性学习仅指对活的榜样行为的观察，而不包括对符号性榜样的观察。另外，班杜拉用信息的接收、保持以及复制与再现来解释观察学习的过程，而实际上观察并不是信息的单向的接收，观察者是以自己的经验为基础去理解被观察者的活动的，包括理解活动的背景、活动的目标(用意)、对客体的操纵以及这种操纵的结果等，不同的观察者会从这一过程中获得不同的信息，形成不同的理解。例如，三个人同样看一个高明的小偷的偷窃过程，其中一个人学到的可能是偷窃技术，而另一个人却主要在思考如何防盗，而第三个人(一个心理学家)可能是在从他的表现中分析偷盗者的心理。可见，观察的过程也是一个建构的过程，是主、客体相互作用的过程，是所观察到的信息与原有经验的相互作用过程。

(3)符号性的学习

不仅指对符号本身的学习，更主要的是指幼儿通过语言符号与他人进行交流的过程中实现的知识经验增长。幼儿通过语言(口语的或书面的)等符号与别人进行交流，在此过程中来理解其他人通过各种途径建构起来的知识经验，其中包括人类世代积累下来的文化、知识体系。这可以是学习一种操作方法、对某种现象的解释，也可以是学习一条规范。这是人类特有的高级的学习活动，人类文化之所以得以继承和发扬光大，主要依赖于符号性学习。维果茨基、奥苏伯尔等都对这一领域做了大量研究。

### 3. 幼儿知识建构的具体机制：同化和顺应的统一

尽管新信息的来源可能不同，但学习都是一个建构过程，都是通过新旧经验之间的相互作用而实现的，在这种相互作用中存在着两种相反的作用方式：同化和顺应。所谓同化，即幼儿将新知识嫁接到原有的认知结构之中，以原有经验为背景去理解新知识、新信息，生成意义，将它们同化到已经构成的结构(先天的或习得的)之中，当新的学习内容或呈现的新的刺激是幼儿原有的认知结构能够吸纳的，幼儿则采取同化的方式建构知识。所谓顺应，是指“同化性的格式或结构受到它所同化的元素的影响而发生的改变”。也就是改变主体动作以适应客观变化。当幼儿原有的认知结构不能够吸纳呈现的新的刺激，那么则必须改变原有认知结构的构成方式以使其能够吸纳新的知识信息。

**资料卡**

### 同化与顺应

根据皮亚杰的观点，同化就是根据已有图式(与物体发生相互作用的每一种方式都可以看作是一种图式)来理解新事物或事件的过程。如果给幼儿一些以前从未见过、但似乎又有些熟悉的小物品，那么他们很可能会抓、咬或者敲击这些物品。换句话说，他们试图用已有的图式来了解这些未知的东西。同样地，一名高中生或许有这样一种学习图式：把知识写在卡片上，记住卡片上的内容，之后，他/她试图将这种图式用于学习诸如经济学之类的较难的知识，在这种情形下，这种图式或许是无效的。

有时，当旧有的方式在探究世界的过程中不能奏效时，儿童或许会根据新信息或新经验来修改已有的图式，这个过程叫顺应。例如，假定某个儿童具有敲击小物品的图式，如果给他一个鸡蛋，他肯定也会以同样的方式去敲击鸡蛋。然而，儿童的敲击图式究竟发生了什么样的变化，这一点表现得并不明显。由于敲击鸡蛋后产生了意想不到的结果(即鸡蛋破碎)，这个儿童或许会改变已有的图式。他以后或许会重击某些物体而轻触另一些物体。上文提及的仅通过记忆来进行学习的那位高中生也可能学会了运用不同的策略来学习经济学，比如，与朋友一起讨论较难理解的概念。

可见，同化是认知结构(图式)数量的扩充，引起认知结构数量上的变化。而顺应则是认知结构性质的改变，以使主体适应环境。当已有的认知结构(图式)不能应对眼前的问题，用皮亚杰的理论来解释，就是产生了一种不平衡状态，即已有的经验和现在遇到的问题之间产生了不平衡。人们很自然地试图通过某些方式来减少这种不平衡，比如，关注引起不平衡的刺激，建立新的图式，或者调整旧的图式等，直至达到一种新的平衡。这种恢复平衡的过程叫作平衡作用。幼儿正是通过同化与顺应这两种形式来达到与周围环境的平衡，进而建构起自己对世界的各种认识。

## 二、幼儿技能的形成过程

### (一)技能概述

#### 1. 技能的概念

对于技能，目前，我们一般用得较多的、也是大多数人认同的定义是：(1)朱智贤主编的《心理学大词典》的技能定义是：“个体运用已有的知识经验，通过练习而形成的智力动作方式和肢体动作方式的复杂系统。”(2)皮连生主编的《教育心理学》把技能定义为：“在练习基础上形成的、按某些规则或操作程序顺利完成某种智慧任务或身体协调任务的能力。”

综合上述观点，本教材认为：技能是个体运用已有的知识经验，通过练习而形成一定的动作方式系统或执行一定活动的能力。

#### 2. 技能的分类

根据技能的性质和表现特点，可分为操作技能和智力技能两种。

(1)操作技能

操作技能(motor skill)又称为运动技能或动作技能，是通过学习而形成的合乎法则的操作活动方式。幼儿艺术教育中的绘画、唱歌、跳舞，幼儿健康教育中的跳远、拍球、游泳、体操，幼儿语言教育中的写字、打字等活动方式都属于操作技能的范畴。

操作技能本身可以从不同的角度进行分类。根据动作的精细程度与肌肉运动强度不同，动作技能可以分为粗大操作技能和精细操作技能。幼儿的粗大操作技能往往好于精细操作技能，但随着年龄的增加，精细操作技能会不断地提高。比如，幼儿刚开始是用手满把抓握物品，慢慢地学会用拇指和其余四指配合进行抓握，最后学会灵巧地运用每一个手指进行抓握。根据动作的连贯与否，可以分为连续操作技能与断续操作技能。根据动作对环境的依赖程度不同，可以分为闭合性操作技能与开放性操作技能。根据操作对象不同，可以分为徒手型操作技能与器械型操作技能。

(2)心智技能

心智技能(intellectual skill)也称智力技能、心智(智力)操作技能或认知技能，是一种借助于内部语言在人脑中进行的认知活动方式，是通过练习形成和巩固的合法则的智力活动方式，如幼儿学习中的阅读与写作技能、运算与解题技能等。

心智技能可分为一般的心智技能和专门的心智技能。前者如观察技能、分析问题和解决问题的技能等；后者如阅读、运算技能等。

操作技能与智力技能是构成技能系统的两个子系统，它们既有区别又有联系，比如，幼儿在学会解题之前，都是从简单的数数开始的，他们会借助外在的工具，如数手指、小棍子等，之后逐渐摆脱外部动作而借助内隐的思维活动。具体如表 4-1 所示。

**表 4-1　操作技能与智力技能的异同**

| | | 操作技能 | 智力技能 |
|---|---|---|---|
| 区别 | 活动的对象不同 | 物质的、具体的、表现为外显而易见的骨骼和肌肉操作，可以被观察、被感知 | 头脑中的映像，不是客体本身，具有主观性和抽象性，属于观念范畴，不具有相应的物质形式，看不见、摸不着 |
| | 活动的结构不同 | 动作的连锁，不能省略 | 借助于内部语言实现，可以高度省略、高度减缩，甚至难以觉察到其活动全部过程 |
| | 活动的要求不同 | 要求学习者必须掌握一套刺激—反应联结 | 要求学习者掌握正确的思维方法 |
| 联系 | 操作技能通常是心智技能形成的最初依据，心智技能的形成是以外部操作技能为基础，然后逐步脱离外部动作而借助内部言语实现的 | | |

### (二)幼儿操作技能形成的理论

#### 1. 幼儿操作技能形成的三阶段模型

菲茨与波斯纳(Fitts & Posner，1967)提出了经典的操作技能形成三阶段模型，模型比较简洁地体现了幼儿操作技能的形成过程。他们认为，操作技能的形成分三个步骤。

(1)认知阶段

幼儿通过自己的各种学习方式，尝试理解某一操作技能，了解该操作技能需要做哪些动作，各动作的顺序怎样，从何处可以得到反馈等。此时，幼儿会在原来已经掌握的部分技能的基础上，按规定的程序去学习新的操作技能，并试图将它们组合起来。这一阶段的主要结果是获得程序性知识，形成动作映像。比如，幼儿使用筷子之前，教师会给幼儿展示使用筷子的一系列动作：上面的筷子用大拇指、食指和中指控制；下面的筷子要固定，只动上面的筷子，然后夹住食物；两根筷子头部合起来，筷子尖对准，很容易就能夹住吃的东西，等等。幼儿初步感知和认识使用筷子的操作技巧。

(2)形成联系阶段

在这一阶段，操作技能主要发生两类变化：一是先前流畅性和节奏感较差的部分技能逐渐变得富有节奏和流畅；二是一些个别的子技能被整合为互相协调一致的、稳定的总技能。此时的练习策略也有两种变化：当总技能中各部分技能相对独立时，部分技能的学习可先于总技能的练习；当总技能需要对各部分技能加以协调才能获得时，总技能的学习可先于部分技能的练习。还以幼儿使用筷子为例，此时幼儿在操作练习的过程中，会尝试将使用筷子各个子技能进行整合，使用的流畅性会逐步提高。

(3)自动化阶段

此时，技能的执行变得日趋自动化，操作极其流畅、准确和稳定。随着幼儿年龄的增长，使用筷子的技能越来越熟练，能准确地夹住饭碗中较小的食物或比较圆的食物，使用的过程中耗费的意识资源在逐步减少，逐步形成自动化。

### 2. 幼儿操作技能形成的四阶段模型

我国教育心理学家冯忠良通过教学实验，在西方研究的基础上，提出了操作技能形成的四阶段模型。该模型把操作技能的形成分成四个步骤。

(1)操作的定向阶段

操作定向即了解操作活动的结构与要求，在头脑中建立起操作活动的定向映像的过程。虽然操作技能表现为一系列的操作活动，但在形成之初，学习者必须了解做什么、怎么做的有关信息与要求，形成对动作的初步认识，即首先要掌握与动作有关的陈述性知识与程序性知识。有了这种定向映像，学习者在以后实际操作时就可以受到该映像的调节，知道做什么、怎么做。

(2)操作的模仿阶段

操作模仿即实际再现出特定的动作方式或行为模式。个体在定向阶段了解了一些基本的动作机制，而在模仿阶段则试图尝试做出某种动作。模仿的实质是将头脑中形成的定向映像以外显的实际动作表现出来，因此，模仿是在定向的基础上进行的，缺乏定向映像的模仿是机械的模仿。就有效的操作技能的形成而言，模仿需要以认知为基础。

(3)操作的整合阶段

操作整合即把模仿阶段习得的动作固定下来，并使各动作成分相互结合，成为定型的、一体化的动作。个体在模仿阶段只是初步再现出定向阶段所提供的动作方式，但对于大部分复杂的操作技能而言，不仅要准确地做出每一个操作动作，而且还应掌握各动作间的动态联系，而这种动态联系在模仿阶段是难以实现的。只有通过整合，各动作成分之间才能协调联系，动作结构才逐步趋于合理，动作的初步概括化才得以实现。在整合阶段，个体对动作的有效控制也逐步增强。因此，整合是操作技能形成过程中的关键环节，是从模仿到熟练的一个过渡阶段，也为熟练的活动方式的形成打下基础。

(4)操作的熟练阶段

操作熟练指所形成的动作方式对各种变化的条件具有高度的适应性，动作的执行达到高度的完善化和自动化。自动化并非无意识，而是指在执行过程不需要意识的高度控制，可以将注意分配于其他活动。操作熟练的内在机制是在大脑皮质中建立了动力定型，即大脑皮质概括的、巩固的暂时神经联系。

比较以上研究，两种模型关于操作技能的形成具有相近性，冯忠良某种程度上说，是把菲茨与波斯纳的三阶段模型中形成联系阶段分为两个小的步骤：一是操作模仿，二是操作整合，两种模型都强调操作技能是从认知操作技能的信息开始，到最后个体达到熟练和自动化的过程。

### 3. 幼儿操作技能形成的条件

(1)准确的示范与讲解

教师示范和讲解在操作技能形成过程中是不可缺少的，准确的示范与讲解有利于幼儿不断地调整头脑中的动作表象，形成准确的定向映像，进而在实际操作活动中可以调节动作的执行。幼儿任何动作都必须以动作表象为基础，而熟练的操作技能都包含着非常清晰、准确的动作表象。示范与讲解不仅适用于操作技能形成的定向阶段，也适用于技能形成的其他几个阶段。

①示范

教师的示范是幼儿模仿的榜样，只有保证教师动作的正确才可能促进幼儿动作的正确形成，提高幼儿的兴趣。示范必须正确优美，特别是第一次示范应给幼儿完美的印象，激起幼儿模仿的欲望。

示范要有明确的目的，即教师每次示范都应明确要解决的问题，示范什么，怎么示范。为了保证每个幼儿都能看见教师的示范，教师应站在所有幼儿都能看到的地方。

②讲解

讲解是教师用语言向幼儿说明动作的名称、要领、做法及要求。对幼儿进行语言讲解与指导时，要注意语言的简洁化与形象化，幼儿的语言发展水平不高，复杂抽象的语言幼儿难以理解，但幼儿以具体形象思维为主，形象化的语言和游戏化的方式有利于幼儿生成动作表象，促进幼儿技能的掌握。教师对幼儿进行讲解时，也应鼓励幼儿应用外部出声言语或过渡言语来描述动作，以充分发挥语言对动作表象所起的支持和调节作用。

**资料卡**

## 教幼儿学洗手

小班幼儿动作控制能力较弱，因此在洗手环节中往往会出现洗手马虎、玩水等现象。在了解这一情况基础上，根据小班孩子好模仿的特点，教师在组织孩子洗手前与小朋友玩起了“学做洗手大王”的游戏，先准备好了道具：装着水的水桶、洗手液和毛巾。活动开始后，先请小朋友说说要先干什么；然后老师进行示范。为了让孩子加强理解，教师用儿歌的方式将洗手的过程编成了朗朗上口的儿歌：“小手冲一冲，抹点香香皂。手心搓一搓，搓搓搓；手背搓一搓，搓搓搓；开开摩托车(洗手腕)，浮浮浮；小手冲一冲，冲冲冲；小手甩一甩，甩甩甩；小手擦一擦，擦擦擦；毛巾叠整齐，对对齐。”教师将洗手的全过程和儿歌相配套时，小朋友们也纷纷跟着学了起来，并能像模像样地洗手。

③示范与讲解相结合

在幼儿操作技能的教学中，常使用讲解与示范相结合的方式。根据幼儿年龄及教授内容的不同，可以调整两种方式的比例，一般小班示范多于讲解，随着幼儿认知水平的逐步提高，讲解与示范的比例可以有所改变。

(2)必要而适当的练习

练习不仅可以使幼儿的动作映像加以巩固，而且也是形成熟练的运动技能所必需的活动。一个动作从不会到会，再由会到熟练，是经过反复的练习才实现的。有时所形成的技能不是很牢固，过一段时间后，熟练的动作也会变得生疏。因此，只有做到反复练习，经常巩固、持之以恒，才能真正掌握运动技能。但不可以机械重复，以免幼儿产生厌烦，应考虑采用不同的练习方式。

练习有不同的形式，就整体练习与分解练习而言，整体练习有助于掌握动作之间的联系及协调，分解练习有助于确切掌握各种动作方式的要领。当一种技能易被分解为个别、局部的动作时，采用分解练习可获得良好效果。对于难以分解的动作，应用整体练习更好些。在动作形成前期适宜用分解法，而随着运动技能的形成与发展，应更多采用整体练习法。究竟分解到什么程度，应视幼儿的接受水平而定。

练习时应循序渐进，并持之以恒。运动的形式要由简单到复杂，由浅入深，由简到繁的进行。练习的项目和练习的强度要根据幼儿的能力和接受程度逐渐增加。不能过量而引起疲劳，也不能过小而达不到练习的目的；练习的强度要由弱到强；时间由少到多，逐步增长。

(3)及时有效的反馈

为了提高幼儿练习效果，提供适当的反馈信息是一个有效办法，尤其是及时提供强化对进一步练习有积极的影响。反馈包括外部反馈与内部反馈两种。外部反馈是指由视觉、听觉等提供的反馈，如，教师或同伴的评价；内部反馈即幼儿自身的感觉系统提供的感觉反馈，是幼儿动作的自然结果，如走步时落地的轻重、方向所提供的动觉反馈就是内部反馈。在练习中，教师一方面要及时提供积极的外部反馈，让幼儿有明确的目标和充分的信心来掌握操作技能，重视培养幼儿内反馈的能力，以促进幼儿动作的形成与巩固；另一方面，要考虑该信息能否使幼儿的注意指向应改进的动作方面，有效的信息可以使幼儿在下一次操作中将注意力集中于要改善的某一动作或某些动作上。

(4)清晰而稳定的动觉

动觉是复杂的内部运动知觉，反映的主要是身体运动时的各种肌肉活动的特性，如紧张、放松等，而不是外界事物的特性。这些有关肌肉活动的各种感知觉等与视觉、听觉有所不同，如果不经过训练，它们很难被幼儿明确地意识到，并经常受到外部因素的影响，处于被掩盖的地位。如走平衡木、游泳等。由于运动知觉的模糊性，经常会发生幼儿对自己的错误动作不能意识到的现象，当然也就很难对动作进行有意识的调节或控制，这样就容易导致技术水平不稳定，难以找到动作失误的确切原因，操作技能的学习陷入盲目状态。因此，有必要进行专门的动觉训练，以提高其稳定性和清晰性，充分发挥动觉在技能学习中的作用。

### (三)幼儿心智技能的形成

#### 1. 加里培林的五阶段理论

对心智技能最早系统研究的是苏联心理学家加里培林，他于1959年系统总结了有关的研究成果，正式提出了心智动作按阶段形成的理论。由于心智技能是由一系列的心智动作构成的，所以心智动作的形成过程与心智技能的形成过程是一致的，心智动作的形成阶段也可用来说明心智技能的形成阶段。加里培林将心智动作的形成分成以下五个阶段。

(1)活动定向阶段

该阶段要使幼儿了解和熟悉活动任务，使幼儿知道做什么和怎么做，从而在头脑中建立起活动的定向映像。以加法运算为例，它的定向就是在演示这种运算时，使幼儿知道这种运算的目的就是求几个数量的和；知道运算的客体就是事物的数量；知道运算的操作程序(步骤及次序)及方法(运算的方式)。

(2)物质活动或物质化活动阶段

该阶段要引导幼儿通过物质或物质化活动，掌握活动的真实内容。物质活动指借助实物进行活动。物质化活动指借助模型、蓝图、图解、图样、标本，以至记录等实物代替物进行活动。例如，幼儿借助梨子、苹果等实物进行加减运算，属于物质活动，借助梨子和苹果的图片等代替物进行加减运算，属于物质化活动。

物质活动或物质化活动是心智活动的最初形式，通过直观展开的活动，幼儿具体形象的完成思维任务。

(3)有声的言语活动阶段

该阶段的特点是活动离开了活动的物质或物质化的客体，以出声的外部言语形式来完成实在的活动。例如，在加法运算的教学中，在幼儿面前摆出两组不等的实物，让他们把每组都数一数，然后把实物收起来(或是闭上眼睛，或是把实物盖起来)，用出声的言语计算出它们共有多少。加里培林认为，活动向言语方面的转化不仅意味着用言语来表达活动，而且意味着在言语中完成实在的活动，意味着活动具有了新的言语形式。这一阶段，开始了真正的心智活动。

(4)无声的外部言语活动阶段

这一阶段同前一阶段不同之点在于活动的完成是以不出声的外部言语形式来进行的。无声的外部言语活动与出声的外部言语活动相比，区别不仅仅是“言语减去声音”，而是增加了更多的思维成分。

(5)内部言语活动阶段

这是心智技能形成的最后阶段，这一阶段特点是心智活动完全借助内部言语完成，具有压缩性、简洁性和片段性，是很少发生错误的熟练阶段。如果说外部言语经常是与他人进行交际的手段，是指向别人的，内部言语则完全失去了这些功能，而是“为自己用的言语”，内部言语是为调节智力过程的进行而服务的。

#### 2. 冯忠良的三阶段模型

我国教育心理学家冯忠良通过教学实验，在加里培林研究的基础上，提出了心智技能形成的三阶段模型。该模型揭示了幼儿心智技能的形成过程。

(1)原型定向阶段

原型定向就是了解心智活动的实践模式，了解外化或物质化了的心智活动方式或操作活动程序，了解原型的活动结构(动作构成要素、动作执行次序和动作的执行要求)，从而使主体知道该做哪些动作和怎样去完成这些动作，明确活动的方向。原型定向阶段也就是使主体掌握操作性知识(即程序性知识)的阶段。这一阶段相当于加里培林的“活动的定向阶段”。

(2)原型操作阶段

所谓原型操作，即依据心智技能的实践模式，把主体在头脑中建立起来的活动程序计划以外显的操作方式付诸执行。在这一阶段，活动的执行是在物质与物质化水平上进行的，因而在加里培林及其学派的著作中称之为“物质或物质化活动阶段”。其实，活动的最初形式可以是物质的，也可以是物质化的。在物质的活动形式中，动作的客体是实际事物，是对象本身；在物质化的活动形式中，动作的客体不再是对象本身，而是它的代替物。但不论哪种情况，都是对原型的操作，因而冯忠良称此阶段为原型操作阶段。

(3)原型内化阶段

所谓原型内化，即心智活动的实践模式向头脑内部转化，由物质的、外显的、展开的形式变成观念的、内潜的、简缩的形式的过程，也就是动作离开原型中的物质性客体及外显形式而转向头脑内部，借助言语来作用于观念性对象，从而对事物的主观表征进行加工改造，并使其发生变化。原型内化阶段包括了加里培林及其学派所称的“出声的外部言语动作阶段”、“不出声的外部言语动作阶段”和“内部言语动作阶段”三个阶段。

整个幼儿期，幼儿都以具体形象思维为主，抽象逻辑思维在幼儿晚期才初步发展起来，因此，幼儿心智技能的形成，主要是从原型定向到原型操作，原型内化比较困难，经过良好的教育，幼儿可以达到“不出声的外部言语动作阶段”和“初步的内部言语动作阶段”。

### 3. 幼儿心智技能形成的要求

教师在培养幼儿心智技能时应注意以下几点。

一是确定幼儿心智技能的操作活动程序，并使其在幼儿头脑中有清晰的反映。要使幼儿了解活动各个动作要素及动作之间的执行顺序，并了解动作的执行方式。在发挥幼儿的主动性与独立性的同时，教师的示范要正确，讲解要确切，指令要明确。

二是动作的执行应遵循由出声的外部言语到不出声的外部言语再到内部言语的顺序，不能颠倒。

三是加强对幼儿进行心智技能训练。正确的思维方式方法是心智技能的本质特征。对幼儿进行心智技能训练，根本目的在于促使其掌握正确的思维方式、方法，发展以思维力为核心的认识能力。心智技能基本训练的项目很多，在幼儿阶段，一般有分类、排序、对应、比较、整体与部分的关系、互逆、传递、等量关系等。

例如，“从实物分解到抽象的数的分解”，首先让幼儿领会实物分类操作，然后是图示分类操作，最后是数的分解，促使幼儿形成抽象概念，如图 4-1 所示。

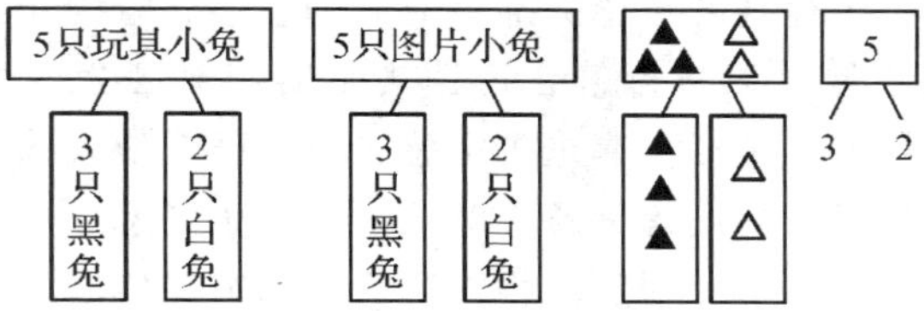


**图 4-1　从实物分解到抽象的数的分解心智技能训练题**

## 三、幼儿情感的获得过程

### (一)情感概述

#### 1. 情感的概念

情感是人对客观事物是否满足需要而产生的态度体验，这里所说的情感是情绪与情感的统称。情绪和情感在心理学上通常都定义为“人对客观事物所持的态度体验”，但它们又是有区别的，情绪是和机体需要相联系的体验形式，具有暂时性和外显性，如喜悦、愉快、厌恶、惧怕等。情感是和人的社会性需要相联系的体验形式，具有稳定性和内隐性，如道德感、美感、理智感等。

#### 2. 情感的分类

(1)情绪状态的分类

依据情绪发生的强度、速度、紧张度、持续性等指标，可将情绪分为心境、激情和应激。心境是一种具有感染性的、比较平稳而持久的情绪状态。如人伤感时，会见花落泪，对月伤怀；“忧者见之则忧，喜者见之则喜”。激情是一种爆发得快、强烈而短暂的情绪体验。如，在突如其来的外在刺激作用下，人会产生勃然大怒、暴跳如雷、欣喜若狂等情绪反应；应激是指在意外的紧急情况下所产生的适应性反应，当人面临危险或突发事件时，人的身心会处于高度紧张状态，引发一系列生理反应，如肌肉紧张、心率加快、呼吸变快、血压升高、血糖增高等。例如，当遭遇歹徒抢劫时，人就可能会产生上述的生理反应，从而积聚力量以进行反抗。

(2)情感的分类

情感是与社会性需要相联系的高级的主观体验。一般分为道德感、理智感和美感。

道德感是根据一定社会的道德标准，对人的思想、行为作出评价时所产生的情感体验。当自己或他人的言行符合道德规范时，对己会产生自豪、自慰等情感，对他人会产生敬佩、羡慕、尊重等情感；当自己或他人的言行不符合道德规范时，对己会产生自责、内疚等情感，对他人会产生厌恶、憎恨等情感。理智感是在认知活动中，人们认识、评价事物时所产生的情绪体验。例如，发现问题时的惊奇感，分析问题时的怀疑感，解决问题后的愉快感，对认识成果的坚信感，等等。美感是根据一定的审美标准评价事物时所产生的情感体验，它是人对自然和社会生活的一种美的体验，例如，对优美的自然风景的欣赏，对良好社会品行的赞美等。

### (二)幼儿情感的获得

幼儿的情感是在感知和理解客观事物的过程中，当客观事物与幼儿主体需要发生联结时，通过主观体验获得和表现的。因此，幼儿情感获得的三个关键因素是：认识活动、需要和主观体验。

#### 1. 认识活动

幼儿的情绪和情感是在认识的基础上产生和获得，并随着认识的发展而变化的。例如，当幼儿看见动物园的小猴子、孔雀等动物时，就会很开心并好奇地问“为什么孔雀会开屏”“为什么猴子会爬树”等问题，产生快乐和疑惑感；当幼儿不理解“祖国”这个词的含义时，就无法萌发爱国的情感；当幼儿看见外表酷似自己妈妈一样的老师，就会产生喜爱的情感，但在与该老师的相处中，发现她缺乏爱心且过分严厉，则会慢慢疏远甚至讨厌。

幼儿的道德感是在道德认识的基础上获得的，皮亚杰认为，3～7岁幼儿的道德认识处于他律道德阶段，幼儿道德感的形成与幼儿道德认识特点有关。

**资料卡**

## 皮亚杰：他律道德阶段的特点

1. 单方面地尊重权威表现为绝对遵从父母、权威者或年龄较大的人，儿童认为服从权威就是“好”，不听话就是“坏”，同时把人们规定的规则，看作是固定的、不可变更的。

2. 从行为的物质后果来判断一种行为的好坏，而不是根据主观动机来判断。例如，认为打碎的杯子数量多的行为比打碎杯子数量少的行为更坏，而不考虑有意还是无意打碎杯子。

3. 看待行为有绝对化的倾向。儿童在评定行为是非时，总是抱着极端的态度，或者完全正确，或者完全错误，还以为别人也这样看，不能把自己置于别人的地位看问题。

4. 赞成来历的惩罚，并认为受惩罚的行为本身就说明是坏的，还把道德法则与自然规律相混淆，认为不端的行为会受到自然力量的惩罚。例如，有个小男孩到商店偷了糖逃走了，过马路时被汽车撞倒，当问一个7岁的孩子“汽车为什么会撞倒男孩子”时，这个孩子的回答是因为他偷了糖。

（资料来源：SOSO百科）

同样，理智感的获得是建立在幼儿感知和思维基础上。婴幼儿最初是通过感知认识周围世界的，在此过程中对周围客体和自身充满好奇，提出各种问题并引发探究行为，例如，当碰到困难和问题时产生疑惑感，当获得成功时产生自豪感，当尝试失败时产生沮丧感等。幼儿初期的思维具有直观行动性，这一阶段幼儿的理智感更多与操作和感知活动相联系，随着具体形象思维的出现和抽象逻辑思维的萌芽，幼儿的理智感逐渐表现为理解和探索周围世界或作品中的物与物、人与物、人与人之间的关系，并逐渐尝试各种创新性手段和创造性的方式解决问题等。

此外，美感产生过程也离不开认知，叶朗先生用“感兴”概念加以描述。他认为“感”有两层含义：“第一，‘格也，触也’，就是指人的第一信号系统对外界的感知；第二，‘感者，动人心也’，感与‘撼’通，感就是心有所动。这两层的意思合起来就是‘感动’”“这样的‘感动’不必以理解作为中介，而直接与形、色、声、温、力摇曳心旌，产生情感反应”。“兴”有三层含义：“‘兴’的第一层含义是直承‘感’而来的主体的发抒行为或发抒方式，以及这种发抒行为带来的精神悦乐；‘兴’的第二层含义是主体的自我体验，主体在为对象所‘感动’的同时，又在为这个'感动'着的自我所感动；'兴'的第三层含义是，'兴'作为一种艺术的发抒方式，又具有审美直觉的含义，它不仅与情感相关，而且与直觉(妙语、慧见、灵见)有关。"这就表明美感是伴随审美认知过程所产生的美感体验，是在"感"的基础上产生"兴"的过程，这个"感"与前面所讲的感不同，是直觉的感，是几乎不经过大脑思考的感。

2. 需要

(1)马斯洛的需要层次理论

马斯洛(Abraham Harold Maslow)是美国著名的心理学家、人格理论家和比较心理学家，是人本主义心理学的主要创始者，被誉为"人本主义心理学之父"。他通过长期的研究形成了自己的心理学理论，其中最为熟知的是"需要层次理论"。

马斯洛认为动机是由多种不同层次与性质的需要所组成的，而各种需要间有高低层次与顺序之分，每个层次的需要与满足的程度，决定个体的人格发展境界。"需要层次理论"将人的需要划分为五个层次，其中底部的四种需要(生理需要、安全需要、归属和爱的需要、尊重的需要)可称为缺乏型需要，只有在满足了这些需要个体才能感到基本上舒适；顶部的需要(自我实现需要)可称之为成长型需要，因为它们主要是为了个体的成长与发展。最初，马斯洛给定"需要层次理论"七层次需要，广为流传的是五层次需要，其自我实现需要由低到高可以分为认知需要、审美需要和自我创造需要。

**资料卡**

### 马斯洛需要层次理论(亚伯拉罕·马斯洛，1943)

一是生理需要。它是指人类生存最基本的需要，包括饥、渴、衣、住、性等方面的要求。当基本的生活需要得到满足后，生理需要就不再是推动人们工作的最强烈的动力，取而代之的是安全需要。

二是安全需要。它是指保护自己的免受身体和情感伤害的需要。这种安全需要体现在社会生活中是多方面的，如生命安全、劳动安全、良好的社会。反映在工作环境中，员工希望能避免危险事故、保障人身安全、避免失业等。

三是社交需要。它是包括友谊、爱情、归属、信任与接纳的需要。马斯洛认为，人是一种社会动物，人们的生活和工作都不是独立进行的，经常会与他人接触，因此人们需要有社会交往、良好的人际关系、人与人之间的感情和爱，在组织中能得到他人的接纳与信任。

四是尊重需要。它包括自尊和受到别人尊重两方面。自尊是指自己的自尊心，工作努力不甘落后，有充分的自信心，获得成就后的自豪感。受人尊重是指自己的工作成绩、社会地位能得到他人的认可。这一需要可概括为自尊心、自信心、威望、地位等方面的需要。

五是自我实现需要。它是指个人成长与发展，发挥自身潜能、实现理想的需要。

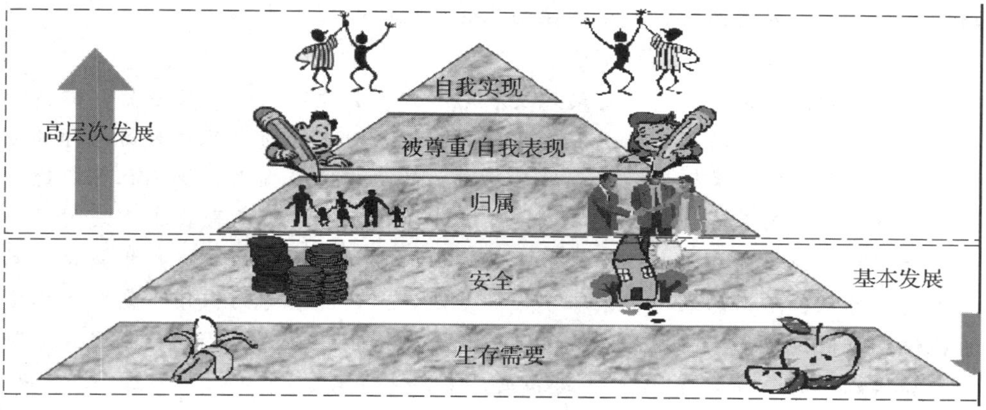


**图 4-2　马斯洛的需要层次理论**

（资料来源：http：//image. baidu. com）

(2)需要与情感

情感反映客观事物与个体需要之间的关系。凡是能满足人的需要或符合人的愿望、观点的客观事物，就使人产生愉快、喜爱等肯定的情感体验；凡是不符合人的需要或违背人的愿望、观点的客观事物，就会使人产生烦闷、厌恶等否定的情感体验。

在认识过程中，当客观事物与幼儿主体需要建立联结时，就会产生各种情绪和情感。如当婴儿吃饱喝足时，就会手舞足蹈；当受到小朋友的欢迎和家长关注时，就会开心和快乐；当得到老师和家长的表扬和赞赏时，就会产生自信感和自豪感；当解决一个疑难或创作一个精彩作品时，就会有惊喜和成功感等。

随着幼儿认识水平的提高，在满足本能生理需要的基础上，出现了各种社会性需要，如爱的需要、尊重的需要、审美的需要、求知的需要等，幼儿的情感体验也在此过程中不断深刻和丰富。

因此，教师及时捕捉和敏锐分析幼儿的各种需求，满足其合理的需要，是幼儿获得良好情感的重要因素。

**资料卡**

## 幼儿的合理需要与情感

如果孩子合理需要得到充分的满足，身心将获得健康和谐发展；若得不到满足，将会产生心理上的动机冲突，产生压力和挫折感。教师在满足幼儿合理的生理需要和活动需要的同时，更要关注幼儿的合理的心理需要。

1. 依恋的需要

教师对幼儿热爱、关心，是幼儿发展的动力，会使幼儿产生安全感，心情愉快，行为积极性高。特别是刚进入幼儿园的孩子，对父母的依恋转为对老师的依恋，期望得到老师的关注、爱护。幼儿对事物的认识比较直观，他们往往是通过老师对自己的行为来感受老师的关爱的，如，幼儿说："老师喜欢我，睡觉的时候，老师总是摸我的头。"老师要充分了解这一时期幼儿的心理特点，根据每个幼儿不同的特点、不同的表现，采取不同的方法，如，对恋母的孩子，老师可以去抱抱他，跟他说说话，一起做游戏，让他体会到老师是喜欢自己的，感受到老师的爱和妈妈一样，使之情感上得到满足。老师要主动走近幼儿，通过"亲一亲""摸一摸""抱一抱"等方式，拉近与孩子的心理距离，与孩子建立融洽和谐的依恋情感。

2. 心理安全的需要

幼儿需要有一种安全感，渴望得到成人的保护，免受生理和心理上的伤害。他们希望幼儿园可以像自己家里那样温馨，也希望老师像妈妈一样可以跟他们一起游戏、玩耍、说说悄悄话。所以，我们应该给幼儿创造一个温馨舒适的活动环境。如，可以将娃娃家等活动区域模拟家庭布置，让孩子围坐在老师身边，一起看电视、听故事，设置母子对话的情境，一起说悄悄话，让孩子有回家的感觉，感受"家的温馨"。此外，还可以根据孩子不同的性格、兴趣等进行"传帮带"分组活动，让性格开朗的孩子帮助、带动性格内向的孩子一起游戏，有意安排他们坐在一起，使性格内向的孩子也能在最短的时间找到朋友。

3. 独立自主的需要

幼儿正处于独立性萌芽时期，有一定的独立自主意识，幼儿的自主独立的需要能获得充分满足，有助于培养幼儿的主体意识，增强自信心，促进健全自我意识的发展。我们要为幼儿创造合适的条件，让幼儿随心所欲地做一些自己能做的事；要给幼儿敢于表现自己和尝试的机会；多留一些空间给幼儿，给他们自己创造自己探索的机会，尽量满足他们的自主需要；对孩子们的自我表现要及时给予肯定和鼓励，让孩子们觉得“我能行”，帮助孩子树立自信心。例如，可以设计“我长大了”的主题活动，让幼儿了解小时候和现在的不一样，尝试独立完成一些事情，如，自己穿衣服、系鞋带、自己取放玩具、整理活动用品等，让幼儿在自己感知的过程中，体验其中的快乐，激发积极情绪情感的产生。

4. 交往的需要

孩子希望与他人交往，希望找到朋友，希望得到老师及同伴的关心和爱护，与同伴融洽相处。在一日活动中，教师应有意识地培养幼儿与同伴友好交往的能力，为幼儿创造友好交往的环境。要善于抓住孩子的闪光点，对于幼儿交往中出现的好事例，教师及时表扬、鼓励，也可用情境表演的形式重现出来，让幼儿模仿学习。可以先从一些简单的集体活动开始，给幼儿创造共同游戏的机会，体会交往的乐趣。比如，“一块红布”的游戏就是让幼儿和大红布共同游戏，利用红布变换出各种玩的方法，让幼儿在一起钻、一起爬、一起跑的过程中，激发愉快、兴奋等积极的情绪情感，让幼儿体会和小朋友交往带来的快乐。

5. 肯定及尊重的需要

孩子更希望得到别人的理解、尊重和肯定。在生活和交往中孩子如果经常遭受打击、伤害、嘲笑，易产生失落感、压抑感，而失去自尊、缺乏自信。因此，一个善意的微笑、一次小小鼓励、一个轻轻的拥抱都能让幼儿体验到无限的快乐和满足。教师应弯下身子，倾听孩子们的心声，满足他们多种情感需求，多给他们想象的空间，允许他们自由活动、自由谈论，让他们用各种不同的方式去表达自己内心的想法，当他们的想法得到肯定时，孩子的自信心也会不知不觉中得到培养。

（资料来源：http：//rj.5ykj.com/HTML/12672.htm)

3. 主观体验

与幼儿主体需要相联系的情绪和情感是通过一定的态度和行为方式表现出来的，这些态度和行为方式就是主观体验。

(1)婴幼儿早期的情绪体验

婴幼儿早期的情绪体验是感知外界刺激的基础上，与生理性需要相联系的。这里，介绍几种基本的情绪体验。

①微笑

有人报告，在出生后几小时至两周之内的新生儿脸上可以见到勉强称得上“微笑”的反应，这种原始的微笑仅仅发生于他完全清醒的时刻，并不是真正的微笑。在第一周内，这种反应能通过抚摸他的皮肤等手段而获得。在第二周内，人类的声音比其他声音(如铃声、哨子声等)更富有刺激性。第三周的新生儿可以表现出真正的微笑。这种微笑虽然持续的时间很短，但却包括了整个脸部。经常有效的刺激是人声，尤其是妇女的嗓音。而在第五周时，引起微笑的有效刺激就成为视觉形象，如人的眼睛、面孔等。有人注意到，引起婴儿的刺激包括社会的、视觉的、触觉的和听觉的四种，而以前两项作用为大。

②痛苦

痛苦是由于持续的、超水平的不良刺激引起的。痛苦的第一个表现形式是啼哭。啼哭是新生儿与外界沟通的第一种方式。3～4周的新生儿哭泣时便有明显的分化，有经验的父母可以从他们的哭声中听出是由于饥饿还是由于便溺或疲困。婴儿无休止的啼哭常常弄得人们手忙脚乱，而过度的啼哭对保持儿童的体重也不利，因此在这种场合需要采取措施使孩子安静下来，除了满足他们的生理需要外，对婴儿连续不断的刺激也可以使他们的烦躁不安得以平静。

对于婴幼儿来说，身体的和心理的分离是引起痛苦的重要原因。身体的分离如与母亲过早地别离；心理的分离如情感剥夺、精神虐待、在团体中受排斥、不为集体接纳等。幼儿学习的失败也是引起痛苦的重要原因。

③焦虑和恐惧

焦虑是精神分析学说的重要概念。弗洛伊德认为："焦虑这个问题是各种最重要的问题的中心，我们若猜破了这个哑谜，便可明了我们整个的心理生活。"焦虑也是儿童心理中的一个普遍现象。一个人如果不能很好地应对焦虑，焦虑可能会变成一种创伤，致使这个人退回到婴儿时期的那种不能自立的状态。弗洛伊德认为，儿童的焦虑主要是一种现实性焦虑，即对于外界危险或意料中伤害知觉的反应。但这种焦虑的倾向来自遗传，儿童只是在重演史前人及现代原始人的行为。这些人因为无助，对于新奇的及许多熟悉的事物都经历着一种恐惧之感，虽然这些事物对我们成人来说已经不再是可怕的了。

恐惧是一种有害的具有压抑作用的情绪。引起恐惧的原因很多，可能是先天的，也可能是后天习得的。凡强度过大或变异过大的事件都可能引起恐惧，如巨响、跌落、疼痛、孤独、无援、处境不明都是危险和可能受到伤害的信号，都是引发恐惧的天然线索。这些线索在儿童身上还派生出具体的恐惧对象，如怕黑暗、怕动物、怕陌生人、怕陌生环境等。

④愤怒

愤怒是一种激活水平很高的爆发式负面情绪，当个体的一个强烈的愿望受到限制时，就会产生愤怒。低水平的愤怒可能会被各种因素暂时抑制，但这种愤怒具有残留效应，很可能在某种情境下被引爆或导致攻击行为。持久地抑制愤怒可能要导致生理和心理上的损伤。婴儿的愤怒往往产生于身体活动被限制。对于年龄大的儿童而言，不良的人际关系或受侮辱、受欺骗、受压制都会导致愤怒。持久的痛苦或恐惧也可能转化为愤怒。

(2)幼儿的情感体验

①道德感

在道德认识基础上产生的愉快、内疚、愤怒等体验就是道德感。道德感是由低级向高级发展逐渐获得的，直觉情绪体验是道德感最初级的形式。

第一阶段：直觉的情绪体验。这种情绪体验产生非常迅速，它是由一定情境激发而起。比如，幼儿在游戏中碰撞了同伴，导致同伴摔倒，自己会感到不安。尽管产生这种情绪体验时并没有明确地意识到某种道德原则，但还是产生了某种不安的情绪体验。

第二阶段：与具体的道德形象相联系的情绪体验。这是通过对某些人物想象发生作用的一些情感。如，幼儿想起奥特曼或黑猫警长时，就会产生对英雄人物敬仰的积极情感，并尽力仿效他们的助人为乐的英雄行为等。

第三阶段：与道德认识紧密联系的情绪体验。这是在明确道德意识与产生坚定的道德信念的基础上产生的体验，较高级的道德情感，如爱国主义情感、集体主义情感等就是在这个基础上产生的。尽管直接情绪体验与具体的道德形象相联系的情绪体验也能有助于培养爱国主义等情感，但由于这种情绪太具体、太短暂，不能达到抽象概括的高水平，也不能坚持长久。只有当人们清楚意识到个人命运与祖国命运的关系，个人有义务有必要忠诚于祖国时，并与对祖国敌人的仇恨交织在一起等，这样的体验才是长久的，并对人们今后的工作与生活有较强的推动作用。

幼儿的道德感处在直觉的情绪体验和与具体道德形象相联系的情绪体验阶段，这些体验会通过一定的行为方式表现出来。小班的孩子道德感主要指向个别具体行为，如知道打人、咬人是不好的。中班孩子不但关心自己的行为是否符合道德标准，而且开始关心别人的行为。如“告状行为”就是幼儿对别人行为方面的评价。幼儿在对他人的不道德行为表示出愤怒或谴责的同时，还对弱者表现出同情，并表现出相应的安慰行为。大班幼儿的道德感进一步发展和复杂化，他们对好与坏、好人与坏人，有鲜明的不同感情。如看图书时，往往把大灰狼和坏人的眼睛挖掉。这个年龄幼儿的集体情感也开始发展起来。

游戏和生活中的体验都是幼儿获得道德感的重要途径。例如，教师讲述《一只棉手套》的故事后，引导幼儿理解小松鼠、松鼠妈妈、松鼠爸爸和小男孩的人物关系和事件发生过程，并通过表演游戏环节，让幼儿体会作品中角色的行为和情绪，获得爱与关心等积极情感。同样，家长带幼儿去孤儿院等，与那里的孩子一起生活，为他们送去温暖，也可以获得分享与帮助等积极情感。

②理智感

随着幼儿认识水平的提高，与求知需要相联系的理智感逐渐发展起来。如三四岁的幼儿在成人的指导下，用积木搭出一个房子时，会高兴地拍起手来。五六岁的幼儿会长时间迷恋于一些创造性活动，如用积木搭出宇宙飞船、航空母舰；用泥沙堆成公路、山坡等。6 岁幼儿理智感的发展还表现在喜欢进行各种智力游戏，如下棋、猜谜等。这些活动不仅使幼儿产生由活动带来的满足、愉快、自豪、独立感等积极情感，而且还会成为促进幼儿进一步去完成新的、更为复杂的认识活动的强化物。

幼儿的理智感有一种特殊的表现形式，即好奇好问。在这方面，其他任何年龄的儿童表现都不会如此明显。幼儿初期的孩子往往问“这是什么”，逐渐发展到问“为什么”“怎么样”等。幼儿理智感的另一种表现形式是与动作相联系的“破坏”行为。崭新的玩具刚买回家，转眼工夫，就被孩子拆得四分五裂，一些家长为此感到烦恼。日常生活中，有许多在成人看起来是十分平常的现象在幼儿看来却感到新奇，所以他们要问、要拆，这完全是幼儿理智感发展的表现。作为家长和教师要珍惜幼儿的这种探究热情，满足他们的好奇心。

③美感

美感是由低级向高级发展逐渐获得的，儿童首先获得的是当感知到事物的审美特征所表现出的愉悦的美感体验，其次是能够用审美标准评价或偏爱事物或艺术品的审美特征时所伴随的美感体验，最后是当掌握了一定的艺术性审美标准时，在感知艺术品的艺术性审美特征时伴随的美感体验。幼儿应形成的基本美感包括三个方面：自然美、社会美和艺术美。

自然美感：自然美是幼儿形成美感的丰富源泉。在这方面主要让幼儿形成这样一些美感：通过对大自然的感受而产生热爱大自然的情感；主动关心自然环境及事物，对自然环境有好奇心、认识兴趣和求知欲；喜欢并主动观察、探索周围常见的事物、现象，并从中体会到愉快，体会到大自然的美与奇妙，热爱大自然。

社会美感：社会生活是幼儿形成美感不可缺少的内容。幼儿阶段要形成的社会美感主要有经常保持愉快的情绪，以简单、恰当的方式主动表达感激和爱心；关心他人的情绪情感，在需要时能主动帮助、安慰他人；尊重劳动者，感受到劳动的沸腾景象；认识并喜欢周围的环境，喜欢家乡及祖国的风景名胜；认识并尊重国旗、国徽，会唱国歌。在交往中，主动使用礼貌和文明用语，学会分享和谦让；主动遵守公共秩序，爱惜公物，保持环境整洁；形成活泼开朗的性格和诚实、勇敢、合作、爱劳动的品质；能够比较自觉地控制自己的情绪和行为。

艺术美感：艺术活动是开启幼儿智慧的钥匙。艺术活动的情感性、愉悦性、形象性、想象性、活动性都符合幼儿的思维水平和认识特点。因此，每个幼儿都有参与艺术活动的愿望。在艺术活动中，幼儿的各种感官得到积极协调的活动，促进了幼儿感知觉的发展。艺术作品浸透了作者的强烈感情，能给幼儿以强烈的感染。动人的艺术形象，又有益于培养幼儿概括生活的能力，从而促进幼儿思维的发展。艺术美是幼儿形成美感的主要内容。

**资料卡**

## 让幼儿在感知和体验中获得情感

案例 1　　　　　　　　小舞台

开学初，小班老师们在活动区搭建了小舞台，但刚开始的那段日子，老师们忙于抚慰幼儿不稳定的情绪，对小舞台环境的创设和布置不是很精心，大部分幼儿都不太喜欢进入小舞台，在小舞台里的表现也显得比较胆怯、呆板、不自然，同样，在集体面前的表现更是轻声细语、唯唯诺诺。当老师们把红红的大苹果挂入小舞台，贴上显眼的“红苹果剧场”时，每一个幼儿都显得很欣喜，特别是为小舞台表演设计了一个大苹果视频框后，孩子们都跃跃欲试，区域活动一开始，就往小舞台跑，不管自己唱得好不好听，不管自己的小屁股扭得有多滑稽，都能大胆地表现。幼儿在小舞台获得了积极乐观的情绪和勇敢、大胆、自然、自信的良好个性。

案例 2　　　　　　　　歌表演

首先，教师采用不同的形式帮助幼儿理解歌词内容，感受歌词的情绪。例如，通过听故事让幼儿理解《懒惰的娃娃》中娃娃懒得不像样；利用动画片来理解《拔萝卜》中萝卜实在太大了，要通过大家一起努力才能拔出以及最后一起拔萝卜的高兴劲儿；《包粽子》则让幼儿亲手拿着粽叶体验一下“糯米白花花，角儿包得尖”的情景，感受和小伙伴一起包粽子的乐趣。这样让幼儿身临其境，有直观的形象可以把握，有浓烈的情绪可以感受，有有趣的游戏可以投入，同时教给幼儿相应的描述情感的词汇，如自豪、难过、愉快、害羞、幽默、后悔等，使幼儿对情感的意义及时认同、吸收。

其次，引导幼儿根据自身的感受用恰当的声音、动作、表情、姿态等表现各种情绪和情感。如歌表演“猫捉老鼠”表现的是小老鼠先神气后胆怯的两种不同情绪。由于幼儿通过游戏有了一定的情绪感受，因此表现出来也颇为生动："小老鼠们"有的眼珠滴溜溜乱转、摇头晃脑，有的龇牙咧嘴、蹑手蹑脚，有的鬼鬼祟祟、到处觅食。"喵"的一声猫来了，原来神气活现的小老鼠又一下子吓得抱头缩颈、浑身发抖。

案例 3　　　　　　　　　　　　农家生态园

农村教师带着幼儿一起去找春天，发现春天的秘密，找找春天农村里发生的一些变化，例如，田里的油菜花开了，河塘里的小蝌蚪出来了，小燕子到我家的房檐下安了家。这些都是在城市中所观察不到的，教师利用幼儿园地处农村的优势，让幼儿通过对周边资源的了解和认识，并与周边环境互动起来。在活动中萌发从爱身边的事物开始、爱我们的农村、爱我们的社区、爱我们的家乡。又如，为了培养孩子尊老爱老的情感意识，我们组织家长和幼儿一起到乡镇敬老院开展关爱爷爷奶奶、帮助爷爷奶奶的活动，让幼儿在家长们的带领下，给爷爷奶奶表演节目、为爷爷奶奶捶背、在爸妈的协助下帮爷爷奶奶擦窗户等。通过活动幼儿也萌发了尊老爱老的道德情感。

## 第二节　幼儿学习的特点

了解和尊重幼儿身心发展规律和学习特点是促进幼儿主动学习的前提和关键，幼儿教师只有全面地了解每位幼儿的学习特点，才能真正担负起培养具有健康和个性和谐发展幼儿的重任。

### 一、学习内部动机以好奇和兴趣为主，外部动机逐渐增长

#### (一)内部动机以好奇和兴趣为主

个体学习的内部动机有多种，如努力、能力、兴趣等。在幼儿阶段，其内部动机以好奇为主。幼儿面对崭新的世界，对一切都感到新鲜、好奇，他们不厌其烦地询问：这是什么？这是为什么？那是为什么？著名儿童教育家陈鹤琴先生认为，儿童生来既是好动的、好模仿的，也是生来好奇的。他说："五六个月大的婴儿一听见声音就要转头去寻，一看见东西就要伸手来拿。到了四五岁，幼儿的好奇动作格外多了。看见路上的汽车马车来了，总要停住脚看看；听见外面的锣声鼓声响了，也总要跑出去看看。"

胡克祖、杨丽珠对 3～6 岁幼儿好奇心进行开放性问卷调查，探索并验证了

3～6 岁幼儿好奇心的结构。研究发现，幼儿好奇心是一个多维结构，是由至少 6 个特征比较明显的一阶因子构成，即好奇、探究持久性、敏感、喜欢摆弄、关注未知、好奇体验；同时，存在反应敏感性、探索主动性、探究持久性、好奇体验等四个高阶因子结构，这四个因子是描述个体好奇心强弱的重要标志，也是幼儿好奇心差异的主要表现(如图 4-3)。

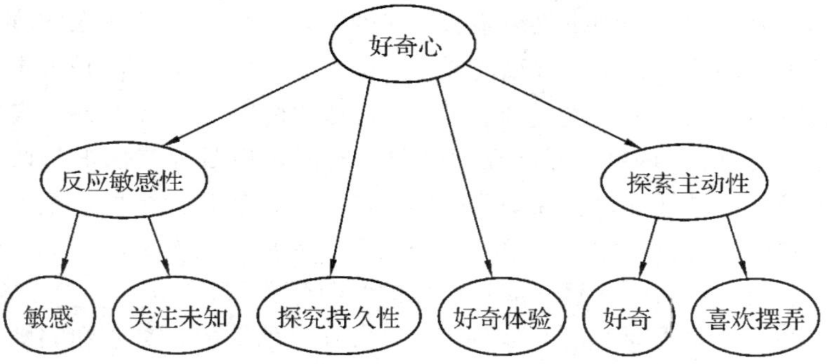


**图 4-3　幼儿好奇心三阶结构模型**

(资料来源：胡克祖、杨丽珠、张日昇，《幼儿好奇心结构教师评价模型验证性因子分析》，《心理科学》，2006 年第 2 期)

在此基础上，杨丽珠等进一步研究幼儿好奇心的表现，认为幼儿的好奇心有以下特点。

(1)大班幼儿的探究持久性强于小班和中班幼儿，中班与小班幼儿的差异并不明显。幼儿探究事物的持久性与其注意稳定性的发展密切相关，幼儿注意稳定性随年龄增长而提高。

(2)幼儿对新事物的反应敏感性和探究主动性随年龄增大呈现“V”形发展趋势。这可能与幼儿认知结构、语言和动作的发展特点有关。

(3)幼儿好奇体验呈现随年龄增大而降低的发展趋势。

(4)男孩在探究主动性和好奇体验水平上显著高于女孩，女孩在探究持久性方面要强于男孩。

随着年龄的增长，幼儿内部动机逐渐从好奇变为兴趣。兴趣与好奇有着联系，常常表现为幼儿的探究，但与好奇又有区别。不同之处在于，好奇更多受外在环境的影响，表现为在外部新异刺激的影响下受到吸引。它更多体现为新异刺激引起的一种普遍性。兴趣虽然也表现为幼儿的好奇与探索，但它更多体现的是个体性，是与个体内在倾向相联系。例如，不同的幼儿有着不同的兴趣，有的喜欢体育类玩具，如篮球、足球、平衡木等；有的喜欢建构类玩具，如积木、玩具塑料格等；有的喜欢角色类玩具，如过家家用品、医生用品、护士用品等。

智力超常儿童的兴趣倾向明显突出，求知欲望强烈，学习兴趣高，对有兴趣的游戏全神贯注，对某些活动产生浓厚的兴趣。相反，智力发展迟滞的幼儿，对周围事物的兴趣较弱。

### (二)外部动机逐渐增长

幼儿期，外在的学习动机逐渐增长，主要表现为渴望得到成人的肯定、鼓励和表扬。教师在幼儿心目中有很高的威望，幼儿在各种活动中总是力求得到教师的鼓励，包括精神鼓励和一些物质鼓励(如教师的微笑、口头表扬、实物奖励以及小红花等)。虽然幼儿对学习已经产生内部动机，逐渐具有探求与认识外部世界的认知需求，但是外部动机在幼儿的学习活动中仍然是大量的、重要的。幼儿仍然离不开教师的支持与肯定。教师对幼儿内部动机的激发起着重要的作用。为了获得教师的赞扬，幼儿能够完成较枯燥的学习任务。

因此，要使幼儿成为主动的学习者，一方面，幼儿的好奇心和兴趣必须得到足够的尊重，要善于将幼儿的好奇心和兴趣作为教育的生长点，支持和促进幼儿的学习活动，要尽可能把期望幼儿学习的内容转化为幼儿的兴趣和需求，由此引起并引导幼儿的学习活动，正因为如此，在各领域教育内容与要求及指导要点中，教师要特别注重用幼儿感兴趣的方式，促进幼儿各方面能力的发展和经验的积累，强调培养幼儿对各领域活动的兴趣，让幼儿体验到学习的乐趣；另一方面，要充分发挥教师对幼儿内部动机的激发作用和外部动机的激励作用。

## 二、学习内容以直接经验为基础

直接经验是一个人直接的亲身经历，它是人的直接阅历积累。直接经历包含成功的经历，也包含失败的教训，没有亲身体验便没有深刻体会，人的成长过程就是不断修正错误的过程。间接经验是通过获取他人的直接经验或间接经验来提高自身经验的过程，它通过撷取别人的长处和经验积累，吸取别人失败的教训来缩短自身经验积累的时间，达到快速提高自身素质的目的。

一方面，由于幼儿思维以具体形象思维为主，这就决定了他们局限于以直接经验认识事物。随着他们经验范围的扩大，对于事物的认识可以得到不断发展。但对于缺乏经验的事物则难以理解，相比较而言，通过直接观察和操作进行探索而获得的科学经验与通过间接观察而不能直接操作而获得的认识有着质的差别。前者可以运用幼儿全部的感官，而后者只是通过视觉。而同样是视觉，直接观察获得的信息也远比间接观察要丰富，如同样是对长颈鹿的观察，有的幼儿通过在动物园里观察，和长颈鹿一起照相，甚至摸一摸长颈鹿获得了关于长颈鹿的认识；而有的幼儿通过图片观察长颈鹿的外形特征，获得了其身高、皮肤的花纹等认识，这两个幼儿所获得的关于长颈鹿的经验显然是不同的，后者尽管获得了“长颈鹿脖子很长、身上有花纹”的认识，但缺乏对其身高和花纹的真实感受，以至于将来在描述长颈鹿时不能准确地把握身体结构比例关系。进一步说，幼儿对于缺乏生动形象特征、不能直接感知的事物也很难形成正确的、有效的认识。因此，幼儿学习内容要从他们身边的世界中寻找，要从他们最近的生活环境中寻找，而尽量避免选用远离幼儿生活环境的内容。另一方面，幼儿对世界的认识还是感性的、具体的、形象的，常常需要用动作来帮助思维，这就决定了他们的学习是以直接经验为基础的，他们必须通过与人和物的相互作用，进而使原有的直接经验与现实的直接感受和体验产生相互作用，构建起真正内化的新的知识经验，形成幼儿期所独有的、具有主观性和泛灵论特点的“天真幼稚的理论”和“非科学性”的知识经验。因此，要在各领域的学习中引导幼儿运用适宜的学习方式，例如，在健康领域，强调鼓励幼儿自理自立的尝试和主动参与；在语言领域，强调在运用中发展幼儿的语言；在社会领域，强调让幼儿在一日生活的人际互动中发展社会性；在科学领域，强调幼儿主动探索，经历、体验探究和发展的过程；在艺术领域，注重幼儿大胆表现自己的感受和体验的过程。

## 三、学习过程具有情绪性

幼儿的学习过程有明显的情绪性特点，他们的注意、记忆、思维和想象有着很大的随意性，受情绪的支配。

诸多研究结果表明，不同情绪状态对幼儿智力操作的影响具有显著的差别。积极的正的情绪，使幼儿与外界事物(包括任务、物体和人)都处于和谐的境地，使人容易接近、接受外界事物和人；并倾向于被这些事物所吸引。因此，处于一般、中等积极愉快状态和兴趣状态，能为幼儿进行认知操作提供最佳的情绪背景，使其操作最快、最有效、显示出最优的操作效果。而消极的负的情绪则会阻碍、干扰思维加工，造成幼儿智力操作速度慢、效果差，例如，某实习生组织小班语言活动，活动内容是讲《小兔乖乖》的故事，为了激发孩子听故事的积极性，说：“今天我们班来了一位客人——大灰狼，大灰狼最喜欢吃不认真听老师讲故事的孩子，不吃认真听老师讲故事的孩子，老师开始讲故事了……”。有几个胆小的孩子哭了起来，有的孩子在一起窃窃私语，没几个孩子听故事。故事讲完后，老师问了故事中的几个问题，也没有孩子能回答。

因此，教师要善于利用幼儿情绪情感促进幼儿的学习。比如，老师启发幼儿："小朋友，春天来了，你们看到了什么？"小朋友说："绿树、红花、蝴蝶、小朋友等"。老师说："请小朋友把你心目中的春天画在纸上，画好后写上自己的名字，然后把你们的画贴在春天主题墙上，看哪个小朋友画得最好。"小朋友拿到纸和笔后就开始画，只有小强没画，小强平时最爱画画，今天他与同伴发生冲突受了委屈，只见小强坐着不动笔，老师走到他的身边启发他："你可以画棵树。"小强："树还没长出来呢。"老师说："你可以画个小朋友。"小强："小朋友不爱到这里玩。"老师安抚小强说："小强，你来当小老师，看看班上的其他小朋友画了什么？"小强马上变高兴了，立即去观察同伴的画，并边看边说："你画了太阳，你画了小草……"老师对小强说："你也画张美丽的春天画贴在墙上好吗？"小强马上开始画画了。

同时，教师还要利用幼儿情绪的特点把握教育契机。比如，当幼儿情绪高涨的时候，不管什么时间、什么地点，注意到了什么马上就要问，想到了什么马上就要说。如在一次晨间活动中，两个幼儿在给螃蟹换水时发现了螃蟹吹泡泡的秘密："快看，螃蟹吹泡泡了！""真好玩，螃蟹怎么会吹泡泡呢？""它看到我觉得高兴呗，就吹泡泡了。""不对，它是看到我才吹泡泡的！"他们争执不休，便向老师求援。老师说："你们观察一下螃蟹是在什么时候吹泡泡的。"两幼儿反复观察，发现了鱼缸里没有水的时候螃蟹才会吹泡泡。由于有了新发现，幼儿的情绪高涨，很容易接受新信息，于是老师适时地指导："螃蟹吹泡泡可不是在玩，而是在呼吸。在水里时，螃蟹的鳃储存了大量的水分，离开水后，鳃里的水和空气一起吐出来，就形成了泡泡。这是螃蟹的生活习性之一。"两幼儿恍然大悟地说："原来是螃蟹在呼吸。"

## 四、学习策略初步形成

学习策略是个体为有效地完成学习任务而采用的方法和手段。个体的学习策略是不断发展的。幼儿已经开始自发或者有目的地采用一定的方式、方法来提高学习效果，学习策略已经开始萌芽，并且已有了初步的发展。当然，幼儿运用学习策略的能力还非常低，有赖于通过教育训练来提高和改善。

### (一)认知策略的形成

认知策略是构成学习策略的核心成分，认知策略中的特殊策略与一般策略都可以视为学习策略的构成部分，包括系列学习中的复述策略、自由回忆中的组织策略、配对联想学习中的表象加工策略以及短时记忆中的形成组块的策略等。而在幼儿的学习活动中表现较为明显的是复述策略、组织加工策略和表象加工策略三种，下面就从这三个方面来加以阐述。

1. 复述策略

复述是幼儿认知活动尤其是记忆中非常重要的一种储存策略，它也是幼儿运用较多的策略之一，许多心理学家都对儿童的复述策略进行过较为深入的研究。

**资料卡**

**儿童的复述策略**

弗拉维尔等（Flavell，et al.，1966）做过一项实验，被试是幼儿园和小学的5岁、7岁、10岁儿童。实验时先呈现给被试7张物体图片，主试依次指出3张图片要求被试记住。15秒后，要儿童从中指出已识记的那3张图片。在间隔时间内，让儿童戴上盔形帽，帽舌遮住眼睛。这样儿童看不见图片，主试却能观察到儿童的唇动。以唇动次数作为儿童复述的指标。结果是20个5岁儿童中只有2个（10%）显示复述行为，7岁儿童中60%有复述行为，10岁儿童中85%有复述行为。在每一年龄组中，采用自发复述策略的儿童的记忆效果优于不进行复述的儿童。

因此，幼儿最主要的复述方式是出声复述，在活动中经常可以观察到幼儿在喃喃自语，这就是幼儿出声复述的体现。年幼儿童一开始并不把复述某东西看作是识记的好方法，但到了幼儿后期复述会自动出现。年长儿童与年幼儿童除了复述策略使用率不同外，其复述的方式也是不同的。如果让儿童记忆呈现给他们的一组单词，5～8岁的儿童通常会按原来的顺序每次复述一个单词，而12岁的儿童则会成组地复述词语，也就是每次复述前面连续的一组单词。

2. 组织策略

认知策略中的组织策略也是幼儿学习策略中运用较多的策略之一。组织策略是指找出要识记或者回忆的材料所包含项目间的意义联系，并依据这些联系进行记忆的过程，包括对信息储存和提取两方面的系统化。从已有的研究来看，儿童自发地使用组织策略似乎要到10岁或11岁，但这种策略可能在年龄更小的幼儿身上已经存在了，如果学习的量少，年幼儿童也会使用组织策略。在组织策略中，归类策略是其中较常用的策略之一。大量的研究表明：幼儿在形成概念、发展思维的过程中，其归类能力已得到了较好的发展。通常认为，幼儿分类能力发展经历了由随机分类、知觉分类、功能分类、概念分类四个阶段。因此，可以认为归类策略已经在幼儿的学习活动中存在。幼儿的归类还体现出以下特点。

(1)根据外部、表面特征归类，如幼儿多以事物的形状、颜色或大小等进行归类。

(2)归类的倾向不断变化。幼儿归类标准还不稳定，一会儿以形状，一会儿又以颜色或大小为标准。

(3)随年龄的增长，到学龄初期，儿童归类的标准逐渐趋于稳定。

#### 3. 表象加工策略

幼儿早期的学习特点是形象性占优势，语词性逐渐发展。因此，对于故事、诗歌或单词，如果能在头脑中形成心理表象来学习，其效果远远优于机械地重复学习，这是属于表象加工策略。在幼儿的学习活动中，表象加工策略也开始出现，这类表象加工策略的认知目的是建构联系，如幼儿识记“老鼠—酒”、“狗—皮鞋”等一些对偶词时，可以分别把它们想象为“老鼠在偷酒喝酒”和“狗的脚上穿着一双皮鞋”，这样的识记方式也正符合幼儿学习活动的想象性特点。

### (二)情感策略的形成

情感策略就是指减少不利情感的干扰，维持良好的学习氛围和条件。其中包括确立和保持较高的学习动机、集中注意、克服学习焦虑。由于幼儿注意的随意性不强、自我意识较差，因而，人们一般认为幼儿没有情感策略。但事实并不完全是这样。随着幼儿脑的发育和语言的发展，幼儿的情绪稳定性逐步提高。首先，表现为情绪的冲动性、易变性减少。到了幼儿晚期，他们对情绪的控制能力逐渐发展，尽管有时需要成人的提示。其次，表现为情绪从外露到内隐。幼儿初期的儿童对自己的情绪不能加以控制和调节，喜、怒、哀、乐都清楚地反映在脸上。到了幼儿晚期，随着幼儿心理活动有意性和内部语言的发展，幼儿对情绪的自我调节能力逐步增强。再次，情绪的稳定性提高。主要表现为幼儿有自己的兴趣和爱好，而且能在自己感兴趣的事情上集中全部注意力。1/4 的幼儿学习动机的高低以及注意力的强弱等因素是以学习内容为转移的。像绘画、搭积木以及游戏等他们感兴趣的活动，就能够激发幼儿的学习动机，从而保持较高的注意力。在大班时期的幼儿，能够按照教师的指示去做，并且能够提出问题，完成任务，进行正确的评价，此时幼儿的活动是有意识地在进行。因而随着年龄的增长，幼儿的情感策略已开始萌芽并得到初步的发展。

## 五、游戏是幼儿学习的重要途径

游戏是幼儿运用一定的知识和语言，借助各种物品，通过身体的运动和心智活动，反映并探索周围世界的一种活动，它是适合幼儿身心发展特点的一种独特的活动形式，是对人的社会活动的一种初级的模拟活动形式。

### (一)游戏与认知

许多心理学家的实验表明，游戏是包含了多种认知成分的复杂的心理活动，是幼儿学习的重要途径。

#### 1. 游戏与观察

幼儿在游戏活动中无时无刻不在观察着周围的环境和事物，丰富感性知识，使游戏顺利开展。游戏构成了发展幼儿观察力的有效手段。

#### 2. 游戏与想象

幼儿游戏中，想象的主要表现是联想。儿童所产生的新颖联想，能帮助幼儿积极主动地解决问题，从而表现出极大的创造性。

#### 3. 游戏与记忆

由于大多数游戏反映幼儿经历过的事件，因此需要幼儿不断地有意回忆或追忆过去的事件。幼儿在游戏中，是以记忆表象的方式保持过去的经历的。

#### 4. 游戏与思维

在游戏活动中，怎样确定主题，多个角色之间如何共同行动，如何把过去的经验与当前的情境结合，这一切需要幼儿积极思考，不断解决问题。由于幼儿游戏包含想象成分，因此游戏中幼儿的发散性思维特别明显。当然，幼儿思维具有极大的情境性，受到游戏环境的制约。

### (二)游戏与学习

游戏和学习，在现实中似乎是相冲突的两件事。因此，在过去的教学实践中，我们往往会简单地划清游戏和学习的界限，使两者并列，相对独立，呈现“教归教，玩归玩”的态势。然而，伴随着教育改革的逐步深入，越来越多的教育者体会到以下几点。

### 1. 游戏的对立面不是学习而是不游戏

在游戏中学是幼儿学习的特点，游戏的过程就是孩子的学习过程。他们在充满新奇、幻想和奥秘的玩具世界里的小脑袋不停地问，并努力去摆弄、操作以期得出答案。不倒翁为什么不倒？陀螺怎么会转？火车怎么会叫、会冒烟？这些问题不仅激发幼儿丰富的想象力、思维力，同时也成了幼儿认识世界的工具，启迪他们智慧的教科书。著名动画片艺术家万籁鸣，从小喜欢和母亲玩手影游戏，他常被墙上晃动耳朵的“兔子”、汪汪叫的“小狗”迷住。形态生动逼真的手影游戏，激发了他对动画艺术的兴趣，长大以后他成了著名艺术家，制作了我国第一部彩色动画片《大闹天宫》。美国语言学家斯特金娜夫人，常和女儿维尼玩语言游戏、表演游戏，维尼 3 岁就会写诗，4 岁写剧本，5 岁出诗集。由于游戏为孩子们提供了一个轻松愉快、具有丰富刺激的、能鼓励幼儿自己学习的良好环境，使他们获得安全感、自尊和自信，获得对学习的持久热情，从而终身受益。而一些父母力图让孩子提早学习，其结果很可能适得其反。

### 2. 不能把“学习”狭义地理解为幼儿园的上课

上课只是一种学习形式。广义的学习，是指掌握人类社会历史经验的过程。幼儿由于生理上还不成熟，心理发展也不完善，不可能坚持长时间的上课或做功课。这并不意味着他不能学习。实际上，幼儿时时刻刻都在学习，他们在生活中学习，特别是在游戏中学习。例如，4～6 岁的幼儿在游戏中玩得入迷的时候，往往就是他在认真地对待所从事的活动的时候。又如，幼儿在认真地当医生给“病人”听诊，正是他学习医生和病人的关系和态度；幼儿在不停地踢球的时候，正是他在掌握踢球的技能和发展自己的运动能力。

### 3. 游戏促进幼儿的学习与发展

首先，幼儿的游戏是一种强健身心的学习。游戏能促进幼儿身体的生长发育，幼儿在奔跑、跳跃、钻爬的活动中，在跳绳、拍球、玩滑梯的运动中，大肌肉群得到了发展，身体得到了锻炼。游戏活动中幼儿机体的血液循环加快，新陈代谢旺盛，机体动作相互配合协调，这些都使幼儿身体各种器官的功能得到充分发展。许多游戏在户外进行，户外的阳光、空气能增加幼儿对环境的适应能力和抵抗疾病的能力，从而增强幼儿的体质。游戏中的幼儿始终处于积极、主动、愉快的情绪状态，许多色彩斑斓的玩具、有趣的游戏情节，都让幼儿欢乐、愉悦、舒畅。愉快的游戏环境能促进幼儿身心和谐、健康成长。

其次，幼儿的游戏是一种启迪智能的学习。幼儿时期是智力发展的最佳时期，游戏对这个时期幼儿智力的发展能起到事半功倍的效果。游戏是幼儿智力发展的动力，是扩大和丰富幼儿知识经验的主要活动，是发展幼儿各种能力的有效手段。在游戏中，幼儿与环境相互作用，认识事物间的相互关系，在与同伴的交往中发展语言和思维能力；在扮演角色和假设情境中想象力、创造力得到发展。游戏可以为幼儿提供没有压力、但需要坚持性和毅力的良好的解决问题的环境，游戏的环境有利于幼儿思考问题和处理问题，并取得成功。

再次，幼儿的游戏是一种发展个性的学习。幼儿从最初的独自游戏发展到与同伴一起的合作游戏，随着游戏内容的广泛深入，交往也越来越多。在游戏中幼儿可以充分地表现自己，可以自由地支配物体，操作材料，他们的创造欲望可以在游戏中得到极大的满足，主动性能得到最充分的调动。为了达到成功的目的，为了逼真地扮演角色，幼儿需自我约束，努力克服困难，这也有助于培养幼儿良好的意志品质。

总之，对于幼儿来说，游戏不仅是一种玩耍和生活方式，更是学习的重要途径。幼儿的学习是通过生活活动、游戏活动、教育活动、体育活动、劳动活动等一日生活中的各项活动来实现的。往往年龄越小，游戏成分越多，到 5～6 岁时，幼儿才能逐渐把学习当成任务看待，但是游戏仍占有很大的一部分。著名教育家陈鹤琴说“儿童是生来好动的，是以游戏为生命的。”在幼儿园的一日生活中，游戏占了很大的比重，让幼儿在游戏中学习已经成为当今幼儿园的一大特色。发展幼儿身体素质、动作技能的体育游戏，如各种球类游戏(拍球、运球、滚球、抛接球)，你追我赶等；培养幼儿灵敏性的游戏，如做相反动作、高人矮人、猫捉老鼠等；发展语言的游戏，如传话、接着说、看图讲述等游戏；以及角色游戏，如娃娃家、小超市、小医院等。幼儿通过各类游戏，可以在动作技能、语言能力、解决问题能力及想象力和创新能力等方面得到发展。

**资料卡**

### 幼儿的学习和游戏

对幼儿来说，游戏就是学习，但它也是件很难做的工作。游戏有助于学习，幼儿边做游戏边学习和成长。

**玩生面团、玩橡皮泥或玩糕点：**幼儿能用手捏出各种造型，他们很快就会发现，这些造型干燥后会保持原有的形状，或者倘若他们愿意的话，可以把它们再揉成球状重新开始。

**玩沙：**沙子有介于液体和固体之间的特点：湿时像固体，但倾泻时却像液体似的流动。湿的沙子能塑出木桶的形状，做成沙饼玩，一旦沙子干了，沙饼就破裂了。

**分类——相同的和不同的：**父母可以帮助幼儿区分出诸如水果、小汽车、各种形状或瓶瓶罐罐等物品哪些是同类的，哪些是不同的，特别要帮幼儿了解每一类物品的差别。

**模仿别人着装：**对幼儿来说，模仿别人着装给他们带来莫大的快乐，这也是一个重要的学习过程，因为幼儿开始意识到他必须和别人共同拥有这个世界，并且要和他们融洽相处，那么，在穿着上向别人看齐是实践这个想法的途径之一。

**和娃娃做游戏：**娃娃是幼儿想象中的朋友，幻想中的家庭，为幼儿创造了一个可以模拟角色的想象世界。当幼儿和娃娃做游戏时，他既是在学习，也许是在模仿大人的情感。通过这样的行为，幼儿逐渐体验到身边发生的事情，慢慢地全部理解它们，并把类似的经验运用在别人身上。

**写字或画画：**幼儿喜欢涂涂写写和使用颜色，一盒彩色粉笔、一块黑板、一张与他一样高的画架就足够吸引他了，因为，幼儿能在那上面"画画"，把它们擦去然后重新再画。儿童画是很有趣的，特别是当幼儿和朋友们一起画的时候。

**音乐：**在幼儿会说话之前，许多幼儿就掌握了他们所喜欢的歌曲或童谣的调子。等幼儿大些时，可以给他买木琴或玩具钢琴之类的简易乐器，这样他就能演奏出自己的音乐了。父母可以在旁边一边听一边配合他，鼓励他。如果你能用自己的乐器为孩子伴奏，他会非常高兴。

（资料来源：王新民、张少丹，《婴幼儿健康最佳方案》，人民军医出版社，2006）

## 本章小结

幼儿对知识的学习过程不是被动的知识传递过程，而是幼儿主动建构自己的知识经验的过程，这种建构是通过新旧经验之间的双向的、反复的相互作用而实现的。新旧经验相互作用的具体方式是同化和顺应的统一。

幼儿操作技能形成可以分为两个部分，一是操作技能的形成过程，包括认知阶段、形成联系阶段和自动化阶段三个阶段或操作的定向阶段、操作的模仿阶段、操作的整合阶段和操作的熟练阶段四个阶段；二是心智技能的形成过程，包括活动定向阶段、物质化活动阶段、有声的言语活动阶段、无声的外部言语活动阶段和内部言语活动阶段五个阶段，或原型定向阶段、原型操作阶段和原型内化阶段三个阶段。

幼儿的情感是在感知理解客观事物的过程中，当客观事物与幼儿主体需要发生联结时，通过主观体验获得和表现的。幼儿情感的获得离不开认识活动、需要和主观体验。

幼儿的学习特点有：学习内部动机以好奇和兴趣为主，外部动机逐渐增长；学习内容以直接经验为基础；学习过程具有情绪性；学习策略初步形成；游戏是幼儿学习的重要途径。

## 【思考与练习】

1. 你是如何理解知识、技能和情感的内涵的？

2. 幼儿的知识是如何建构的？教师应怎样帮助幼儿建构自己的知识？

3. 幼儿的技能是如何形成的？教师应怎样帮助幼儿形成良好的技能？

4. 幼儿的情感是如何获得的？教师应怎样帮助幼儿获得健康的情感？

5. 幼儿有哪些学习特点，针对这些特点，探讨该如何制订幼儿学习的教育策略？

6. 下园观察幼儿的社会活动和体育活动，记录并分析幼儿的社会性情感和操作技能是如何形成的。

7. 设计问卷，向家长和教师了解幼儿的学习特点。

# 第五章　幼儿的学习方式

【本章学习要点】

1. 了解幼儿观察学习、操作学习、体验学习和交往学习的背景知识；
2. 掌握幼儿不同学习方式的内涵及运行机制；
3. 探讨不同学习方式下的教师指导策略；
4. 初步学会评价幼儿不同的学习方式。

日常教学中，幼儿教师较多关注如何拟定和实施教学计划，却很少关注幼儿是如何学习的，同样，教学过程的实施也更多关注教师的“教”，却容易忽视幼儿的“学”。研究表明：幼儿是积极主动的学习者，教师只有了解和尊重幼儿的学习方式，才能最大限度地满足和支持幼儿通过感知、实际操作和亲身体验获取经验的需要，促进其身心和谐发展。本章将重点探讨适合幼儿的学习方式，阐述这些学习方式的内涵、运行机制及不同学习方式背景下的教育策略。

## 第一节　观察学习

20 世纪六七十年代，班杜拉对观察学习进行了比较系统的研究，积累了丰富的实证材料，提出了观察学习理论。自此，观察学习正式成为幼儿学习与发展中一个重要的研究课题。观察学习作为人类的一种基本学习方式，为幼儿的学习提供了一条便捷之路。

### 一、幼儿观察学习的内涵

#### (一)观察学习概念

观察学习是指个体不必直接参与学习活动，仅仅通过观察他人(榜样)的行为及其行为后果，就可以获得学习经验的一种学习方式，又称替代学习、模仿学习。观察学习是幼儿主要的学习方式，幼儿的观察学习涉及生活的各个方面。

### (二)幼儿观察学习的特点

#### 1. 观察学习不一定具有外显的行为反应

幼儿可以通过观察他人的示范行为，在自己尚未表现行为时就已经学到了如何去做，这样就可能避免许多不必要的错误。如果只能通过尝试错误的方式去学习，幼儿的生命都会有危险，如学习游泳、学习从高处跳下等。

#### 2. 观察学习并不依赖直接强化

因为幼儿仅仅通过观察别人的行为就能学习到复杂的行为过程，因此，不需要亲自体验强化。强化在观察学习中并非关键因素，没有强化，观察学习照样可以发生。

#### 3. 观察学习具有认知性

幼儿通过观察他人的行为就能学到复杂的反应，这种学习无疑具有认知性。观察学习基本上是认知过程。幼儿需要利用内部的行为表象来指导自己的行为，学习活动必然包含内部的认知过程。

#### 4. 观察学习不等同于模仿

模仿仅指幼儿对他人行为的简单复制，而观察学习指的是从他人的行为及其后果中获得信息，观察学习既可能包含模仿，也可能不包含模仿。

### (三)幼儿观察学习的对象

观察学习的对象是榜样。凡是能够成为幼儿观察学习对象的，就可以称之为榜样或示范者。榜样不一定是活生生的人，他也可以是以符号形式存在的人(如动画片中的人)或事物、动物等。幼儿的榜样主要有三种形式。

#### 1. 活的榜样

具体的活生生的人，如父母、兄弟姐妹或幼儿教师。

#### 2. 符号榜样

指通过语言或影视图像而呈现的榜样，如喜羊羊、灰太狼、大耳朵图图等。

3. 诫例性榜样

即以语言描绘或形象化方式表现某个带有典型特点的榜样，以告诫幼儿学习或借鉴某个榜样的行为方式。诫例性榜样常被父母或教师用在对幼儿的教育中，范围很广，既可以是民族英雄，也可以是邻居孩子；既可以是积极的榜样，也可以是消极榜样。比如，某中班幼儿吃饭的时候吵吵闹闹，教师就会说大班的哥哥、姐姐吃饭的时候会特别安静，不乱说话，特别有大哥哥、大姐姐的样子，这时候中班的幼儿也会停止说话，向大班的哥哥、姐姐学习。

幼儿观察学习是通过观察榜样的示范行为进行的，因而榜样的条件会影响学习。理想的榜样应具备五个条件：榜样的行为对于幼儿来讲要具有可行性，即幼儿能够做得到，这是最基本的条件；榜样的示范要特点突出、生动鲜明；榜样的示范要符合幼儿的年龄特征；榜样的行为要具有可信任性，即相信榜样做出某种行为是出自自身的要求，而不是具有另外的目的；榜样的行为要感人。

**资料卡**

### 最能引起儿童模仿的榜样

1. 儿童们最喜欢模仿他心目中最重要的人。也就是在生活上对他影响最大的人，比如父母和幼儿园的教师。

2. 儿童们最喜欢模仿与他性别相同的人。在家庭中，女儿模仿母亲，儿子模仿父亲；在学校里，男女学童分别模仿男女教师。

3. 儿童们最喜欢模仿曾获得荣誉或受到表扬儿童的行为。

4. 同伴群体内，有独特行为、受到教师批评的，不是儿童喜欢模仿的对象。

5. 同年龄、同社会阶层出身的儿童，彼此间较喜欢相互模仿。

（资料来源：陈帼眉、姜勇，《幼儿教育心理学》，北京师范大学出版社，2007）

## （四）幼儿观察学习的类型

1. 直接的观察学习

直接的观察学习是指幼儿对示范行为简单的模仿，在幼儿体育活动中应用较多。教师往往会首先示范过平衡木的标准动作、拍皮球的标准动作、高台跳的标准动作等，让幼儿观察学习，以提高幼儿学习的效率和防止幼儿在活动中受伤。

2. 抽象性的观察学习

抽象性的观察学习是指幼儿从示范者的行为中获得一定的行为规则或原理，在幼儿语言活动当中用得较多。教师往往先让幼儿学习一个句型，比如“假如我有一双翅膀，我会飞向蓝天，去触摸美丽的白云；假如我有一双翅膀，我会飞到花丛，去亲吻微笑的花朵；假如我有一双翅膀，我会飞到南极冰川，去拥抱那可爱的企鹅……”幼儿在观察学习的过程中领悟出这个句型“假如我有一双翅膀，我会……去……”然后进行模仿造句，并学会这个句型。

3. 创造性观察学习

创造性观察学习是指幼儿从不同示范行为中抽取出不同的行为特点，并形成了一种新的行为方式。创造性观察学习对幼儿来说有一定的难度，但是只要教师加以合理引导，幼儿的创造性会得到开发。比如在幼儿美术活动中，教师画好了蝴蝶的轮廓，一边给蝴蝶涂色一边提问，还可以给蝴蝶涂上什么颜色呢？等幼儿回答出诸多答案后，让幼儿动手操作给蝴蝶涂色。在幼儿体育活动中，教师呈现出平衡台的一个玩法后，问幼儿还可以怎样玩，看谁有更好玩的玩法。

## 二、幼儿观察学习的运行机制

幼儿观察学习受一系列相互联系的心理过程支配，这些过程是注意过程、保持过程、运动再现过程和动机过程，其相互联系如图 5-1 所示。

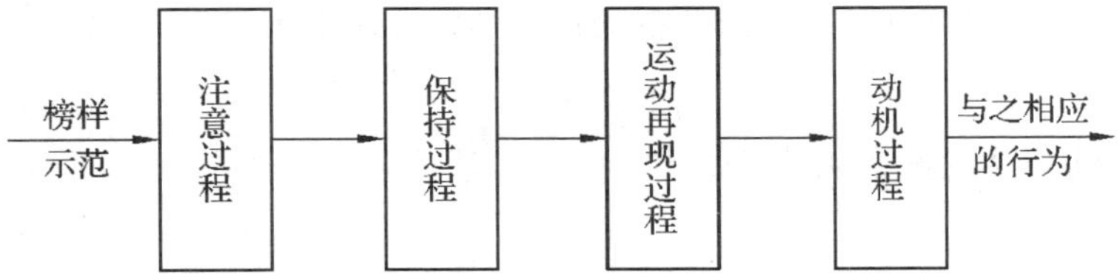


**图 5-1　观察学习的运行机制**

### （一）注意过程

注意过程是幼儿观察学习的起始环节。影响幼儿注意过程的因素主要有三个：一是榜样的特点，包括榜样的生动性、复杂性，榜样的人格魅力等；二是幼儿自身的特征，幼儿的注意以无意注意为主，有意注意逐步发展；三是幼儿与榜样的关系，如接触频率、特点相似，或榜样属于幼儿生活中的重要人物等。

### (二)保持过程

幼儿观察学习对示范行为的保持依存于两个储存系统：表象系统、言语编码系统。表象系统把示范行为以表象的形式储存在记忆中，这样在以后的某些场合，即使客观事物不存在，事物的表象仍可以被唤起。言语编码系统把一些示范行为的特征转换成言语编码的形式，能更准确地保持和再现。由于幼儿的记忆很大程度上都依赖于具体形象和表象，幼儿的思维还处于前运算阶段，幼儿的语言发展较表象发展来说比较缓慢，因此，幼儿观察学习的保持过程以表象系统储存为主，言语编码系统储存不断发展。

### (三)运动再现过程

把记忆中的表象转换成行为，并根据反馈来调整行为以作出正确的反应。事实上，示范行为能否再现取决于幼儿记忆中示范行为各部分是否完整以及幼儿是否具备再现这些行为的技能，而幼儿的监控和信息反馈能力则决定着示范行为的精确性。

### (四)动机过程

能够再现示范行为之后，幼儿是否能够经常表现出示范行为还受到行为结果因素的影响。班杜拉认为有三方面的因素影响着幼儿再现示范行为：第一，他人对示范行为的评价；第二，幼儿本人对自己再现行为能力的评估；第三，他人对示范者的评价。这三种对行为结果的评价分别称之为外部强化、自我强化和替代性强化。这三种强化都是制约示范行为再现的重要驱动力量。

## 三、幼儿观察学习的指导

### (一)引导幼儿充分发挥无意注意的作用，同时注意培养幼儿的有意注意

榜样的示范要特点突出、生动鲜明，符合幼儿的年龄特征，榜样的行为对于幼儿来讲要具有可行性、可信任性、能共鸣。幼儿认知水平较低，但在成人的引导下，会对榜样产生不同的态度。例如，他知道榜样重要，就会加强注意；他觉得榜样有趣，也会不自觉注意；相反，注意就会分散。另外，教学当中多样的游戏活动、直观的教学模具、教师生动的语言都是吸引孩子注意的有效方法。

### (二)引导幼儿充分发挥形象记忆的作用，同时注意培养幼儿的语词记忆

幼儿形象记忆的效果要优于语词记忆的效果，在幼儿早期由于语言能力欠缺，视觉表象在观察学习中起着非常重要的作用。根据班杜拉的理论，在观察学习中对小班幼儿要多提供与孩子生活接近、熟悉的具体榜样形象，让他们在潜移默化中受到感染和熏陶，对中大班孩子除了具体榜样外还可采用多样化的教育方式，生动、形象的教学语言介绍榜样事迹，通过让幼儿复述榜样的事迹，讲述自己对榜样的认识，促使幼儿对榜样行为更持久保持与利用。

### (三)采用适宜的榜样、幼儿感兴趣的事物、多样化的练习等方法提高幼儿动作再现的能力

动作再现过程是观察者能否将榜样示范行为成功地转换成自己的行为的关键环节，教师要根据幼儿的心理和行为能力提供适宜的榜样，让幼儿轻松保持和再现。幼儿的记忆以无意识记为主，他们能够记住某些东西，常常是因为一些事物本身引起了他的兴趣，自然而然地记住并自觉地转化成行为方式，因此创设故事情境，以幼儿喜欢的动漫造型呈现、生动的情节内容更能激发幼儿模仿的欲望，围绕主题多样的练习更利于幼儿的理解和准确地进行动作的再现。

### (四)结合幼儿的心理特点，有效利用不同强化方式

针对不同个性特点的幼儿采取不同的强化方式，抑郁质的幼儿感受性强、敏感、易紧张，当幼儿出现消极表现后可通过暗示或替代强化的方式促使其改正不良的行为方式；胆汁质的幼儿易激动、难约束，当使用奖励手段，肯定幼儿某一行为时，应逐步过渡到内在的强化。针对幼儿爱模仿的心理特点，当个别幼儿表现出积极的行为方式，教师可通过表扬、奖励等外部强化的方式肯定幼儿的这一行为，激发幼儿以后继续出现类似行为，同时运用替代性强化让全班幼儿进行观察学习，促进全体幼儿的学习或行为具有良好的效果。

## 四、幼儿观察学习的评价

观察学习是幼儿间接经验学习的一种重要形式。幼儿通过观察学习可以快速敏捷地获得他人的行为方式、人际交往和学习经验。观察学习不需要特定的场合地点，不需要听课看书做练习，而是随时随地在人们的相互接触中潜移默化地进行着。俗话说，身教胜于言教。所以，这种观察和模仿学习对于幼儿的个性形成，生活习惯的养成，道德品质和社会性行为的塑造起着十分重要的作用。

幼儿的间接经验不能完全代替直接经验的作用；幼儿易被示范者或示范事件的负面效果所影响；幼儿自身的素质会限制他们的学习层次和效果；观察学习的结果难以评价。

从某种意义上说，幼儿的观察学习是操作学习、体验学习和交往学习的基础和保障。也就是说，幼儿其他方式的学习离不开观察学习。例如，幼儿只有观察和分析操作材料，才能了解它们的颜色、形状、质地等，只有观察成人或同伴的操作过程，才能进行有效操作和实践；也只有观察老师和同伴对自己的反应，才能体会到成功的快乐；同样，交往规则和技能的学习也离不开对榜样的观察。同时，观察学习可以运用到幼儿学习的各个领域，适合各年龄阶段婴幼儿的学习，是幼儿最重要的学习方式。

## 第二节　操作学习

操作学习的理论基础和实践雏形涉及杜威的“在做中学”，皮亚杰的“知识来源于动作”，陶行知的“教学做合一”等。美国 1995 年制定了《美国国家科学教育标准》(NSES)，该标准明确指出“学习科学是学生们亲自动手做而不是别人做给他们看的事情”，由此美国兴起了一种新的科学教育方法，即 hands-on，这一新兴模式在美国教育界取得了突出成绩。这一模式后由诺贝尔物理奖获得者乔治·查帕克(George Charpak) 教授为首的法国国民教育代表团引入法国，进而发起了“动手做”的科学教育计划，并将其命名为“LAMAP”，其含义是“动手和面团吧”。针对我国科学教育中的弊端，我国教育部与法国科学院于 2001 年签订协议，正式引入法国的 LAMAP 科学教育改革方案，并将其命名为“做中学”，这一科学教育改革采用中法合作研究的方式进行，主要面向学前和小学阶段的儿童，它力图在科学教学中倡导“动手做”这种全新的学习方式。

### 一、幼儿操作学习的内涵

#### (一)操作学习的概念

操作学习是指个体在实际操作活动中进行学习的一种学习方式。

操作学习的对象是实际事物或学习者自身身体器官动作；外在形式是实际动手操作；内在形式(心理表征形式)是动作表征；操作学习主体在学习过程中获得的反馈是身体器官的感觉反馈；操作学习是身心整体参与身心活动相互依赖和转

化的学习。

在幼儿言语产生之前，其知识、技能主要是通过操作学习获得的。尽管两岁左右婴幼儿言语产生并不断发展，但操作活动，特别是实物操作活动作为幼儿主要活动之一的地位并没有变，因为幼儿是天性好动的，操作学习符合这种特点，又因为操作活动是幼儿自己的行动，有利于调动幼儿的主动性。所以，操作活动对幼儿来说是十分合适的活动形式，应该构成幼儿学习活动的主要方式和内容。

### (二)幼儿操作学习的特点

#### 1. 解决问题的方式以行动思维为主

操作学习方式具有思维特征。操作学习中，幼儿采用外部行动思维的方式开展学习活动，即幼儿与客体相互作用，以客体(玩具)和操作活动作为感性经验和外部思维辅助工具，对事物进行分析 、判断、推理、概括，并通过一定的步骤来解决问题、获得发展。操作动作是可见的外部的行动过程，从外部方式展开解决问题的过程。

值得注意的是，解决问题的水平受到各阶段心理发展水平的调控。所采用的外部行动思维方式具有很大的直观性思维成分，但不完全等同于直觉行动思维，在具体形象思维和抽象逻辑思维阶段，操作学习则是内化的心理动作(即心理活动中的表象、形象、符号等思维工具)的外部表现。

#### 2. 学习对象的物体化特征

幼儿的操作性学习活动以物体材料(玩具等客体)为学习对象。学习效果不仅与操作方式有关，也与客体材料的性质有关，要充分发挥操作性学习方式的作用，必须精心选择、设计和利用客体的物质功能。

不同的客体有不同的特性，需采用不同的操作策略，才能最大可能地对其教育价值加以挖掘。不同的学习内容也需要不同的客体材料，才能进行合适的操作与学习。操作性学习方式的效果怎样，学习的目的能否实现，与学习策略有关，也与学习材料、学习对象有重大关系。合适的学习材料是操作性学习方式能否发挥、学习目标能否实现的基础。

#### 3. 操作方式的多样化和个性化

不同幼儿由于起点不同，动作与认知发展水平不同，思维方式不同，在学习过程中兴趣、动机、学习状态等均不相同，学习需求也不尽相同，在操作时间、速度、类型、策略等方面也均有所不同，学习效果也有所不同。随着幼儿操作性学习水平的发展，操作性学习活动呈现丰富多彩的个性化特征。教育也应因人施教，从不同幼儿各自不同水平出发，促进幼儿获得最大的最好的发展。操作形式也具有了多样性，如既有身体器官的操作，也有工具性的操作等。

### (三)幼儿操作学习的类型

#### 1. 根据操作学习的对象分类

(1)工具性的操作活动。它以物质性的工具作用于实际事物，如制作、实验、劳动、工具游戏、雕塑、绘画和器乐演奏等。

(2)身体器官的操作活动。它的特征是，活动者以自身身体器官的动作为操作对象，如唱歌、跳舞、戏剧表演和各种体育活动等。

#### 2. 根据操作学习的主要目的分类

(1)探究性操作学习。这类活动目的是培养和增加幼儿操作学习兴趣，使幼儿善于发现问题并积极思考，从而锻炼其思维和感知能力。

(2)形成性操作学习。主要目的是掌握知识、技能及培养分析、综合、分类概括、理解等智力。

(3)强化性操作学习。该类活动以动作技能的巩固和掌握为主要目的，因而带有训练性。

(4)模仿性操作学习。这类活动由演示、观察和再现等系列操作环节组成。这类活动又可分为感知性模仿操作学习和象征性模仿操作学习。模仿性操作学习活动的目的主要是吸收有关在眼前和不在眼前的原型的知识。

(5)创造性操作学习。这类活动的特点是依靠想象，将经验进行创造性运用，使现实中的东西寓于变化。因此，培养创造能力是这类活动的主要目的。

#### 3. 根据操作学习过程中师生的互动关系分类

(1)示范性操作学习。指在幼儿动手操作前老师为使其掌握操作的基本程序而进行示范的操作模式。目的是让幼儿清楚地观察到操作的全过程，并在此基础上自觉地进行模仿，实现经验的内化，从而获得知识。

(2)指导性操作学习。指在幼儿动手的操作过程中，教师根据儿童操作情况予以指导的模式。要求教师根据自己在操作现场的所见所闻所感及时对儿童的操作予以合适的评价与指导，或鼓励，或劝止，力求在活跃思维的同时优化操作。

(3)个体探究性操作学习。指幼儿动手操作过程中独立自主地探究知识的操作模式。在这种操作学习中幼儿自觉质疑、思考、尝试、顿悟、自我探索、自我发现、自我肯定，有利于发展幼儿的认知能力和意志水平，激发学习动机，进而优化学习效果。

(4)群体协作性操作学习。指幼儿动手操作过程中互相启发、互相促进、互相协作，依靠群体力量获得知识的操作模式。这是一种多个主体互动的操作学习。在操作中群体协作能够集思广益，且娱乐性强，便于大面积开展，并且有利于培养幼儿的集体观念和互助友爱的精神。

## 二、幼儿操作学习的运行机制

操作学习是一个复杂的认识过程，它既包括以操作为方法和手段的操作性学习，又包括以操作为目的和内容的操作本身的学习。

作为一个整体，操作学习有它的动行机制，每一次的操作都能带来结果客体的改变，一定的结果能使主体产生对客体的认识，而认识能改进操作方法。这样不断地产生新的操作方法和新的认识，于是在操作学习过程中，出现了反复的“操作—认识”联系，即多重性操作学习的循环，如图 5-2 所示。

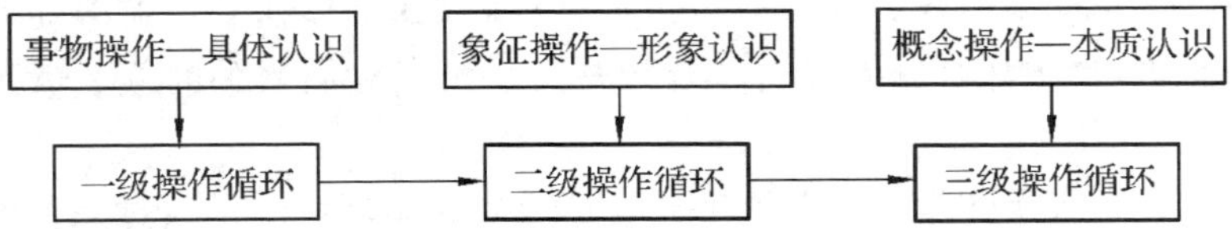


**图 5-2　幼儿操作学习的运行机制**

首先，在实物客体刺激的作用下，形成条件反射，感官在大脑的支配下对实物进行外部的操作——探究性动作，结果引起实物客体的改变。如方位的改变，同时实物客体对主体进行信息反馈，主体大脑对反馈来的信息进行加工，从而形成对客体的认识，而认识又促使出现新的动作操作方法。这样，通过对实物的感知，在实物外部操作与具体认识间产生了一个循环，即一级操作学习循环。

如图 5-3 所示，在水平的桌面上有一个栅栏，栅栏后面有一个很显眼的物品，可能是牙膏，引起了幼儿的探究反射，他想从栅栏后面取得牙膏，于是他把小手伸过栅栏，以牙膏原本的水平方向往回拿，结果牙膏太长，不能通过栅栏，于是他调整了牙膏的方向，倾斜了一定的角度，结果牙膏倾斜的宽度依然大于栅栏的宽度，还是无法通过栅栏，于是他又倾斜了一定的角度，牙膏都快立起来了，可还是无法通过栅栏，最后，他把牙膏倾斜的角度更大了，似乎这时牙膏终于可以通过栅栏了。幼儿在从栅栏后面取牙膏的过程中，感官在大脑的支配下不断对牙膏进行操作，结果牙膏的方位也在不断的调整，幼儿在调整的过程中获取

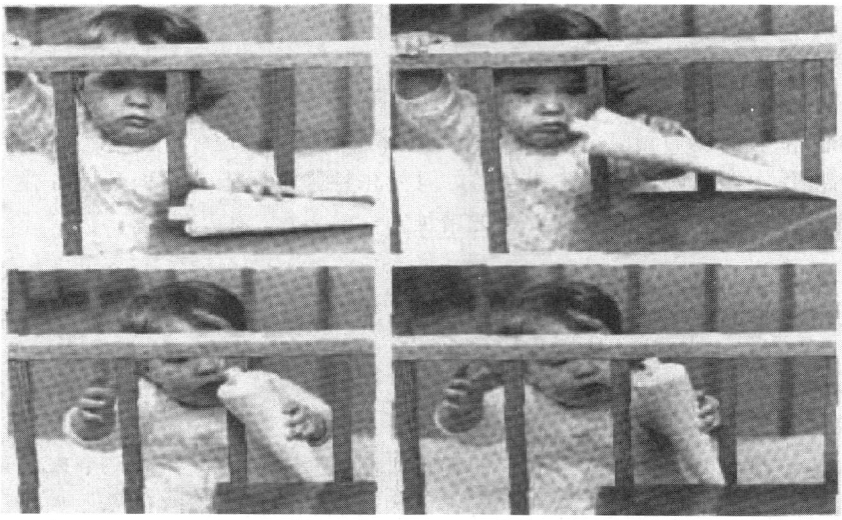

图 5-3　幼儿操作学习从栅栏后面取物品

了一系列的反馈信息，“牙膏无法通过，但是比原来看起来更有通过的可能性了”，形成了“再倾斜旋转，牙膏就可以通过栅栏”的具体认知，随着幼儿的继续操作，逐步得出“把牙膏倾斜旋转，等牙膏几乎可以立起来的时候，就可以通过栅栏了”的具体认知。

其次，在一级操作学习循环的基础上形成二级循环：主体通过象征性活动对指示物客体进行操作，获得对客体形象的概括性认识，此认识又能丰富象征性活动，这样形成了“象征操作—形象认识”循环，即二级操作学习循环。

上述幼儿从栅栏后面取牙膏，在取得成功后，可以重新把牙膏放在栅栏后面，让幼儿重复操作学习，在多次学习以后，幼儿就可以一次完成整个取牙膏的动作，因为这时的幼儿已经在刚才的操作练习中获得了带有具体形象色彩的概括性认知，事先在脑海中已经将牙膏的具体形象或表象旋转倾斜至拿出进行了象征操作，获得了形象认识。此时，把栅栏后面放一个类似牙膏的其他长长的形状的物品，幼儿也可以一次性从栅栏的后面拿到前面来。

最后，在前两级操作学习循环的基础上产生了“概念操作—本质认识”循环，即三级最高级操作学习循环。

随着幼儿年龄的增长，幼儿会从类似上述诸多的学习当中获得对事物本质的认识，认识到把长的东西立起来会变高，但宽度会减小，正如幼儿自身，躺在地上是“长”的，站起来是“高”的，“宽度”会减小，生活当中幼儿会在不同的情况下灵活地运用这一本质认知，比如过彩虹桥的时候可以爬着过，过很窄的门缝时要站着过，而且最好是侧身的等。

一级操作学习循环适合乳婴儿的心理特点，因而它在这一时期的儿童的学习活动中占主要地位。二级操作学习循环在幼儿期占主要地位。三级操作学习循环开始于幼儿晚期，与初级的概念相比，这个时期的儿童开始掌握较高一级的概念，并在概念水平上进行内部的智力操作。

## 三、幼儿操作学习的指导

### （一）提供适宜幼儿在学习中发展的操作材料

#### 1. 提供材料的预期性原则以引领幼儿的发展

提供给幼儿的操作材料是教育活动目标和活动内容的物化。不从幼儿现有发展水平出发，不是着眼于幼儿的“最近发展区”，在对幼儿可能的操作结果进行充分预测的基础上来投放材料，就有可能由于所提供的材料不切合幼儿发展实际或材料投放不充分，而抑制幼儿的发展。因此，教师应根据活动目标，并对操作活动的结果进行充分预测，同时考虑幼儿的知识、经验与心理水平，以此来确定所提供材料的种类和数量。只有这样，活动中才能保证幼儿具有丰富的可操作材料，该活动也才能适宜幼儿发展的需要。例如在学习“将物体分成相等的两部分”的内容时，就可提供给幼儿这样的操作材料：装在长方体盒子里的一盒沙子、一个小量杯、两个透明的足够装下一半沙子的同样形状的容器、天平。提供这些操作材料的理由主要是考虑到大班幼儿所具有的自然测量、守恒、等分长方形以及使用天平的经验，预测到幼儿可能会有以下几种操作方式：用小量杯测量；用天平称；将沙子分别倒进两个同样形状的容器，通过比较高度判断；用等分长方形的经验进行迁移等。

#### 2. 提供材料的低结构性原则以保证幼儿的学习空间

所谓材料的低结构性是指操作材料可塑造、可组合、无固定的使用模式，能根据操作者的意图，变幻出各种不同的操作结果。如多项组合玩具就是一种低结构性玩具。这类低结构性的操作材料具有以下优点。

第一，可给幼儿提供丰富的操作空间。如可将棋子平铺、叠高，亦可将棋子拼搭成各种各样的东西。

第二，可给幼儿提供丰富的想象空间。幼儿可将棋子想象成小花、小草、小动物等；当把棋子叠高后，可将其想象成楼房、树、人、棒棒糖等；用棋子摆成各种造型后，可将其想象成栏杆、消防车等。

第三，可应用到各种不同内容的教育活动中。如多项组合玩具可用于认识图形，练习排序、分类等。这类低结构性玩具，还能将教师从过去繁重的做教具的劳动中解放出来，使老师们有更多精力去进行创造性的劳动，更多地考虑如何投放材料才能促使幼儿进行探索性的操作活动，才能有益于幼儿的发展。

#### 3. 提供材料的暗示性原则以引发幼儿创新思维

幼儿操作性学习的过程，是幼儿自由自主地与材料相互作用，通过直接感知，进行探索并获得经验的过程。在这个过程中，如果教师过多地用语言进行说教、实施控制，势必会扼杀幼儿创造性的想法，使幼儿的探索性操作变为在教师指令下的验证性操作，这样将不利于幼儿创新能力的发展。但由于受其思维表面性、片面性和固定性等特点的限制，幼儿只能根据具体接触到的表面现象来思维，不能全面地看待问题，因此，教师的引导又是幼儿进行操作性学习活动所必不可少的。那么，如何才能既充分发挥教师的主导作用，又做到不限制幼儿的操作思路？应用所提供的材料进行暗示是一种切实可行的方法。例如，在分类活动中，提供大小、颜色、形状不同的图形，让幼儿自由分类。这样，所提供的材料中实际上就暗示了不同的分类方法：按大小分类；按颜色分类；按形状分类等。幼儿在动手操作的过程中，就会边观察、边思考，不断地探索，想出与同伴不同、与自己以往不同的分类方法。借助于材料的暗示，幼儿不断地进行发散性操作，从而促进了其创新能力的发展。

### (二)教师的指导要适时、适度、有针对性

#### 1. 适时性策略

在幼儿操作活动中，教师的引导是否适时，对调动幼儿观察的主动性、积极性以及随后进行的操作活动是否能表现出探索、发现和创新精神具有很大的关系。这是因为，在操作活动中，幼儿需要对教师提供的各种材料进行认真观察，发现其中所蕴含的各种不同的特征，思考教师提出的操作要求，并联想先前的操作经验，这样才能进行探索性的操作。因此，要为幼儿提供足够的时间，以保证幼儿能进行全面的观察。教师的引导如果过早，那只能让幼儿的观察处于被动的状态，思维处于教师限定的框架内；教师的引导如果过迟，幼儿的兴趣点已过，教师的引导只能让幼儿处于被动的操作状态，无益于幼儿的探索性操作。只有当幼儿发现问题并希望得到帮助时，当幼儿在活动中碰到难题却无法解决或出现争议而渴望得到帮助时，教师的介入指导才是最恰当的，因为此时是幼儿心理最渴

求的时候。

### 2. 适度性策略

为了保证操作目标的实现，教师提供适度的指导是必要的。适度的引导不是把问题的答案直接告诉幼儿，而是要采用引导观察、提问、谈话或者一起实践的方式引导幼儿积极思维，使幼儿自行找到解决问题的方法。比如，在分类活动中，当幼儿的分类方法不能达到预期的效果时，教师可引导幼儿“再看看它们有哪一些不同”，而不要直接告诉幼儿究竟有哪一些不同，这样就可以引导幼儿继续观察思考。教师的适度引导，对提升幼儿思维的流畅性，激励幼儿的探索性操作具有积极的意义。

### 3. 针对性策略

在幼儿的操作活动中，教师的引导是否具有针对性，对引发幼儿的观察、思考以及后续的探索性操作均有重要的影响。例如，当幼儿在排序活动中出现排序混乱时，教师要分析幼儿是由于观察不细致，没有发现材料的细微区别，还是由于对“序”的概念没掌握所致。如果是前者，就要引导幼儿继续观察材料的特征；如果是后者，则要从对“序”的概念上进行引导。同时，教师要根据不同的操作目标对幼儿进行有针对性的指导。

此外，教师应鼓励幼儿选择自己喜爱的材料，以自己力所能及的方式进行操作，也可以在过程中调换、调整原来设想好的、但暂时无法做到的方法，更换难度过大的材料，或者向自己提出挑战，在自己不断创造的“最近发展区”里，通过一定的努力，来发现和创造。如老师为装饰皮带准备各种不同材料——不同颜色的钩花等，幼儿可以根据自己的喜好把它们扣到相对应颜色的扣子上，也可以按规律粘贴到刺毛搭扣上，还可以和布制的小动物一起揿到揿钮洞上，使孩子们有了更多的研究、操作机会以及由此引起的学习。在整个过程中，他们不断地为完成了与自己的能力相匹配的活动感到高兴，为自己的新发现、新成功感到自豪和骄傲，每一个孩子都觉得自己很棒，自己又进步了，自信心不断地增强。

## (三)结合具体情境给予幼儿不同的操作学习方法

### 1. 尝试成功法

幼儿在教师提供的环境材料中，带着教师提出的问题和任务进行操作，通过亲身的实践活动，自己尝试—出错—再尝试—改正—成功，从而获得成功体验的一种学习方法。

操作要点：

一是聆听，在教师提供的环境材料中，通过聆听要求或问题，弄清尝试什么；

二是实践尝试，幼儿带着问题，自己选择方法、材料进行尝试、实践探索活动；

三是体验成功，通过自评、互评或成果展示交流，感受成功的喜悦。例如，在小厨师活动中，教师为幼儿准备多种蔬菜、水果，让幼儿自己设计菜谱，要求荤素搭配、颜色漂亮，还要花钱少。幼儿带着教师提出的问题和任务进行操作、尝试，互相展示成果，从而感受成功的喜悦。

### 2. 主动发现法

幼儿在教师提供的环境材料中，通过主动动手、动脑、探索等，与环境交互作用，产生出猜测、惊讶、困惑的心理，从而紧张地、积极地、主动地发现问题，解决问题的一种学习方法。

操作要点：

一是难度适宜，内容的难度应是幼儿探索力所能及的；

二是观察寻找，在教师创设的学习情境中，发挥幼儿自身的主动性，通过观察、操作寻找、发现问题，产生猜测、惊讶及探索的心理；

三是解决问题，通过幼儿自主的动手、动脑的探究活动去解决问题。例如，为了让幼儿了解纸的吸水性，教师给幼儿提供多种质量不同的纸，让幼儿去操作、探索，从中发现其在水中不同的变化或现象，懂得生活中应怎样做。

### 3. 点拨引导法

教师在观察了解幼儿的基础上，在幼儿操作出现困难需要帮助的时候，以引导观察、设问讨论等方式，变教师的意图或教育目的为幼儿自己主动、积极的学习活动，教师在顺应教育发展的过程中出主意、适时提示、引导方向、指导操作的一种方法。

操作要点：

一是强调教师在利用此法之前，一定要充分观察了解幼儿的现状及需要，确定幼儿是否需要帮助，需要什么样的帮助；

二是注意分析教材与幼儿现状，对活动的重点、难点要有计划地点拨。同时，还应根据实际情况，动态地给予灵活机动的提示；

三是注意点拨指引思路方向，只是推动和便于幼儿的活动，应避免包办代替；

四是注意点拨的运用。实验点拨是教师引导幼儿对活动的观察、现象的分析和得出结论的过程，点拨思维、指导操作的能力培养过程。讨论点拨是教师以设问、反问为手段，组织幼儿自由讨论，引导幼儿能动地学习，从中点拨思维。直观点拨是教师采用直观、形象、具体的材料点拨思维，帮助幼儿形成从具体到抽象的思维，推动幼儿思维活动的进程与深入。例如，在剪纸活动中，幼儿在按目标要求"剪出一串完全相同的图案"活动过程中，遇到困难，发现有的孩子剪完是一个一个的，有的虽是一串，但大小却不一样。此时，教师根据观察到的不同情况，给予适当的点拨、引导，针对不同表现，提出不同问题，例如如何剪出一串图案？从而帮助幼儿观察，点拨幼儿思维，引导幼儿操作，促进幼儿活动。

4. 有意设疑法

教师根据幼儿有意注意特点，在分析重点、难点的基础上，为完成教育目的任务，需在教学活动前或实施过程中有意设置疑问，引导幼儿积极开动脑筋，创造性解疑的一种方法。

操作要点：

一是在对活动重点、难点的分析基础上，在制订计划时，有意设置疑问，提出悬念；

二是在实施计划过程中，以疑问、悬念使幼儿进入疑惑状态，意欲动脑解疑；

三是教师要组织好解疑过程，应鼓励幼儿发表不同见解，提出不同解疑的方法，发展幼儿的创造性。例如"猜猜哪条路最近"的教育活动，活动前，教师有意将操作材料设计成三条路形式不同但整体长短一样的效果，有意为幼儿设置疑问，引起幼儿注意，激发幼儿动脑解疑的欲望。

## 四、幼儿操作学习的评价

操作学习是幼儿获取直接经验的重要渠道；操作学习是幼儿形成与动手操作活动相关联的素质的主要途径和最终环节；从教育的根本目的来看，操作学习有利于将幼儿培养成为生活主体。

由于操作学习的现实性、具体性，它对于人的身心发展只有有限的价值而无普遍性的价值；单一的操作学习主要反映人与物之间的关系，而难以反映人与人之间的关系；操作学习所需要的特殊条件也使其在教育中的应用受到限制。

我们在强调操作学习的同时，不能忽视交往学习、观察学习和体验学习，它们也是儿童学习的必备方式，对幼儿智力发展、情感和社会性培养的作用是操作学习无法代替的。

资料卡

## 大班幼儿的操作学习活动：神奇的纸杯

**活动目标**

(1)能积极参与探索活动，关心周围生活的科技产品。

(2)了解纸吸水后易变形的特点，并知道用涂蜡的方法，可以保护纸不透水。

(3)在操作活动中仔细观察，善于发现问题，有初步的比较分析能力。

**活动准备**

纸折的杯子、纸杯、毛笔、融化的蜡、水桶、盆子。

**活动过程**

1. 游戏——引出问题

(1)引导幼儿注意到前面摆放的纸杯，提问：小朋友想想，老师这里摆这么多杯子要干什么呢？

(2)交代游戏名称：今天，老师要请小朋友用这些杯子来玩“纸杯运水”的游戏。

(3)交代游戏玩法：老师把小朋友分成男孩队和女孩队，每人先拿一个杯子在水桶后站好。当老师喊：“开始!”，小朋友就拿杯子去装水，然后再运到对面的盆子里面。我们来比比看，哪队的小朋友能最先将盆子装满水。

(4)幼儿游戏。

2. 讨论——关注问题

(1)提出问题：为什么女孩队没有男孩队装的水多呢？

(2)讨论得出结论：原来是女孩队用的纸杯有问题——漏水。

(3)进一步追问：男孩队的杯子也是纸杯子，为什么就不漏水呢？

(4)引导幼儿观察男孩队用的纸杯，并抠一抠、刮一刮男孩队用的纸杯：看看你们能发现什么？

(5)在孩子发现纸杯上有“白白的东西”的基础上，引导幼儿猜测：这个白白的东西是什么呢？(蜡)小朋友想想纸杯上为什么要涂蜡？

3. 实验操作——探索并解决问题

(1)引起实验兴趣：纸杯上涂了蜡就真的不透水了吗？我们也来试试看。

(2)教师演示实验：你们看，老师这里有两盆融化了的蜡，这两盆蜡是老师将一根根的蜡烛融化了制成的。(教师边演示边讲解)先拿起纸杯，在融化的蜡里转一圈，然后再提起来等底部的蜡快干时，再用毛笔蘸蜡，从上到下均匀的涂开，把纸杯外面的每一个地方都要涂到。

(3)幼儿实验操作。

①将幼儿分成男孩组和女孩组：看哪组的小朋友把纸杯涂得又均匀又好。

②幼儿操作时，提醒幼儿注意安全，不要将蜡滴在自己或别人身上。

③提醒幼儿一定要等蜡在纸杯上干了后，再试水。

(4)纸杯试水：鼓励幼儿将涂好蜡的纸杯再去装水检验。

4. 小结——加深对问题的理解

今天我们发现了纸杯不漏水的秘密，原来是纸杯上面涂蜡，它就不会漏水了！小朋友回去后，可以向别的朋友介绍这个秘密。也可以再去看看家里的纸杯，是不是上面也涂了蜡呢？

（资料来源：http：//wenku.baidu.com/view/56e35df8fab069dc5022018a.html）

## 第三节　体验学习

体验学习始创于20世纪40年代的英国，它作为一种学习方式在60年代曾被美国普遍地运用到普通学校教学过程中，并引起了美国教育界对其在理论与实践上的广泛研究。随着这种学习方式在世界范围内的传播，它也给我们课程改革背景下的教育活动模式探究带来了新的启示。

### 一、幼儿体验学习的内涵

#### (一)体验学习的概念

体验学习指一种以学习者为中心，通过实践与反思相结合来获得知识、技能、态度的学习方式。

体验学习既是一种体验感悟的过程，也是一种知识形成的过程。幼儿的学习与亲身体验是分不开的。从心理学上说，把认知和情感分开其实也是不可能的，在接近和解决问题的智力加工过程中的每一步都伴随着一种独特的情感体验。在幼儿的认知活动中，体验所涉及的感官愈多，就愈令人难忘，认知活动才愈有效。幼儿的体验学习是知识、情感、世界观、人生观的结合，是一种综合的学习。

## (二)幼儿体验学习的特点

### 1. 情境性

体验学习强调学习者通过实践而获得具体的经验，最终又在实践中检验知识，学习者的实践必定是在具体情境中的实践，因而体验学习是具有情境性的。传统的学习方式，是以书本为媒介，以符号和图表为主体的，是很难进行实践的。因此，幼儿体验学习的方式必须在特定的情境(真实的或是模拟的)中来进行，幼儿通过亲身感受，充分运用自身的多种感知通道去接触情境中的事物、材料，进而在感受、刺激的过程中产生丰富的、真实的体验。

### 2. 反思性

反思是体验学习的关键，学习者既可以反思内容，也可以反思过程；既可以反思主体(自己或老师的行为)，也可以反思客体(学习的对象及其方法)，通过反思，学习者才能将自己的直接经验或感性认知上升到理性认知。

### 3. 个人性

每个幼儿的体验都是独特的，都掺杂有他们自己的情感。比如一场暴雨袭来，大人们可能体验到房子被淹的艰困，而幼儿却可能体验到戏水的快乐和新鲜，这也许不是大人们所希望的体验，但孩子们是在自然发展中长大的。

体验学习与传统的学习方式相比，有很多不一样的视角，如表5-1所示。

**表5-1 传统学习方式和体验式学习方式的区别**

| 传统学习方式 | 体验学习方式 |
|---|---|
| 过去的知识 | 即时的感受 |
| 记忆思考 | 领悟认识 |
| 个人学习 | 团队学习 |
| 注重知识技能 | 注重观念态度 |
| 单一刺激 | 多元体验 |
| 以教师为中心 | 以幼儿为中心 |
| 标准化学习 | 个性化学习 |
| 理论化 | 实践化 |

续表

| 传统学习方式 | 体验学习方式 |
| --- | --- |
| 强调学中做 | 强调做中学 |
| 间接学习 | 直接学习 |
| 学习的资源是教师和教材 | 学习的资源是参加者解决问题的过程 |
| 以接受程式化的知识为导向 | 以分享总结经验、解决问题为导向 |

## 二、幼儿体验学习的运行机制

美国学者大卫·库伯(David Kolb，1984)在前人研究成果的基础上提出了体验学习的运行机制——体验学习圈模型(Experiential Learning Cycle)，如图 5-4 和图 5-5 所示。该模型将体验学习过程分为四个连续循环的阶段，即具体体验(concrete experience)、反思观察(reflective observation)、抽象概括(abstract conceptualization)和主动检验(active experimentation)。

### (一)具体体验

具体体验是在真实情境活动中，通过亲身参与，依靠真实具体的觉察来获得直接经验，库伯称之为感知(apprehension)。幼儿作为体验者，身心全面参与教师组织的体验活动，用眼睛看、用耳朵听、用手操作、用身体去经历活动情境，获得具体的体验，通过感知达到情感的复杂化，其过程凭借的心理工具是感知觉。

### (二)反思观察

通过对具体体验中获得的直接经验进行分析和反思，明确自己在体验过程中学到了什么、发现了什么问题、情境对自己产生了哪些影响等。幼儿作为反思观察者，在老师启发性的提问和针对性讨论下，开始系统地观察刚才的活动情境，有意识地梳理自己的内心感受，通过有意识的观察梳理，达到知觉的复杂化，其过程凭借的心理工具是注意。老师针对幼儿最近发展区中的关键经验，进而提出发展性的问题，促使幼儿“跳起来摘桃子”，不断梳理自己的经验，调动自己的原有经验(记忆中与当前情境相适应的表象)，联系当前情境，大胆进行想象，并发表自己的见解和看法，提出个性化、多元化的解决意见，形成与当前情境紧密相关的感性经验或自我建构关于新情境的个人意义(即新知识)，其过程依据的心理工具是“具体形象思维”。由于幼儿的思维发展水平还比较低，反思观察的环节不可能由幼儿独立自主地完成，而是在教师有目的、有组织的提问的引导下进行的。教师的提问是幼儿思考的线索和“支架”。

### (三)抽象概括

基于对自己的经历的回顾和反思，试图把感性认识上升到理性认识，形成一般性的结论或建构一种理论，或者是对自己发现的某些现象和问题进行因果解释。幼儿作为概括者，在教师组织的师幼之间、幼幼之间平等交流或对话的活动中互相启迪、感悟，逐渐形成自己的概念，其凭借的心理工具是“思维”。因为幼儿的语言概括能力和抽象思维能力还不发达，所以在实践中，多由教师提炼幼儿的“只言片语”进行概括小结，并用相对抽象和概括的语言将其表达出来，形成结论。

### (四)主动检验

在新的情境中检验结论或理论假设的合理性、可靠性。如果检验得到了证实，学习过程可能暂时告一段落，此时学习者倾向于把自己的理论发现迁移到其他情境中进行应用；如果检验没有得到证实，将会导向新一轮的具体体验，一个新的学习循环又开始了。幼儿作为主动检验者，主动地在教师开展的实践活动中践行和检验新结论、新概念、新理论、新准则、新知识的意义。通过实践达到行为的复杂化，扩大知识的外延，其过程凭借的心理工具是动作。值得注意的是，当知识在新情境下被检验是有效的，知识则转化为清晰、明确和持久的行为目标，也就是说，以后在相同或相似的情境下，幼儿能够有效地运用这个知识去指导自己行为。

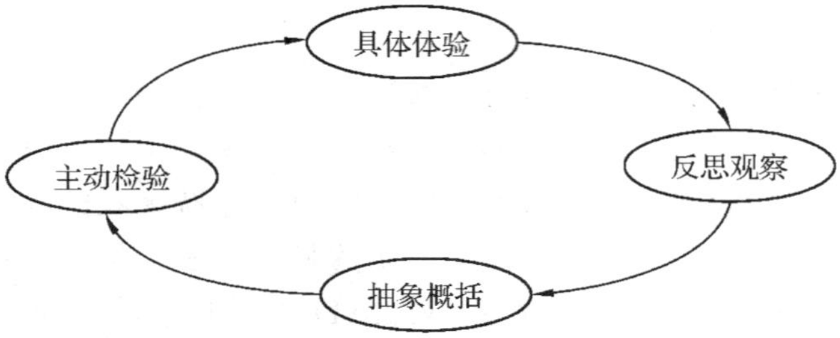


**图 5-4　体验学习的微运行机制**

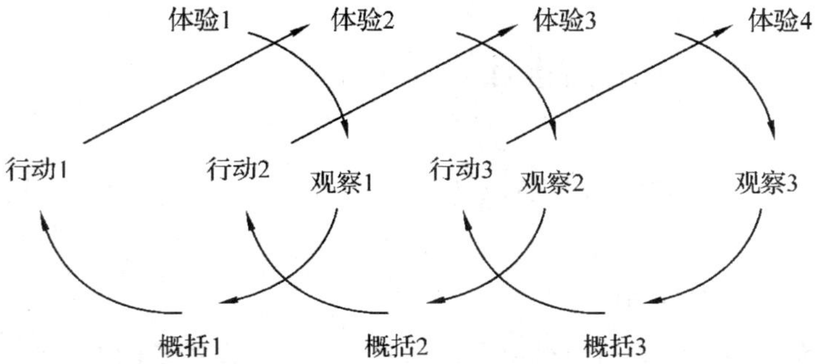


**图 5-5　体验学习的宏运行机制**

举例说明，一个对火还未产生认识的儿童，因好奇而把手伸向正燃烧着的火焰，立刻会因为灼痛而把手收回或惊叫。就该儿童事例分析，伸手被烫即为当下的“具体体验”。由于疼痛感接着会引发即时性（或延后性）思考：为什么会痛？当产生“刚才发生了什么”或“为什么会这样”的问题时，表示进入到“反思观察”。接着会形成“燃烧的火焰会烫伤人”或“高温的物体会灼伤皮肤”等结论，这时就进入到“抽象概括”。因此说，能否形成抽象化的意义是关键环节，这决定了体验事件对当事人是否有价值，它是学习发生的重要标志，否则就仅仅是“手被烫一次”罢了。当然，形成的抽象概念与结论还要等待检验，经由归纳、演绎或类比，该儿童以后碰到类似的场景，如点燃的火把、沸腾的开水、炉灶上加热的器皿、烧焦的木炭等，此当事人会在行为上进行调节并避免受到伤害，这就是“主动检验”。经由主动检验既带来了新的认识，又会导致新一轮的体验及循环的开始。

最后，需要强调的是，学习可以由“体验学习圈”中的任何一点进入。尽管库伯一直都非常强调体验(此处指具体体验)在学习中的重要性，但他也反复强调学习者不必总从具体体验开始。上述例子当中儿童可以先通过成人的教育获知“燃烧的火焰会烫伤人”的结论，然后在生活当中主动检验、具体检验和反思观察。因此，在幼儿园教育实践的具体活动中，体验学习过程的四个阶段或环节并非按照上述的结构按部就班地实施，它们往往依据不同的教育情境和内容，以多样化的方式组合出现，且没有绝对的环节界限，时有重复、交叉重叠、顺序交错的情况，具有灵活性、开放性、情境性和生态性。

## 三、幼儿体验学习的指导

### (一)体验情境和体验活动的设计

#### 1. 体验情境的设计

教师作为体验学习活动的组织者，首先就是要创设激发幼儿主动体验的活动情境，要着眼于如何促使教学双方与活动情境融为一体。不同类型和性质的情境可以激发幼儿不同性质和特点的体验。根据情境来源的客观真实性，可以分为以下三种类型。

一是真实情境，如“世界水日”中教师为了让幼儿体验缺水、爱水、节水的生活，关掉了班级中的水阀，使幼儿置身真实的断水、缺水的环境中；

二是模拟情境，如“到超市购物”的角色游戏中，教师模拟了真实超市的布置，摆放了大量真实的“商品”(用过的商品盒子、包装等)，激发“顾客”饶有兴趣在商品货架前选购物品，“导购员”积极地帮助“顾客”选购商品，“收银员”认真负责地刷商品条码、算账及找钱；

三是虚拟情境，如文学或艺术情境，幼儿可以通过听故事进入故事情境，通过听音乐进入音乐情境等。

#### 2. 体验活动的设计

设计体验活动时要充分考虑到幼儿的心理特点及年龄特点。设计的体验活动可以是教学活动、生活活动、节日活动，也可以是社会实践活动，要根据不同的活动类型设计出丰富、合理、层层递进的体验活动，让幼儿从多角度感受和体验。如国庆节，在园内遍插彩旗，高挂灯笼，营造节日的欢乐气氛。升旗仪式时，请幼儿穿园服，升国旗，唱国歌，行注目礼，在国歌声中增加对祖国的热爱之情，学会尊重国旗。音乐活动中，根据各年级段幼儿的学习接受能力，组织幼儿学唱《国旗国旗红红的哩》《五星红旗我爱你》《国旗歌》和《美丽的国旗》等，让幼儿用最动听的声音唱出最美的歌；语言活动“我的祖国”中，通过视频、图片、国旗的展示，孩子们畅所欲言，大胆表述自己的想法，感受节日的气氛，表达对祖国的深深热爱；美术活动中，同样根据幼儿年龄特点进行操作，小班幼儿进行国旗涂色活动，中班幼儿学画国旗，大班幼儿练习画“天安门”，并与同伴分享画画的感受。通过一系列的活动，孩子们亲身体验，加深了对祖国的了解，深刻体验对祖国妈妈的尊重，使幼儿真正度过一个有意义的节日，时刻牢记“祖国在我心中”。

但不管是真实的活动，还是置身体验情境，都不能随意而为之，需要从幼儿“第一手（firsthand）”的经验出发，考虑怎样充分调动幼儿的眼、耳、口、鼻等感官的参与。若在“最近发展区”中，能进行一些矛盾事件的体验，就容易促进幼儿学习，因为幼儿会感受到好奇与挑战，能享受到有价值的乐趣，就会调动积极的情感参与。当然，理想境界还可参考米哈里·契克森米哈赖（Mihaly Csikszentmihalyi)的“流畅体验（flow experience)”，流畅体验能让人产生“强烈的指向活动本身的内部动机，与行为主义的外部强化不同，内部动机对行为的驱动作用比外部强化的作用更为稳定和持久，能让人产生浑然忘我的状态”。评估具体体验的真切性，可以观察幼儿在参与体验时，是否有兴趣，是否专心致志，是否有愉悦的感受，是否有自我探索、追求学习目标的动机。

**资料卡**

## 体验学习在幼儿园的应用

1. 体验学习与教学活动相结合

幼儿园的教学活动，一般都是通过讨论、讲述、看图片或者视频等方式来达到教学目的，但是通过亲身体验，可以使幼儿更加深刻地了解我们的教学目的。如大班的社会活动“拷贝妈妈”，让幼儿扮演“孕妇”，老师让每个幼儿衣服里塞一个篮球，并且提出要求，不能让篮球掉出来。幼儿为了保护好肚子里的“小宝宝”，都变得格外地小心，走路的时候轻手轻脚，弯腰捡东西的时候更是小心翼翼，尽量不去挤压“小宝宝”，说话的时候细声细气，语气也变得很温柔……当幼儿回到座位上的时候，都已经累得气喘吁吁，大汗淋漓了，同时纷纷发表自己的感受，有的说：“当妈妈真辛苦呀。”有的说：“妈妈太辛苦了，我们要爱妈妈。”还有的小朋友说：“我回家的时候要亲亲妈妈，谢谢她把我生出来。”通过这样的体验活动，幼儿对于妈妈的辛苦有了更深刻的理解与体会，爱妈妈、爱长辈的意识也在不知不觉中形成。

2. 体验学习与生活活动相结合

幼儿园的生活活动是幼儿一日活动的重要组成部分，贯穿于一日生活的始终。在生活活动当中适当开展体验学习，效果良好。

从幼儿入园到大班毕业，“文明进餐礼仪”，是幼儿园生活化课程的其中一项。在这一过程中，可以请幼儿亲身体验，在自己的体验锻炼中学习文明进餐，养成良好的进餐习惯。具体做法是，首先请每组的值日生数所在组的幼儿人数，然后取放和人数相同的碗碟和调羹，并把老师分好的饭菜汤呈三角形摆放，汤放左边，菜放右边，饭放最前面，最后请值日生把毛巾分给同组的每个幼儿，并督促同组的其他幼儿把毛巾叠放整齐放在左边。每组的值日生轮流管理各自小组的进餐情况，幼儿的进餐秩序有了明显提高，进餐习惯也变得更加良好。

3. 体验学习与节日活动相结合

3 月 12 日植树节，在大班幼儿中开展形式多样的植树护林行动和植物种植实践体验活动，做到人人参与，宣传与实际行动相结合，从而令幼儿在体验活动中，增加对植物生长过程的了解，增强保护环境的意识。一年一度的重阳节，幼儿园可以举办一场“老少同乐”庆重阳的活动，把附近小区里的老人邀请到幼儿园来，让幼儿与老人们一起表演节目，一起唱歌，一起跳舞，一起吃重阳糕，温馨热闹，其乐融融，幼儿敬老爱老的思想便在他们心中生根发芽了。

4. 体验学习与社会实践相结合

幼儿园社会实践活动是孩子接触社会的一个重要途径，也是幼儿园教育与实践相结合的具体体现，是课堂活动的延续。通过亲自参与社会实践活动，幼儿会有所发现并有所获得，这真正体现了“寓教育于社会实践”的精神。

如安排幼儿参观农场，亲自体验农场的环境和工作，了解农场里的当季作物，明白农场工作人员的辛苦。每个幼儿亲自挖番薯，大家卷起裤腿，拉起袖子，轻轻地拨开泥土，沿着番薯藤往下挖，终于挖到了番薯。兴奋极了，举着番薯，笑着说道：“原来这就是我们吃过的番薯呀，这么硬。”观察仔细的幼儿还发现“原来番薯的叶子有点像爱心”，还听到许多幼儿的疑问，“为什么番薯要种在地下”等。每个孩子都在这次实践体验中获得了切身感受，这才是体验学习真正的意义。

亲自挖番薯的经历十分珍贵，这种延续课堂活动的社会实践，不仅让幼儿把课堂中知识与实际相结合，使幼儿在实际体验中找到了真正的答案，还切身体会到了劳动的快乐与成功。

### (二)引导体验后的反思观察

引导反思起催化经验与学习关联的效果，它不是生硬的解读，而是对话。作为教育者，切忌用成人口吻帮幼儿去解读体验，体验一旦被教师用成人话语作出解读，产生的就是“假体验”，还会导致幼儿的抗拒心理，失去了体验的本来面目。所以，教师在教学中要经常反思，思考在幼儿体验之后怎样产生有意义的问题和怎样运用对话策略。只有问题才能开启体验、经验及知识联系的通道；只有对话，才能诱发学习者进行自我探索，才能拥有自主的学习，才能培养问题意识与思维习惯。在体验之后，“刚才发生了什么？我听到、看到了什么？我听到、看到、观察到的与以前有什么不一样的地方？”等问题就必须及时给出，也可从不同角度，采用不同的问题策略(见表 5-2)。

**表 5-2 教师引导幼儿反思的问题策略**

| 目的 | 问题形式 |
|---|---|
| 通过感觉、事实等评估体验的情况 | 刚才的活动感觉有趣吗？ |
| 关注幼儿的体验过程 | 你(们)的活动是怎样进行的？ |
| 引导幼儿诊断与分析情况 | 你(们)为什么要这样开展你的活动？<br>还有没有更好的解决问题的办法？ |
| 寻找特殊内容以提供反馈 | 在活动中到底发生了什么事？<br>你(们)有什么特别的发现吗？<br>有特别不一样的感觉吗？ |
| 提供如何解决问题的想法 | 如果换一种做法，会不会更好？<br>你们有了这样的发现，还有没有其他不一样的观点？ |

具体来说，幼儿在结束体验活动时还处于兴奋状态，教师的第一个问题应要引导幼儿的心理活动由对外界的感知、探究迅速转入对内在感受和体验的观察、梳理。教师要善于倾听幼儿的表达并抓住幼儿的体验中遇到的关键问题，将其设计成合理的问题抛给幼儿，将幼儿的所有心理活动都吸引到解决这个问题的新层面来，使幼儿的思维活动朝要解决的问题集中，推进幼儿有效地内化体验、深入学习。问题要能实现幼儿心理活动的自然过渡和转向，或引导幼儿观察当前情境、或引导幼儿梳理内心的感受、或引导解决当前情境下的新问题，使幼儿的思维活动不断地在新的层面上发展。

### (三)关注抽象概括的内在思维

幼儿的语言概括能力和抽象思维能力还不发达，因此，要给幼儿预留时间和机会通过讨论等形式来充分表述他们对问题的认识和理解；也可以通过自我分析和反省思考的过程予以具体的表述；或提供静默与沉思的时间将独我经验（solo experience)进行归纳。这样才有助于幼儿去发现各种与原始观念不一致的地方、自相矛盾的地方、解释不通的地方（激发幼儿现有观念中的认知冲突），从而能产生突破，以形成科学的概念。

教师在这个过程中，要耐心倾听幼儿表达，幼儿的表达可能是粗浅的、零碎的、具体的、不着边际、甚至错误的，教师要提炼幼儿的“只言片语”，进行概括小结，并用相对抽象和概括的语言将其表达出来，形成结论。

### (四)再次创造主动检验的应用情境

主动检验意味着将抽象概括的原理运用于新的情境，以经历意义的外延转换。也就是说，幼儿在体验学习中获得的新经验、新结论必须在真实的应用情境中接受检验，并证实是可行的、有意义的，才会被幼儿内化。因此，教师要再创造一个紧密联系的情境或活动。事实上，它也可以作为教师的一种评估手段，以检验幼儿对相关概念的理解程度。如教师创设多媒体情境，让幼儿在观看《不妥助人方式》的录像中，体验到不妥的助人方式会给人带来的不愉快。在充分的交流讨论后得出新经验：当发现有人需要帮助时，我们应该先征求他的意见“请问，你需要帮助吗?”得到同意后，我们应该有礼貌、耐心地帮助。为了使幼儿践行“助人”的新技能，教师开展了一次让幼儿“看步骤图折纸”的活动，由于看步骤图折纸这项任务对于不同的幼儿存在难度的差异，因此自然产生了“求助”的需求和“助人”的机会。此次活动步骤如下：“1. 请幼儿自己看步骤图折圣诞帽，教师观察幼儿运用助人方法的情况。2. 讨论：你发现谁有困难了？你是怎样发现的？又是怎么帮助他的？3. 请助人的小朋友和被帮助的幼儿说说心理的感受，体验助人的快乐。”幼儿在具体的实践活动中，检验并练习了新经验，并逐渐将其内化。又如大班社会活动“餐桌上的礼仪”，教师先拍摄了一段关于餐桌上礼仪的录像，请幼儿进行找茬，找找在整个进餐过程中，有哪些行为是没有礼貌的，并且说说应该怎么做；再找找还有哪些行为是有礼貌的，我们应该学习的。知道了这些用餐礼仪以后，再请幼儿坐到餐桌边上，请幼儿来实践一下，这样强化了幼儿对于餐桌礼仪的理解，对于餐桌上的礼仪印象更加深刻。

深入一步思考，幼儿园教学还需有这样的思维：怎样才能让学习再次回归真实的生活世界？它意味着将获得的经验、知识、技能或态度在现实生活中得到验证。对此，可以整合不同领域教学，设计与生活联系密切的主题探究任务，启迪幼儿在进行探究性活动任务中，使各独立的教学内容产生有机联系。也可以将教学活动空间拓展，不只限于教室环境，到校园中或延伸至社区，从而突破教室或学校围墙的界限，可以去体会人与社会、人与自然的关系，可以有更实际的生活感受与新的体验。

最后，还需强调的是“体验学习圈”不是一种简单的“如何控制教学实践的处方”。体验教学不是在一个活动中“机械套用四个阶段”。学习圈顾名思义是环形的过程，而非线性的，实际应用时就有改造与创新的空间。如幼儿抽象概括困难时，可以再生成一个具体体验，以使学习圈得以迂回和反复；幼儿也可以从任何一点进入学习圈，如已经有了相关的经历，就可直接从问题引导开始，不一定非得有具体体验，以免浪费教学时间；有时针对学习个体，一个活动中甚至有可能会发生多个学习圈等。总之，在教学实践中，一切皆视幼儿学习的需要进行调整。

## 四、幼儿体验学习的评价

体验学习有利于幼儿教育中幼儿主体性的实现。传统学习过程被视为知识的单向传递过程，幼儿听教师所讲，记教师所教，做教师所示，幼儿仅仅是知识的接收器和储存器，等待被灌输，体验、感悟、经验、思维、创造被教师代办。体验学习尊重幼儿的主体地位，在体验学习过程中，幼儿不是知识的旁观者而是知识的参与者，幼儿根据自己原有经验，在亲历实践的学习情境中，选择与自己有意义的事物产生体验与感悟，生成个体知识。

体验学习能促进幼儿认知、情感和行为技能的完整发展。幼儿园教育存在着“重知轻行”、“情感缺失”的倾向，进而也导致了教学上呆板的“言语说教”和单一的“灌输”为主。体验学习不仅是知识的学习过程，也是情感的获得过程，通过实践，个体也获得了相应的行为技能。

体验学习重视幼儿的个体经验对学习的意义，不是简单的主张在做(实践)中获得新知识和新能力，而是更关注经验的总结和反思，幼儿在反思和体验过程中获得成长性的发展。某种程度上说，体验学习是“做中学”和“思考中学”的结合。

当然，体验学习也有它的局限性。体验学习比较费时，反思的过程是一个渐进的过程，其学习过程比较繁琐，是以时间为前提条件的；并不适合于所有知识的学习，比如陈述性的知识；对幼儿教师的要求很高。教师应在活动开展前，进行精心的思考与设计，将体验学习、操作学习、观察学习和合作学习有机结合。

**资料卡**

**表 5-3 中班幼儿的体验学习**

| 中班社会活动：谢谢你帮助了我<br>执教：福建省儿童保育院　林静老师 | |
|---|---|
| 案例内容 | 评析 |
| 【活动目标】<br>会用语言、行为等方式大胆地表达自己的谢意。<br>体验帮助他人、接受他人的帮助给自己带来的快乐。 | 助人行为是幼儿重要的亲社会行为，幼儿园社会教育中主要培养幼儿的亲社会的情感和技能为目标。 |
| 【活动准备】<br>环境创设：用条形平衡木拼成“独木桥”；用方形茶叶罐铺就像“梅花桩”样的旋埠路；用若干大纸箱连接成长“隧道”(隧道的两端用黑布遮光)；用小床布置成熊奶奶的家。<br>物质准备：水果篮若干(里面有装水果、点心) | 情境创设：针对学习目标而设置、创设的功能性的情境或环境。所谓的功能性的环境，就是能够诱发和支持幼儿助人等体验及探索过程的环境。 |
| 【活动过程】 | 共三次体验活动 |
| 1. 第一次体验活动：引导幼儿体验活动中遇到的困难，并尝试相互礼让。<br>教师介绍场景，激发幼儿参与活动。<br>师：熊奶奶生病了，我们要一起去森林看望她。去森林，需要经过窄窄的独木桥，过了独木桥可以领到一个水果篮作为礼物，送给熊奶奶，大家注意安全，出发吧！<br>幼儿尝试独立过独木桥①，出现了各种的问题，教师不加以干涉，等到众人都过了独木桥之后，组织幼儿讨论。<br>师：你在途中遇到困难了吗？②<br>幼：我觉得独木桥很窄，很难走。<br>幼：太挤了，我一下就摔下来了。<br>师：拥挤时你的心里有什么感觉？<br>幼：我怕我会摔倒。<br>幼：别人一挤我就害怕了。<br>师：你觉得怎样才能解决这个拥挤的问题，能够让大家快捷又安全地通过？ | 第一次体验情境：<br>教师设置了一条很窄的独木桥，其功能就是要求幼儿必须以礼让代替拥挤，才能够顺利通过。<br>①具体体验：幼儿在教师设置的体育游戏情境中，通过独木桥，感受桥的狭窄难行。<br>②观察内化：教师抛出问题，引导幼儿针对刚才体验活动进行讨论，幼儿开始梳理自己的体验，有的描述观察事实“桥窄”，有的描述自己的情感体验“难行”“害怕摔倒”。<br>教师又更进一步抛出问题：如何解决拥挤问题？调动幼儿的原有经验和创造性思维来解决当前问题情境。幼儿提出自己的想法。 |

续表

| 案例内容 | 评析 |
|---|---|
| 幼：排队慢慢走。<br>幼：害怕的人让别人先走。<br>师：(小结)集体活动中碰到拥挤时，谦让是解决问题的好办法。③ | ③归纳概括：教师和幼儿一道，归纳出了一条抽象结论。 |
| 2. 第二次体验活动④：鼓励幼儿尝试帮助同伴，解决困难。<br>(1)介绍旋埠路场地，鼓励幼儿挑战更大的困难。<br>师：你们看，我们面前有一段树桩路，更危险了，有了前面的教训，我们要怎么走才能安全呢？<br>幼：慢慢走。<br>幼：排队不要挤。<br>教师让幼儿再次尝试(i)。(第二次体验式学习活动中没有发生拥挤的现象，幼儿都能相互谦让，秩序井然，但是“梅花桩”的出现又让幼儿遇到了新的难题：梅花桩很滑，一踩上去身体就倾斜容易滑倒；幼儿手上的礼物篮在一定程度上增加了独自行走的难度。能力弱、胆小的幼儿此时就很需要他人的帮助，但是大多数幼儿不懂得寻求他人帮助，结果是掉下“梅花桩”或者退缩在后面，也有一些能力强的幼儿自己过了梅花桩后返回帮助有困难的同伴。)<br>幼儿过了旋埠路后组织他们讨论。(ii)<br>师：这一次，你遇到什么困难了？<br>幼：我慢慢走但还是从树桩上掉下来了。<br>幼：我没站稳，太滑了。<br>师：你心里有什么感觉？<br>幼：滑下来的时候很害怕。<br>幼：我希望有人能帮助我。<br>幼：幸好××帮助了我，我才没有摔倒。<br>师：这时，你害怕吗？<br>幼：不怕，××扶着我。<br>师：××帮助你安全到达，你向他表示感谢了吗？<br>幼：没有，忘记了。<br>师：那你现在去表示一下。 | ④行动应用：整个第二次体验活动都是上个体验活动得出的结论在新情境下的应用，具有自然、紧凑、情境性的特点。<br>第二次体验情境：<br>旋埠路的难度更大，更滑了。它的新功能就是要求幼儿必须在相互帮助的情况下才能通过。<br>(i)具体体验：幼儿用上次体验活动要慢慢走、要“谦让”的结论来通过旋埠路。但因太滑，还是掉下来了。有幼儿在活动中创造性地采用了帮助的策略。<br>(ii)观察内化：有幼儿描述了对新情境的观察感受“太滑了”，有的幼儿明显把上次的经验和当前情境联通了“我慢慢走，但还是掉下来了”，有的表达自己的情绪体验“很害怕，希望有人帮我”。<br>教师重视幼儿不同状态下的心理感受。对相互帮助而通过梅花桩的幼儿，教师也有针对性地提问，让他梳理自己的体验“你害怕吗”“不怕，有××扶着我”。教师的鼓掌强化，也丰富了幼儿助人愉悦的体验。 |

续表

| 案例内容 | 评析 |
| --- | --- |
| 该幼儿走过去拥抱了一下××，并说："谢谢你!"××回答说："不用谢!"教师鼓掌肯定他们的行为，强化幼儿的亲社会行为。<br>(2)组织幼儿讨论帮助同伴的方法。<br>师：××，他是怎么知道你有困难的？<br>幼：我摔倒了，××看到了就过来帮我。<br>师：如果心里害怕时，怎么让别人知道你遇到困难？<br>幼：可以找人帮忙。<br>幼：可以问小朋友能不能帮我一下。<br>师：看到小朋友走树桩遇到困难，你会怎么做？<br>幼：帮助他。<br>幼：可以牵着他，慢慢走。<br>幼：可以帮他扶着树桩，让他走。<br>幼：告诉他，不要害怕。<br>教师小结：当自己遇到困难时，可以主动寻求他人的帮助；别人向你寻求帮助时，在安全的情况下，我们要尽量去帮助他。得到帮助的人，要主动地说"谢谢"，大声地说"谢谢"。(iii)<br>教师有意识地将幼儿的"困难"放大，将个别的"帮助"行为放大，并且强调"得到帮助要说感谢的话"。 | (iii)归纳概括：教师进一步组织幼儿围绕自己的体验，想出解决新情境新问题"怎么助人和求助"的办法。在平等的交流中，幼儿分享帮助别人的方法，领悟如何求助和助人。最后，教师归纳幼儿的观点，概括总结"遇到困难可求助、见人困难要帮助，得到帮助要感谢"。 |
| 3. 第三次体验活动(iv)：鼓励胆小的幼儿主动寻求帮助，能在接受帮助后主动表达自己的谢意。<br>介绍黑暗的"隧道"，营造气氛，引导幼儿克服心理恐惧，互相帮助。<br>师：穿过隧道就到了熊奶奶的家，可是这个隧道很黑，路不平，可能有障碍物，容易摔倒，有的小朋友又提着很重的礼物，大家想一想自己穿过隧道可能会遇到什么困难，有没有需要别人帮助的，大家商量一下怎样才能让全班的小朋友安全地、一个不落地通过隧道？引导幼儿分组商量对策，并尝试通过黑暗的"隧道"(a)<br>幼：我的礼物有些重，××你帮我抬一下好吗？<br>幼：我怕黑，要走在中间就不怕了。 | (iv)第三次体验活动就是第二次体验活动得出的结论在新情境下的运用。<br>第三次体验情境：黑暗的"隧道"，路不平，可能有障碍物、滑，且幼儿又负重，所以这个多重困难情境，更大程度地激发了幼儿之间各种帮助和助人需要。<br>(a)归纳概括：鉴于幼儿已经有前面2次经验了，这次老师先组织幼儿针对问题情境交流各种解决办法，然后自行归纳总结自己的领悟。 |

续表

| 案例内容 | 评析 |
| --- | --- |
| 幼：我不敢走，隧道里有魔鬼。<br>幼：我拉着你的手，慢慢走过去。<br>幼：我们一起大声唱歌走过去，就不害怕了。<br>……<br>幼儿通过隧道。(b)<br>引导幼儿总结经验。(c)<br>师：你刚才碰到困难了吗？<br>幼：我碰到困难了，礼物太重了，我一个人拿不动，我请××帮忙。<br>幼：我们走得特别小心。<br>师：有人帮助你吗？你是怎样让别人知道你遇到困难了？<br>幼：××和我手拉手，大声唱歌走过隧道，一点都不害怕。<br>师：大家互相帮忙，合作得很好，一起到达目的地，你想对你帮助的同伴说什么？<br>幼：谢谢××。<br>师：他感谢了你，你有什么感觉？<br>幼：我觉得我很开心。<br>幼：我觉得很高兴。<br>师：你愿意再帮助他吗？<br>幼：愿意。<br>教师小结：当我们接受他人帮助的时候，要大胆地表达自己的感谢，这样接受帮助和帮助别人都能感受到快乐。(d)<br>第三次的体验活动中，尽管设置的情境是最大的障碍，但是幼儿已经很有经验了，特别是一个很有意思的现象出现：上一次得到帮助的幼儿会主动与帮助过他的同伴结成对子；还有几个幼儿自发结成小组共同安慰、帮助一个较胆小的幼儿的现象。得到帮助的幼儿也能主动表达感谢，甚至还有拥抱。 | (b)具体体验：用归纳出来的方法，互相帮助通过隧道。<br>(c)观察内化：对通过隧道遇到的困难、求助和助人的体验进行观察反思。重点是引导幼儿一起整理、再次体验“得到帮助后的感激之情”和助人的愉快之情。<br>(d)归纳概括，老师总结幼儿的领悟，概括出抽象的结论“接受帮助时要感谢。” |
| 在游戏情境中自然结束活动。<br>大家看望生病的熊奶奶，把礼物送给熊奶奶，并祝她早日康复。 | |

# 第四节　交往学习

交往学习自古就受到中外教育家的重视和运用。古希腊苏格拉底的“知识产婆术”就是典型交往学习的案例。20世纪70年代以来，美国霍普金斯大学的斯莱文(R. E. Slavin)、明尼苏达大学约翰逊兄弟(D. W. John，R. W. John)，以及以色列特拉维夫大学的沙伦夫妇(Y. Sharan，S. Sharan)等人提出并倡导合作学习(cooperative learning)，合作学习开始受到人们的广泛重视，并成为当今最有影响的教学理论和策略。伴随着我国新一轮课程改革，强调对话、互动、讨论、合作等策略的交往学习逐步引起人们的重视。

## 一、幼儿交往学习的内涵

### (一)交往学习的概念

交往学习是指个体以他人为对象，通过与他人的对话、交流、互动而展开学习的过程。交往学习的对象是具体的人，而不是文字符号或某种物体；交往学习的方式是与具体的人进行面对面的对话、交流与互动。

交往学习是幼儿重要的学习方式之一，幼儿可以从他人那里获得思想、观念、情感、行为方式乃至整体人格的启发、借鉴或影响。

### (二)幼儿交往学习的特点

1. 学习方式的主动建构性

在交往学习中，幼儿不再是被随意改造、加工的对象，而是和教育者一样独立的主体。学习就是幼儿与教师、同伴等学习参与者共同参与知识探求的过程。在学习中，幼儿不是原封不动地接受书本知识或别人所讲授的知识，而是积极地提出质疑，重视对各种事实的理解，并以此为基础与教师、同学等展开交流与讨论，使知识学习接近于真正的知识发现活动。交往学习就强调了学习者之间的交往对知识的建构起着重要的作用，对于各方面经验还不很丰富的幼儿而言尤显重要。它可以促进学习主体深化对信息的理解，超越自身认识的局限，完善自己的认识，吸取他人的经验与方法，从而更好地完成知识意义的建构。

2. 学习过程在交往活动中进行

传统的学习在获得知识、技能方面是比较成功的。但它把学习过程看成是幼儿的认知发展过程，强调幼儿的思维对客观存在的确定性的知识的反映，把思维对师幼相互作用的反映以及幼幼相互作用的反映排除在认识过程之外，忽视了与他人交往的过程也是一个学习的过程。而交往学习认为，学习不仅是一种认知过程，更是师幼、幼幼之间的交往过程。交往学习是在交往的过程中进行的，因为交往是学习主体之间的相互交流与对话，交往本身就具有一种学习性。

3. 学习内容的全面性

当代知识理论告诉我们，要想学会学习，除了要掌握大量的显性知识，还要正确认识和利用自己的隐性知识。传统教学中封闭式的学习方式很难把自己的隐性知识显性化，同时也很难使别人的隐性知识显性化，是一种狭隘的学习方式，而交往学习是传递、掌握和批判显性知识的过程，也可以说是一个使隐性知识显性化并得到检验、修正和应用的过程。同时传统的学习方式往往侧重的是知识层面的学习，忽视了幼儿情感的发挥，而交往学习中幼儿的知识、情感、技能等全部有机的融合起来，不仅有书本知识的学习，还有交往双方的思想观念、思维方式、情感态度和行为方式等。因此可以说交往学习克服了传统的学习片面性，趋向一种全面性。

### (三)幼儿交往学习的类型

根据幼儿在交往学习中活动方式的不同，交往学习可以分为讨论学习和合作学习。

1. 讨论学习

讨论学习就是在教师指导下，幼儿以班级或小组为单位，围绕共同的话题，通过对话、交流展开学习的过程，每一个幼儿在参与讨论中获得自身的学习和发展。讨论一般只持续几分钟便可完成。

2. 合作学习

合作学习就是幼儿在教师的协助下，通过分工和协作组成学习团队，共同完成某种学习任务的学习方式，它不是以单个幼儿的学习效果而是以学习小组的总体表现作为对学习考评的依据。

讨论学习与合作学习是既有密切联系又有明显区别的两种学习类型。具体来讲，两者的共同之处在于：

(1)两者都是以小组的形式进行的。如果没有小组，合作学习和讨论学习就无法开展和进行。在合作学习和讨论学习中，小组成员都必须在距离上相互接近，一起学习或讨论问题，相互帮助，相互配合。

(2)两者都是以“对话”的形式展开。“对话”是理解合作学习和讨论学习的关键词汇。在学习过程中，小组成员之间必须借助语言进行交流、沟通，完成学习任务。

(3)两者都是交往学习的重要类型。它们实际上是小组内部和小组之间的一种社会性交往。交往主体通过与他人的对话或互动，达到思想和情感的交流、沟通，并建构、生成对事物意义的独特理解，由此使交往主体的心理结构获得调整、改造和丰富。

合作学习和讨论学习之间存在的差别也是多方面的，如表5-4所示。

**表5-4　合作学习与讨论学习的区别**

| 合作学习 | 讨论学习 |
| --- | --- |
| 组员之间有积极的相互依赖 | 组员之间没有积极的相互依赖 |
| 个人责任明确 | 没有个人责任 |
| 组员异质 | 组员同质 |
| 强调责任和关系 | 只强调任务 |

## 二、幼儿交往学习的运行机制

### (一)幼儿交往学习的条件

民主、平等、开放、合作的关系是幼儿真正交往学习的前提条件。民主、平等主要是指交往双方在人格和话语权方面的彼此尊重、承认。交往的参与者只有基于相互尊重、信任和平等的立场，具有同等的说话权利，不允许任何人支配他人或压制他人，这样才能尊重别的参与者在交往过程中的不同表现。在民主和平等的条件下，交往主体才会感到自由、安全，交往双方才愿意向对方敞开心扉，彼此才能进入对方的内心世界，从而展开对话、交流和互动、合作。

### (二)幼儿交往学习的过程

交往学习的过程就是交往主体在彼此之间的对话和互动中进行知识意义的理

解和建构的过程。学习主体之间的这种对话和互动的交往活动对知识意义的建构起着重要的作用，它可以促进学习主体深化对信息的理解，完善自己的认识，吸取他人的经验与方法，从而更好地完成知识意义的建构。

对话和互动之所以会影响主体对意义的理解和建构，是因为首先，对话、互动是交往双方实现心理“对接”和“互联”的基本通道及方式。与以物质交换或外在的行为协作为内容的“物质性交往”不同，对话、互动是“精神性交往”得以实现的基本途径，也是心灵之间相互影响的渠道。其次，在对话和互动中存在着促进交往双方产生相互影响和作用的机制：

第一，相互激发和诱导。由于各自的知识经验、看问题的视角、思维方式的差异，对话双方经过碰撞，容易激发并产生新的问题、新的视角、新的思路，促进思维活化和发散。因此，对话和互动具有创造性、创新性。

第二，相互激励和竞争。对话具有激励、鼓舞参与者更主动、更积极、更投入地与对方交流和互动的动机作用，如向对方提出挑战、努力说服对方、回应对方的问题等。在争论、讨论等对话方式中，幼儿往往表现得比平时更加主动和积极，更有热情和激情。

第三，相互模仿和感染。模仿是指直接借用或仿照他人行为或心理的活动，模仿包括行为模仿和心理模仿。感染是交往主体在互动中受对方情绪、情感影响而产生的情感共鸣。模仿和感染使交往双方彼此直接从对方那里获得行为、认知和情感方面的借鉴、影响，互相丰富、补充。

第四，相互协调和妥协。对话和互动的一个目的是，对话双方之间达成共识和视界融合。如幼儿在游戏中，通过对话相互商定共同遵循的游戏规则；在对复杂问题的对话和讨论中，人们逐渐找到彼此都能接受的观点或看法。

对话和互动不仅起着上述作用，还有利于形成一种积极学习的氛围，营造起一个互动的学习场，使学习主体——幼儿，更乐于参与、乐于思考，造就一种主动学习的心态，会产生能动、创造性学习的效应。

### (三)幼儿交往学习的结果

交往学习的直接结果是，幼儿通过与他人的对话或互动，建构、生成对事物意义的独特理解，并由此使幼儿心理结构获得调整、改造和丰富。

交往学习的另一种结果就是，交往双方由于相互影响、借鉴和调适而形成共识或主体间性。这种共识或主体间性不仅是认知上的，同时也是情感上的，它是形成人的社会性情感，形成与他人协调、和谐的人际关系以及行为的最重要基础。

总之，幼儿交往学习的运行机制是师幼双方或幼儿双方在民主、平等、开放、合作的条件下，在彼此之间的对话和互动中，进行知识意义的理解与建构。

## 三、幼儿交往学习的指导

### (一)要搭建一个民主、平等、开放、合作的交流环境

幼儿交往学习的过程应该是自愿的、轻松愉快的，要为幼儿创设一个民主、平等、开放、合作的环境，成人与幼儿或幼儿与幼儿围绕着某个双方共同需要面对的问题协同活动，双方都作为活动中的成员参与其中。其核心是：双方是平等的，没有等级和特权。在这样的交往学习中，一方面让幼儿感受民主、平等、公正的人际关系，另一方面为幼儿营造一种积极、安全的交往氛围。幼儿在这样的交流氛围下通过一次次的碰撞、冲突、矛盾、协商、交换、合作，发现与人交往的规则，学习体验别人的情感，从而正确选择自己的行为。

### (二)及时捕捉幼儿感兴趣或有价值的话题，引导幼儿在交往中自主学习，获得经验

蒙台梭利认为：“唯有通过观察、分析，才能真正了解幼儿的内在需要和个别差异，以决定如何协调环境，采取应有的态度来配合幼儿的成长需要。”交往学习中，教师应该仔细观察、及时捕捉幼儿的兴趣和需要，有效设计和实施活动方案。活动方案不仅侧重于幼儿在活动中的感受和体验，更侧重于幼儿通过相互交流和合作，通过自主学习建构知识，积累经验。在幼儿为解决某个问题而进行的交流中，他们要达成对问题的共同理解，建立较完整的表征，这是解决问题的关键。

**资料卡**

#### 种子会发芽

教师组织“春天的秘密”活动，发现幼儿对春天里种子会发芽这一秘密有浓厚的兴趣。于是根据幼儿的需要，对种子这一教育因子进行了分析与挖掘，引导孩子去发现和总结。

当幼儿将从家里带来的种子(会发芽)展示给大家时，“你是什么种子”“这个种子的样子很奇怪”“我的是××的种子，它会……”幼儿表现出既对别人带来的

种子的兴趣，也有向别人介绍自己种子的兴奋。这样就产生了交流的欲望，并有了“我想知道更多的种子”的学习冲动。而这种冲动，外向的幼儿会直接表露出来；内向的幼儿就隐蔽一些，不动声色；能力较弱的幼儿不知道该怎么做。教师在给予幼儿充分交流机会的同时，更多的关注那些内向和能力较弱的幼儿。如老师可以用“你带的种子很特别，让我们猜猜是什么？……”老师猜不准，幼儿有了想说的愿望，这时只要适当引导“你能告诉大家，它的名字吗?”便能让这部分幼儿也加入到交流中。孩子们在这种宽松、自主的环境中交流信息，获得经验。

交流信息后，幼儿很想知道其他组(活动是以小组为单位进行的)带来种子的情况，于是觉得需要先将种子分类，教师引导幼儿把结果记录下来，以便向大家介绍。这一环节，孩子们的交往意识很强，每个人都能主动提出自己的想法，与同组的伙伴交流。如，有的提出把黄豆、绿豆、赤豆放在一起因为它们的形状差不多而且上面都有一个小白点；有的把黑豆和黑色的花籽放在一起因为它们是都是黑色的，有不同意见的马上就会提出要把黑豆和绿豆等放在一起，两种意见的冲撞使组里的小伙伴分成了甲方乙方，在这种争辩中，两种方法都是可行的。在最终保留哪一种方法时，孩子们想出了用少数人服从多数人的办法来解决。

(资料来源：《让孩子用自己的方式学习》，杭州幼教教研网，2003 年 12 月 30 日)

又如，幼儿在游戏、玩耍时，经常会出现这样那样的摩擦与纠纷。有的幼儿能很好地解决，有的幼儿则不会。好朋友因为一点小事情转眼间谁也不理谁了。之所以会这样主要是因为现在的幼儿在家娇生惯养，都非常缺乏合作精神、交流意识。为了及时引导孩子正确处理同伴间的矛盾，提高他们的交往学习能力，可以开展社会活动“‘对不起’真神奇!”等，来让幼儿学习交往的基本礼貌用语。

### (三)合理指导幼儿进行对话与互动，掌握交往规则

要保证幼儿交往学习中对话与互动，首先要指导幼儿学会倾听，学会倾听是对话与互动的前提条件，让幼儿指导在别人说话时不要轻易打断，倾听的质量高低很大程度上决定了对话与互动的质量和效率。其次要指导幼儿克服自我中心意识。瑞士心理学家皮亚杰认为，年幼儿童和成人的思维之间存在着质的差别，幼儿不能区别自己和别人的观点，不知道除了自己的观点，还存在着别人的观点；他只能从自己的观点看事物，以为事物就是他看到的样子，不可能再有其他的看法。为此，他提出了“自我中心”的观点。幼儿的思维无论是直观行动思维还是具体形象思维，都是以自己的直接经验为基础的思维，因此他们的思维都带有自我中心性。思维具有自我中心性的幼儿在思考和解决问题时，习惯于从自己的立场和观点出发，而不太容易从客观事物本身的内在规律或者他人的角度去思考和理

解问题。最后，要充分发挥教师的支撑辅助作用，一方面教师可以适度辅助幼儿进行交流结果汇报，另一方面，教师要及时表扬交往学习过程中表现良好的幼儿，鼓励交流认真的幼儿。

总之，由于幼儿的神经系统，特别是大脑发育还不成熟，同时思维还具有较大的自我中心性，幼儿交往学习的层次往往不高，但对幼儿发展来说却有十分重大的意义，因此教师要充分发挥教师的指导作用促进幼儿的交往学习。

## 四、幼儿交往学习的评价

首先，它能为幼儿的学习和发展提供参照、借鉴和多种视角，从而使幼儿学习和发展超出个体经验和视野的局限。“独学而无友，则孤陋而寡闻”。学习如果局限于个体经验或个体内部的加工过程，则很容易出现视野狭隘、认识偏颇、固执己见等弊端。而个体通过与具有不同生活经验、认知结构和思维方式的他人之间的交流、互动、碰撞与合作，就能从他人那里获得不同的态度、思维方式和思想观点的启发或借鉴，进而对自身认知结构、思维方式和情感态度进行调整和丰富。

其次，交往学习是促进幼儿的社会性素质发展的主要途径。人的社会性素质，是指人在处理与他人关系或在人际交往方面所体现出来的倾向、方式和水平等素质，如交往兴趣或需要、交往技能、合作精神、理解他人的能力、同情心、道德品质等。人的社会性素质主要不是在书本知识学习或动手操作等对象性活动中形成的，它主要是在人与他人的交往过程中形成的。

再次，交往学习也是推动幼儿自我意识良性发展的基本条件。在幼儿的自我意识发展中，幼儿的自我反思起着重要的作用。但是，幼儿自我意识的良性发展不能仅仅在孤立的自我反思中进行。相反，它需要幼儿走出“主观自我”，在丰富的人际交往中借助他人这面“镜子”，以他人对自己行为的反应、评价等为参照，全面、客观地认识自己，并形成“客观自我”。

交往学习对人的发展也有一定的局限性，主要表现在：

一是交往学习容易使幼儿产生从众、简单模仿的心理和行为。幼儿由于年龄小，缺乏明辨是非的能力，在与人交往中，很容易直接受到交往对象的影响。

二是交往学习不能使幼儿获得个体发展的所有经验。幼儿在与他人的交往活动中，从他人那里借鉴和吸收的主要有关活动或生活方面的间接经验，不能代替幼儿自身通过亲身实践获得的直接经验。

因此，在具体实施过程中，幼儿的学习方式并不是彼此孤立的，教师应根据幼儿学习的内容和发展的需要，合理选择和交互运用多种学习方式，如交往学习与操作学习的交互运用，观察学习与体验学习的交互运用等，以促进幼儿的身体、智力、情感和社会性的发展。

**资料卡**

### 大班幼儿的交往学习区域活动

**活动一：我的小学(美工区)**

大班孩子马上就要上小学了，在“我要上小学”的主题活动开展过程中，请幼儿画小学的房子，我们提供的材料是一张很大的纸，请幼儿在这张大纸上画房子。游戏中几个小朋友来到美工区，自主地进行交流和合作，商量谁画什么房子，谁装饰哪栋楼。

**活动二：称重量(探索区)**

在探索区投放了很多的材料，称重量的游戏材料有：天平、砝码、电池、锁、钥匙等。初玩游戏时，孩子们只是随意地摆弄，不停地向天平上放东西，没有任何意义。后来针对幼儿无交流和合作行为的情况，我们在探索区提供了称重量的记录表，在表格上写着“重、轻”两个字。这时孩子们的游戏中出现了交往行为，一个人往天平上放东西，另外一个人则负责记录，画出轻、重两种物品。

**活动三：动物园(建构区)**

活动前教师通过规则介入，首先交流讨论我们现在的主题内容，确立一个拼搭的主题，然后教师引导幼儿商量、分工、谦让地进行游戏。在拼搭的过程中教师观察并指导幼儿游戏，教师以同伴的身份参与到游戏中，直到幼儿的合作行为，同时对幼儿认真完成任务也有帮助。

**活动四：故事林(语言区)**

在语言区设置“故事林”，即墙面上贴一幅美丽的图画，有房子、树、草地等，活动区里还有各种小动物的图片及手偶。几名幼儿手拿图片或手偶编故事，然后幼儿互相交换角色，将故事不断地续编下去。在这个过程中，幼儿相互学习了同伴间的思维方式、讲述技巧、词汇句式，促进口语的发展，体验新型讲故事的乐趣。

(资料来源：http：//www.gaofen.com/article/197107.htm)

## 本章小结

教师在了解幼儿学习过程和学习特点的基础上，关注和探讨幼儿的学习方式，是把握幼儿如何“学”的重要内容。幼儿的学习方式有：观察学习、操作学习、体验学习和交往学习。

观察学习是指个体观察他人(榜样)的行为及其行为后果，就可以获得学习经验的一种学习方式。观察学习不等同于模仿，不依赖直接强化，不一定有明显的行为反应等。幼儿观察学习的对象是榜样，受一系列相互联系的心理过程(注意过程、保持过程、运动再现过程和动机过程)支配。教师在指导过程中要关注幼儿注意和记忆的特点，采用适宜的榜样，有效利用不同强化方式。

操作学习是指个体在实际操作活动中进行学习的一种学习方式，具有思维性、物体性和个体多样化的特点，既包括以操作为方法和手段的操作性学习，又包括以操作为目的和内容的操作本身的学习。教师在指导过程中要提供适宜的操作材料、适时适度有针对性指导、给予幼儿不同的操作学习方法。

体验学习指一种以学习者为中心，通过实践与反思相结合来获得知识、技能、态度的学习方式，具有情境性、反思性和个人性，分为具体体验、反思观察、抽象概括和主动检验四个阶段。教师指导时要设计真实的具体体验，引导体验后的反思观察，关注幼儿的内在思维和再次创造应用情境。

交往学习是指个体以他人为对象，通过与他人的对话、交流、互动而展开的学习方式，有讨论学习和合作学习两种类型，教师要搭建一个民主、平等、开放、合作的交流环境，及时捕捉幼儿感兴趣或有价值的话题，引导幼儿在交往中对话与互动，掌握交往规则，在自主学习中获得经验。

观察学习、操作学习、体验学习和交往学习都是幼儿重要的学习方式。教师应根据幼儿的发展需要和具体活动目标，有针对性地选择幼儿的学习方式。在具体实施过程中，这些学习方式并不是彼此孤立的，往往需要交互运用多种学习方式，如讨论学习与操作学习的交互运用，观察学习与体验学习的交互运用等。

## 【思考与练习】

1. 你是如何理解观察学习的概念、特点、类型和运行机制？教师应如何指导幼儿的观察学习？

2. 你是如何理解操作学习的概念、特点、类型和运行机制？教师应如何指导幼儿的操作学习？

3. 你是如何理解体验学习的概念、特点、类型和运行机制？教师应如何指导幼儿的体验学习？

4. 你是如何理解交往学习的概念、特点、类型和运行机制？教师应如何指导幼儿的交往学习？

5. 采取访谈的形式，了解教师对幼儿学习方式的掌握和运用情况。

6. 观察记录一个幼儿园教学活动，分析和评价该活动中幼儿学习方式的合理性。

# 第六章 幼儿学习的个体差异与适宜性发展

【本章学习要点】

1. 理解幼儿学习个体差异的表现；
2. 了解幼儿的学习障碍与常见问题；
3. 掌握并运用幼儿发展适宜性的教学方式。

幼儿的个性特征、学习风格、已有经验各不相同，个体差异现象在幼儿学习中普遍存在，是教师实施教育活动必须考虑的重要方面。了解幼儿学习的个体差异，有助于针对每一位幼儿的学习特点、兴趣与能力水平开展适宜性教学。本章主要围绕幼儿学习的个体差异与适宜性发展进行系统阐述，以帮助大家充分认识幼儿学习中的差异。

## 第一节 幼儿学习的个体差异

意大利瑞吉欧教育创始人洛利斯·马拉古兹（Loris Malaguzzi）在《不，一百种是在那里》诗篇中这样写道：

孩子，是由一百种组成的。
孩子有一百种语言，
一百双手，一百个想法，
一百种思考、游戏、说话的方式。
一百种是一百种倾听、惊奇、爱的方式，
一百种歌唱与了解的喜悦，
一百种世界，
等着孩子们去发掘，
一百种世界，

等着孩子们去创造，
一百种世界，
等着孩子们去梦想。
孩子有一百种语言，
但是他们偷走了九十九种。

学校和文化，
把脑袋与身体分开。
他们告诉孩子：
不要用脑袋去想，
只要倾听不要说话，
了解但毫无喜悦。
只有在复活节与圣诞节的时候，
才去爱和惊喜。
他们告诉孩子：
去发现早已存在的世界。
而一百种当中，
他们偷走了九十九种。
他们告诉孩子：
工作与游戏，
真实与幻想，
天空与大地，
理想与梦想，
不是同一国的。
因此他们告诉孩子，
一百种并不在那里。
孩子说：
不，一百种是在那里。

由此可见，学习中个体差异现象无处不在。一个班如果有25名幼儿，那么教师面对的就是在学习上具有不同风格的25个个案。尊重幼儿学习中的个体差异也是时代发展的需要。科学发展观认为个体的成长既有规律性，又有特殊性，每个个体的发展在遵循人类发展规律的同时，又有其独特性。个体差异的提出是以人为本观念的重要反映。现代幼儿教育不要求孩子整齐划一地发展，而是要体现出个人的独特性与差异性。这种独特性和差异性在幼儿的学习中通常表现为学习能力差异、学习类型差异、性别差异和学习品质差异等。

## 一、幼儿学习能力的差异

### (一)学习能力的概念

学习能力是智力结构中与学习密切相关的那一部分能力，主要包括理解力、记忆力、问题解决能力及评价能力。

加德纳(Gardner，1983)认为，智力并非只有语言文字能力和数学逻辑能力两种形式，而是存在着多元智能。例如，如果仅根据语言文字能力和数学逻辑能力两种形式来判断智能高低，那么奥运会冠军很可能在文化考试中不及格。如果就此判断他们低智能，显然是不合理的。因此，加德纳的多元智能理论指出，每个人至少有 8 种智力中心，即：语言智力、逻辑或数学智力、音乐智力、空间或视觉智力、运动或身体智力、人际智力(与他人相处的能力)、内在智力或内省智力(洞察和了解自己的能力)、自然观察智力(对物体进行辨别和分类的能力)(见表 6-1)。

表 6-1 加德纳的多元智能

| 智　力 | 主要成分 | 典　型 |
| --- | --- | --- |
| 1. 语言智力 | 用言语思维、言语表达和欣赏语言深层内涵的能力结合在一起并运用自如的能力 | 诗人、作家、编辑、教师、律师 |
| 2. 数学逻辑智力 | 有效地计算、测量、推理、归纳、分类，并进行复杂数学运算的能力 | 科学家、工程师、电脑软件研发人员 |
| 3. 音乐智力 | 对旋律、节奏、音调的感知鉴赏能力 | 歌唱家、作曲家、指挥家、调琴师 |
| 4. 空间智力 | 准确感知视觉空间及周围一切事物，并且能把所感觉到的形象以图画的形式表现出来的能力 | 建筑师、摄影师、飞行员、画家 |
| 5. 身体运动智力 | 善于运用整个身体来表达思想和情感、灵巧地运用双手制作或操作物体的能力 | 运动员、舞蹈家、演员、外科医生 |
| 6. 人际智力 | 辨识他人心境、喜好、期望且有效适应的能力 | 外交家、心理咨询师 |

续表

| 智　力 | 主要成分 | 典　型 |
| --- | --- | --- |
| 7. 内省智力 | 认识自己的长短处、期望、能力，能体认自己的情绪并有效诱导行为的能力 | 哲学家、思想家、政治家、心理学家 |
| 8. 自然观察智力 | 善于观察自然界中的各种事物，对物体进行辨别和分类的能力 | 天文学家、地质学家、生物学家、考古学家 |

### (二)幼儿学习能力差异的表现

研究发现，3岁幼儿的智力优势中心已有明显差异，如有的擅长语言，有的擅长音乐，还有的擅长空间或视觉等。教师必须发现并尊重这种差异，以确保教学的高效率和高质量。

**资料卡**

### 妮妮与安安在学习能力方面的差异

妮妮的体形比一般同年龄的孩子大，但是在肢体动作的发展方面却比同年龄的孩子慢。4岁的时候，她还不会左右交替一步一步上下楼梯。她有一个比她大5岁的姐姐。妮妮一直想在语言游戏和数学问题方面赢过姐姐，因此妮妮的词汇及沟通能力已经相当于七八岁孩子的程度了。3岁的时候，有人送她一个玩具娃娃，她居然说："谢谢你，我正巧需要一个娃娃。"她对数字的理解力也很强。新来的幼儿园老师请她数数，妮妮不客气地问老师："是要从1数起？还是要2个2个一数？5个5个一数？还是10个10个一数呢？"但是，妮妮与小朋友相处时还不是非常自在。有时候要靠姐姐或大人的帮助才能加入一群孩子的游戏。

安安是家中的独生子，而且是个早产儿。4岁时，安安在同年龄的孩子中算是比较瘦小的。但是他的肢体协调能力很好，喜欢运动，而且很会打球，只要有人扔球给他打，几乎是百发百中。想学会新的技能时，安安会在一旁观看。除非他已经非常笃定自己能胜任无虞，否则他绝不会上场小试身手。虽然老师一直鼓励他画画或写字，但是他似乎不怎么有兴趣。平常也不见他有特别练习，但是有一天，安安却坐了下来，工整地写出自己的名字。安安非常有同情心，跟园里的孩子都相处得很好，似乎天生就懂得用语言解决争端，从来不用拳头解决冲突。

（资料来源：陈帼眉、姜勇，《幼儿教育心理学》，北京师范大学出版社，2007）

根据加德纳的多元智能理论，我们可以发现这两名幼儿在学习能力方面存在差异。妮妮在语言智能、数学智能上比较强，但在运动智能上有所不足；安安在运动智能、社交智能上比较突出，但在空间智能上则比较欠缺。多元智能为我们了解幼儿各领域的学习与发展提供了比较清晰的图谱，有助于教师更好地认识幼儿的学习。

## 二、幼儿学习类型的差异

### (一)学习类型的概念

学习类型(learning style)又叫学习风格或学习方式。这一概念最初由美国圣·约翰大学的邓恩(Dunn)夫妇提出。关于学习类型的含义，研究者们的观点不尽一致。有的学者认为学习类型是一种学习方式或学习倾向，如亨特( Hunt，1979)认为“学习类型是描述儿童在教育情境里最有可能出现的学习方式，它是指儿童如何学，而不是已经学到了什么”。有的学者认为学习类型是一种方法或策略，如舒梅克( Schmeck，1982)认为“学习类型是一种方法或策略，每个人的学习方法都来自于一些特殊的策略，而这些策略是一个人学习类型的表现”。迈克姆( Malcom，1981)等人认为“学习类型是儿童在他们的教育经验中碰到问题时所用来解决问题的方法”。有的学者将学习类型看作是一组行为表现，如克菲(Keefee，1979)认为“学习类型包含认知的、情绪的、心理的行为，这些行为是学习者用来知觉学习环境，与环境交互作用，并向学习环境反应的一种稳定的指标”。有的学者则把学习类型看作一种行为处事方式，如格里克等人(Gregorc & Ward，1977)认为“教师的教学类型和儿童的学习类型，其实就是个人的处事方式”。还有些学者把学习类型与认知类型(cognitive style)看作是同义词，喜欢用“认知类型”来解释一个人对环境反应及行为或适应的方式。

综上所述，我们认为，学习类型主要包括认知风格、学习策略、内外控制点、兴趣、态度等。例如，有些幼儿易冲动，而有些幼儿则较为谨慎；有些幼儿喜欢自己作出决定，有些则依赖教师或同伴的帮助；有些幼儿喜欢通过听来学习，而有些则喜欢通过摆弄操作来学习。

### (二)学习类型的特征

#### 1. 学习类型直接参与学习活动，并影响学习效果

学习类型不同于其他个性心理特征。学习活动的进行必须借助于学习类型的

中介，才能对学习活动产生间接的影响。

2. 学习类型是个人对学习情境的一种特殊反应倾向或习惯方式

由于个人身心特点的差异，不同的人对不同学习刺激会表现出不同的偏向和习惯方式，比如有的儿童喜欢合作学习，有的则喜欢独立学习；有的喜欢听觉刺激，有的喜欢视觉刺激，还有的喜欢动觉刺激。

3. 学习类型具有独特性、稳定性

由于学习类型是一种习惯的学习方式，所以它具有一致性、稳定性；而且每个人的学习方式都有其特殊之处，表现出人与人之间的独特差异。

### (三)幼儿学习类型差异的表现

幼儿共有五种学习类型：视觉型、听觉型、身体型、书面型和群体互动型。“视觉型学习者”当学习内容以图像的形式出现时，学习得最好；“听觉型学习者”通过音乐和谈话，学习得最好；“身体型学习者”当他们能全身运动、体验和实验时，学习得最好；“书面型学习者”喜欢阅读，他们喜欢从书本上吸取知识，他们偏好自己阅读而不愿意别人为他们解释；“群体互动型学习者”偏好讨论或其他需要大家一起参与的活动，他们喜欢交换意见。虽然这五种学习方式都可能为每个学习者所使用，但使用程度与效率会有差异。因此，教师要认真观察、研究和尊重每一幼儿的学习类型。

请阅读表6-2，了解你自己的学习类型。

表6-2　三种学习类型

| 当你 | 视觉的 | 听觉的 | 肌肉运动知觉和触觉的 |
|---|---|---|---|
| 拼写 | 你是否试着看字？ | 你是否大声说出字或使用语言方式？ | 你是否写下字词，以确认其准确与否？ |
| 谈话 | 你是否不喜欢听得太多？你是否经常用这些词，如看、图片、想象？ | 你是否喜欢听但是不耐烦说话？你经常用这些词，如听、音调、思考？ | 你是否喜欢做手势而且使用表达的动作？你是否经常运用这些词，如感觉、接触？ |
| 注意 | 你是否被一些看上去不整洁的事所分心？ | 你是否经常被声音或噪音分心？ | 你是否经常被你周围的活动所分心？ |

续表

| 当你 | 视觉的 | 听觉的 | 肌肉运动知觉和触觉的 |
| --- | --- | --- | --- |
| 再一次遇见某人 | 你忘记名字但是记得脸或记得你遇见的地方。 | 你忘记脸但是记得名字或记得你们的谈论。 | 你记得你们一起做的事。 |
| 因公联络人 | 你偏爱直接的、面对面的交谈。 | 你偏爱通过电话交流。 | 你喜欢在参与活动时交流。 |
| 阅读 | 你喜欢在描述性的场景停止阅读进行想象活动。 | 你喜欢会话和交谈或听到人物的谈话。 | 你偏爱武打小说。 |
| 在工作中做新的东西 | 你喜欢看示例，如图表、幻灯或海报。 | 你偏爱言语的指导或与他人谈话的方式。 | 你偏爱跳跃性的方式。 |
| 所用的计算机需要帮忙 | 你自己看图例。 | 你呼叫他人或邻居帮忙，或对着计算机发怒。 | 你继续在计算机上尝试努力。 |

（资料来源：Colin Rose. Accelerated Learning，1987）

**资料卡**

## 测试你的学习类型

请按照以下网址尝试登录这个网站(http：//www. engr. ncsu. edu/learning-styles/ilsweb. html)。填写完该问卷提交后，它会输出相应的结果，帮助你了解自己的学习类型。

**资料卡**

## 幼儿学习类型的个体差异

“老师，电脑还没说完，琦琦就按‘开始’了。”我回头一看，是豆豆在向我诉苦。

“你还没有听明白游戏的规则，琦琦就让游戏开始了，是吗?”

“是。都好几次了。我不想跟他玩儿了。”

“那你问问他听明白游戏规则没有。他要是听明白了，你可以让他教你呀；

要是他也不明白，你请他和你一起再听一次，好吗?”

“好吧。”豆豆赶紧回到自己的电脑前。

“你会玩吗？……那你再跟我一起听一遍这个，他会告诉咱们怎么玩的。你要是没听完就按‘开始’，我就不和你玩了。”豆豆不满意地对琦琦说。说完，豆豆抢过鼠标，熟练地退出游戏，又重新进入，然后紧紧握着鼠标不松手……“你听，它说这个是选一个颜色，然后，电脑上出现哪个字，就在这几个里面找。你明白了吗?”豆豆一边指着键盘，一边指着显示器，向同伴说明游戏方法。……“咱们开始玩吧。”说着，他们进入了游戏。

幼儿的认知方式是有差异的，有的幼儿属于听觉型：倾向于语言、文字的领悟，靠语言去学习，按指令进行操作；有的幼儿属于视觉型：经常按照自己的方式去寻求游戏的方法。

豆豆在日常生活中玩玩具、做游戏通常按照自己的方式寻求方法，是一个典型的视觉型幼儿。通过几次电脑活动，我发现他在操作电脑时表现出来的知觉方式和平时截然不同，他能够踏踏实实坐下来，认真仔细地把游戏规则听完、听懂，并且很乐意这样做。这就说明虽然幼儿的认知方式是相对稳定的，但不是一成不变的。教师可以通过为幼儿创设或改变认知环境，调整幼儿的认知方式，以更好地达到教育目的。

（资料来源：http：//baby. sina. com. cn/news/2005-01-12. /14949. shtml)

## 三、幼儿学习的性别差异

### (一)幼儿性别差异的形成

性别差异更多是社会建构的，而非生物遗传的单一影响。性别差异主要源于社会实践和风俗习惯的不同，而不是个体固有的性别属性差异。许多社会学家否认性别的二分法观点，认为男女之间的相似性远远超过了他们间的差异。随着社会变迁，性别之间的差异逐渐减少，性别不是整齐划一的，男女性别间的巨大差异取决于他们的社会地位、教育、种族和职业。两三岁的孩子，开始知道自己是男孩还是女孩，渐渐懂得男孩女孩的区别。通过模仿同性别的人，逐渐出现性别角色心理的萌芽。比如，女孩子爱玩娃娃家，男孩子爱玩小汽车；女孩子爱打扮，男孩子就没有兴趣。在这里，成人的作用是相当大的。比如，大人更多为女孩子提供玩具娃娃，给男孩子买汽车。孩子的行为，如果符合社会期望，大人往往加以鼓励；不符合男孩或女孩性别角色的行为，就会被制止。比如，男孩过于文静，会受到批评，说他不像男孩子；而那些十分活泼好动的女孩子，则会被叫作“疯丫头”，说不像女孩。成人对女孩子的顺从行为，要求较多，对男孩子的“不听话”，则比较宽容。男女幼儿的性别差异，就这样在日积月累的生活事件中，逐渐形成。

### (二)幼儿性别差异的表现

性别差异不仅会影响幼儿学习某些技能的速度，还会影响到学习的方式。比如，婴幼儿期在身体发育方面，女孩比男孩发育得快、成熟得早些。学龄前的女孩比男孩更善于跳跃，做节律运动，保持平衡。以后，男孩会在跑、跳、投等方面超过女孩，女孩则仍在单脚跳方面保持优势。女孩在智力发展的某些方面比男孩快一些。大部分女孩开口说话比男孩早，在遣词造句方面也比男孩好些、早些。女孩说话时句子更长些，这不仅表现在学习说话的早期，在以后的生活中也是如此。女孩似乎阅读和写作也要比男孩早，她们在语法和写字方面也更胜一筹。在数学方面，从童年到少年，女孩的算术比男孩稍强。可是在此之后，男孩在数学推理方面就要略显优势。几乎每个年龄段的男孩都显出胜于女孩的空间想象力。

不只是在认知领域，在社会性学习领域，同样也存在着性别差异。一项有关幼儿独立性的性别差异研究(杨瑞清，1998)表明(见表 6-3)，男孩独立性得分集中在 45～54 和 35～44 的分数段里，分别集中了 40%和 28%的人数；女孩独立性得分集中在 55～64 和 45～54 的分数段里，分别集中了 33%和 62%的人数。男孩的均值低于女孩，男孩有 12%集中在 25～34 的分数段里，而女孩没有。女孩总体独立性水平较男孩高。

**表 6-3　幼儿独立性的性别差异**

| 性　别 | 男孩 $N=40$ | | | | 女孩 $N=40$ | | | |
|---|---|---|---|---|---|---|---|---|
| 分数段 | $N$ | $\Sigma$ | $\bar{X}$ | 百分比 | $N$ | $\Sigma$ | $\bar{X}$ | 百分比 |
| 55～64 | 8 | 460 | 57.5 | 20 | 13 | 788 | 60.6 | 33 |
| 45～54 | 16 | 787 | 49.2 | 40 | 25 | 1238 | 49.5 | 62 |
| 35～44 | 11 | 447 | 40.6 | 28 | 2 | 84 | 42.0 | 5 |
| 25～34 | 5 | 161 | 32.2 | 12 | 0 | 0 | 0 | — |

(资料来源：杨瑞清，《关于 5～6 岁儿童独立性发展现状及性别差异的调查研究》，《教育科学研究》，1998 年第 4 期)

在社会交往学习方面，研究者(梁拴荣，1999)对小、中、大班男孩 112 人、女孩 133 人进行了轮流意识、合作等的调查(见表 6-4)，结果发现，不同性别幼儿的社会交往学习存在非常显著的差异，特别是在轮流意识、合作上，女孩的学习水平显著高于男孩。杨丽珠等人的研究也表明，幼儿自我控制能力同样存在着性别差异，女孩普遍在自我控制能力上要强于男孩。

**表 6-4　幼儿社会交往的性别差异**

| 项　目 | 性 别 | 好 | 差 | $X^2$ 值 | 概率 $P$ 值 |
|---|---|---|---|---|---|
| 分享物 | 男 | 54.46 | 45.54 | 0.003 | 0.959 |
| | 女 | 54.14 | 45.86 | | |
| 分享快乐 | 男 | 82.14 | 17.86 | 3.408 | 0.065 |
| | 女 | 90.23 | 9.77 | | |
| 轮流意识 | 男 | 41.07 | 58.93 | 10.324 | 0.001*** |
| | 女 | 61.65 | 38.35 | | |
| 意见的接受性 | 男 | 77.68 | 22.32 | 2.665 | 0.103 |
| | 女 | 85.71 | 14.29 | | |
| 纠纷解决方式 | 男 | 41.07 | 58.93 | 1.493 | 0.222 |
| | 女 | 48.87 | 51.13 | | |
| 合作 | 男 | 42.86 | 57.14 | 4.455 | 0.035*** |
| | 女 | 56.39 | 43.61 | | |

(资料来源：梁拴荣，《幼儿社会交往能力发展研究》，《山西大学师范学院学报》，1999 年第 1 期)

陈会昌(1993)调查了全国 7 省市 1842 名 3～9 岁儿童的社会性发展，包括社会性情绪、社会认知、社会适应、遵守生活常规、遵守道德规则、同伴关系、意志品质、独立性、自我概念、道德品质、社会技能等多个方面。结果发现，在上述内容中，女孩显著高于男孩的有 5 个维度，即社会技能、自我概念、意志品质、道德品质、社会认知，在社会适应和社会情绪两个分量表中，无显著性别差异。调查表明，在 3～9 岁儿童的社会性发展方面，女孩略优于男孩，而且这种差异表现在社会性的大多数方面。

## 四、幼儿学习品质的差异

### (一)学习品质的概念

在学前教育领域，“学习品质”已成为幼儿教师和家长所关注的一个热点。截至2009年4月，美国52个州的《早期儿童学习标准》中，共有27个州将“学习品质”作为单独的领域进行呈现，数量占所有州的一半多，意味着学习品质的培养进入了主流教育视野，提上了教育的议事日程，同时也预示着在学前教育阶段培养儿童良好的学习品质，对儿童的一生发展有着重大意义。

关于学习品质的界定，以华盛顿州的定义最具代表性：“学习品质指能反映儿童自己以多种方式进行学习的倾向、态度、习惯、风格等。它不是指儿童所要获得的那些技能，而是儿童自己怎样使自己去获得各种各样的技能。”我国学者鄢超云(2009)认为学习品质主要包括好奇与兴趣、主动性、坚持与注意、创造与发明、反思与解释五方面内容。其中好奇与兴趣是指儿童具有好奇感，有寻求新信息的兴趣，有对新知识的敏锐等，即儿童对新的操作材料和内容感兴趣，表现出较强的想操作愿望等。主动性是指儿童肯接受任务，愿意参与学习活动，表现在面对任务时跃跃欲试，积极配合，热情投入，有问题能主动地提出等。坚持与注意是指儿童在完成任务时，表现出坚持性，能够集中注意，不容易被干扰或丧失信心。坚持性很好，即遇到困难或不会做的题目坚持尝试解决。注意力良好，即听成人讲要求、操作材料、探索问题时都能专注、投入。创造与发明是指儿童能够利用想象拓展知识，探索愿望很强烈，能够通过思考，有目的地利用材料，快速地解决问题，方法有创意。反思与解释是指儿童能吸收、思考、理解已有的知识和信息，以进一步理解目前的任务或活动，能用多种方式来表达自己的想法与意见，并能说明原因。

综上所述，幼儿的学习品质指具有的那些用于支持其取得学习成功的因素，主要由学习习惯和学习态度两部分构成。其中学习习惯是指幼儿在日常学习中所表现出来的惯常的行为方式，学习态度是幼儿对学习的评价和行为倾向。

### (二)幼儿学习品质差异的表现

近年来，研究者们越来越关注幼儿学习品质的差异并据此提出了不少的教育建议。如王宝华、冯晓霞等人(2010)的研究结果显示，不同家庭社会经济地位的幼儿在学习品质上存在显著性差异，低层家庭幼儿的学习品质明显落后于高层家庭幼儿。李帆(2011)通过调查发现，幼儿的家庭常规和学习品质之间呈正相关关系，改善家庭常规有助于幼儿学习品质的发展。孙艳(2011)通过对40名5～6岁的幼儿及家长进行测查和访谈后发现在学业成绩、主动性、抗挫折能力和想象与创造4项上，不同家庭教养方式的幼儿之间存在着显著差异，其中启发诱导型得分最高，放任自流型得分最低。要使家庭教养方式能够更好地促进幼儿学习品质的形成，一是父母不仅要营造温馨的家庭生活环境，而且家长与幼儿之间要建立亲密无间的亲子关系；二是父母不仅要掌握幼儿身体及心理发展的规律和特征，而且要不断学习先进的教养理念及方法，同时父母要加强自身个性的修养，为幼儿树立良好的榜样；三是父母要民主、平等地对待幼儿，关心幼儿，善于沟通，敢于放手，鼓励引导，慎用批评，杜绝体罚。

# 第二节　幼儿的学习障碍与常见问题

## 一、幼儿的学习障碍

### (一)学习障碍的概念

学习障碍(learning disabilities，简称为LD)是西欧国家习惯的省略用语，曾有过多种定义，到目前为止，可查阅到的相关术语与定义已达90种以上。国际学术界最早的界定是美国教育心理学家科克(Kirk)于1963年提出的学习障碍概念。他认为学习障碍是指儿童在语言、说话、阅读和社会交往技能方面的发育障碍。这些障碍不包括视、听觉障碍和智力障碍。在此之后，学术界研究比较活跃，不同的研究领域，不同的研究宗旨，其概念有所不同，其中具有代表性的定义有以下几种。

1. 美国公法的定义

LD是指与理解、运用语言有关的一种或几种基本心理过程上的异常，导致儿童在听、说、读、写、思考或数学运算方面显示出能力不足的现象。这些异常包括知觉障碍、脑伤、轻微脑功能失调、阅读障碍和发育性失语症等情形。但LD一词不包括因视觉、听觉、动作障碍、智能不足或环境、文化、经济等不利因素所造成的学习问题。

### 2. 美国“全国学习障碍联合会(NJCLD)”的定义

LD是指听、说、读、写、推理或数学等方面的获取和运用上表现出显著困难的一群不同性质的学习异常者的通称。这些异常现象是个人内在的，一般认为是由于中枢神经系统功能失常所致。个体内在自控行为、社会认知与交往中的问题可能与学习无能同时存在，但这些问题不在LD范畴之中，同时，LD也可能与其他残障(如精神发育迟滞，情绪紊乱等)或外界不利条件(如文化差异，教育缺失或不良)相伴发生于同一个体，但LD并非后者的直接后果。

### 3. 世界卫生组织(WHO)的定义

LD是指从发育的早期阶段起，儿童获得学习技能的正常方式受损。这种损害不是单纯缺乏学习机会的结果，不是智力发展迟缓的结果，也不是后天的脑外伤或疾病的结果。这种障碍来源于认识处理过程的异常，由一组障碍所构成，表现在阅读、拼写、计算和运动功能方面有特殊和明显的损害。

### 4. 周平等人(2003)的定义

(1)LD儿童的总体智商(IQ)基本在正常范围内，也有的偏低或偏高；

(2)在听、说、读、写、计算、思考等学习能力的某一方面或某几方面表现为显著困难；

(3)大多数LD儿童伴有社会交往和自我行为调节方面的障碍；

(4)其原因是个体内在的大脑中枢神经系统功能不全所致；

(5)需要排除由于弱智、视觉障碍、听觉障碍、情绪障碍等或由于受经济、文化水平的影响，未能接受正规教育的原因所产生的学习方面的障碍。

## (二)学习障碍的表现

### 1. 书写障碍

书写障碍儿童的一个突出困难就是，写字多一笔少一划，经常把字写错。在计算中，有时难题可以解出来，简单的计算题却做错了。他们容易漏掉许多明显的信息，例如考试时竟然会把整个题丢掉，这是由于儿童的视知觉分辨能力和视知觉记忆能力相对落后所致。这类儿童最易受到老师和家长的误解，认为他们学习态度不好而惩罚他们。其实这是一种学习能力障碍，需要进行有关视知觉训练才能加以克服。

2. 阅读障碍

阅读障碍儿童往往记不住字词，提笔忘字，朗读时增字减字，写作文时语言干瘪，阅读速度特别慢。这类儿童认字时将字当作一个没有意义和语音的图形来死记硬背，阅读时不能自动地将字转换为语音，所以阅读速度慢。如果经常不能有效地阅读，他们将会在各门功课上出现困难。

3. 数学障碍

数学障碍儿童在数学计算和数量概念的理解上有困难，空间推理较差，遇到计算题和较为复杂的数学或物理题就不会解。

4. 注意力障碍

注意力障碍儿童上课不听话，注意力集中时间很短，常做小动作，学习时经常疲倦，下了课则很兴奋。这种儿童自控力差，经常与比自己年幼的儿童玩，显得十分幼稚。

### (三)学习障碍的成因

学习障碍的原因到目前尚不清楚，仍处于探索阶段，普遍认为是多种因素综合作用的结果，既有内因，又有外因；既有个人生理心理方面的因素，也有家庭社会等环境因素；既有先天因素，也有后天因素；总之，造成学习障碍的原因是多方面的，是内外因素综合作用的结果。

1. 生理因素

(1)儿童在胎儿期、出生时、出生后由于某种病伤而造成轻度脑损伤或轻度脑功能障碍。

(2)遗传因素。有些学习技能障碍具有遗传性，如儿童的父亲、爷爷或其他亲属可见到类似情况。

(3)身心发展落后于同龄儿童的发展水平。乳牙脱得慢、走路说话迟、个子特别矮小等；感觉器官功能的缺陷或运动协调功能差。

(4)身体疾病。孩子若体弱多病，经常缺课，会使得所学的功课连续性间断，学习的内容联系不起来，自然会导致学习困难；有的孩子上课小动作多，或存在注意缺陷，不能集中注意力，也会导致学习困难。

### 2. 环境因素

(1)不良的家庭环境。由于父母长期在外工作或家庭成员关系紧张等原因，使儿童从小就未得到大人充分的爱抚，特别是缺乏母爱。

(2)儿童在幼年时未得到良好教养，在儿童早年生长发育的关键期，没有提供丰富的环境刺激和教育。

(3)不适当的学习内容和教育方法使儿童产生厌学情绪。有些父母望子成龙心切，他们拔苗助长，不按儿童的身心特点进行教育，常在教育的内容、方式、方法上违反教育规律。如学前教育小学化，小学教育初中化等。

### 3. 营养与代谢

近来研究证实，儿童学习障碍与营养代谢相关，某些微量元素不足或膳食不合理，营养不平衡可影响智力发育。过去认为碘摄入不足影响儿童智力，锂元素影响儿童的性格特征，进而影响学习。有研究表明学习障碍儿童微量元素锌、铜的含量显著低于正常儿童，而铁也是影响学习成绩的重要因素。

### 4. 心理因素

儿童学习障碍与心理因素密切相关过去已有认识，近来大量研究得以进一步证实，儿童学习障碍存在普遍的心理问题。普遍观察得到的结果是学习障碍儿童学习动机水平低，学习动力不足，学习兴趣差，情绪易波动，意志障碍，认知障碍，自我意识水平低等。

**资料卡**

## 学习困难的原因

近年来的科学研究显示，学习困难是由于小脑发展迟缓造成的，小脑功能若无法有效发挥，将导致各类的学习困难。因为每一个人的小脑发育程度不同，所以每个人的学习困难的症状也不会完全相似，症状也常常相互重叠。

由于小脑是学习过程中重要的讯息处理中心，能将我们的能力“自动化”。有了自动化功能，日常生活中的许多事物和技能，在我们学会后是我们不假思索就可以直接做出来的。一旦小脑无法有效自动化运作，每做一件事都要重新学习，那就很可能让阅读书写、动作协调、人际关系等一般人都可轻易学会的生活技能变成困扰，甚至变成灾难与噩梦，不论怎样奋斗挣扎，却总是陷入一筹莫展的困境。

（资料来源：http：//www.baike.com/wiki/%E5%AD%A6%E4%B9%A0%E9%9A%9C%E7%A2%8D）

## 二、幼儿学习障碍的常见问题

### （一）多动症

1. 多动症的概念

1845年，美国学者霍夫曼（Hoffman）描述了一些幼儿，他们小动作频繁、注意力涣散、情绪不稳定、任性及学习成绩不良。霍夫曼首先指出，他们这些异常行为不是精力旺盛和顽皮，而是一种病态表现。此后，临床报道日益增多，名称也五花八门，如粗笨行为综合征、原发性读书迟缓、器质性脑损害、格氏发育综合征等。

多动症是儿童注意力缺乏、活动过多、冲动性强和延迟满足困难等一系列心理行为问题的总称，它是儿童期最常见、最复杂的心理与行为障碍之一。1949年格塞尔（Gesell）发现，此症与轻微脑损伤有关，故将其命名为“轻微脑损伤综合征”（Minimal Brain Damage）。此后，不少学者研究发现多动症不是轻微脑损伤的结果，而是脑功能轻微失调（Clements，1966）。于是，1962年各国儿童神经病学专家在英国牛津开会讨论，决定在本症的病因尚未弄清之前，暂时命名为“轻微脑功能失调”（Minimal Brain Dysfunction，简称MBD）。1977年国际疾病分类组织将其命名为“儿童期多动综合征”。1980年美国国家精神病组织认为多动综合征的主要问题是注意缺陷问题，故在《精神障碍诊断和统计手册》中将其命名为“注意缺陷障碍”（Attention Deficit Disorder，简称ADD），1987年改称为“注意缺陷多动障碍”（Attention-Deficit Hyperactivity Disorder，简称ADHD）；1990年国际疾病分类组织将其统一命名为多动障碍（Hyper-Kinetic Disorder）。我国则惯称为多动症。

关于儿童多动症的出现率，由于研究方法各异，诊断标准不统一，因此调查结果差异较大，如鲁特（Rutter，1982）报告英国的出现率仅为0.1%，而美国的则在5%～10%之间。我国学龄期儿童多动症的出现率各地为：广州（1977）1.3%，南京（1981）3.3%，上海（1983）13.4%，北京（1983）山区、郊区和城区分别为7.0%、7.3%和4.0%，湖南（1983）6.04%，专家分析5%左右较为可靠。在多动症儿童中，男孩的发病率明显高于女孩，男女比例约为4～9：1。在我国许多儿童心理咨询与儿童精神病门诊中，多动症已成为最常见的心理与行为障碍。多动症对儿童的学习与发展产生十分不利的影响，因而被发展心理学家、教育学家、儿童精神病学家普遍关注。

2. 多动症的表现

多动症与人的高级神经活动类型有关，也与人的心理素质如个体自我控制能力的强弱有关。在不同的年龄阶段，多动症有不同表现。新生儿期表现为易兴奋、惊醒、惊跳、夜哭、要成人抱着睡或嗜睡；婴儿期的表现是不安宁、好哭、容易激怒、好发脾气，母亲常常抱怨孩子难带；幼儿期表现为乱奔乱跑、易摔跤，注意障碍开始变得明显，注意力难以集中，睡眠不安、喂食困难，在幼儿园不遵守规则，不能静坐。幼儿多动症一般有以下表现(如表6-5)：

(1)注意力集中困难。多动症幼儿注意力集中的时间短，在玩积木或其他游戏时，往往也是东张西望。

(2)活动过度。一部分多动症儿童的过度活动，在婴儿时期就开始出现。他们格外活泼，会从摇篮或小车里向外爬。当他们开始学步时，往往以跑代步。

(3)情绪不稳定，任性冲动。多动症幼儿由于缺乏自我控制能力，常对一些不愉快刺激，做出过分反应。

(4)学习困难。多动症儿童智力水平大多正常，然而以上症状会给学习带来困难。如有些幼儿常将“6”看成“9”，分不清左或右等。

**表6-5　多动症在不同年龄阶段的症状表现**

| 年龄阶段 | 症状表现 |
|---|---|
| 婴儿期 | 不安宁、易激怒、行为变化不规则、过分哭闹、叫喊、饮食差、活动性保持高水平 |
| 幼儿期 | 注意力集中时间短、破坏性强、不能静坐、好发脾气、很早入睡或很早醒来、对动物残忍、有攻击行为、好冲动、参加集体活动有困难、情绪波动、遗尿 |
| 学龄期 | 注意力集中时间短、好白日梦(女孩)、不能静坐(男孩)、忍受挫折的耐受性差、对刺激的反应过强、学习困难、不能完成作业、攻击行为、与同伴相处困难、冲动性强、自我形象不好 |

(资料来源：Hussey，H. R.，Behavior Disorder and Learning Disabilities，The Minimal Brain Dysfunction. Masson Publishing Inc. 1979)

### 3. 多动症的原因

(1)与遗传有关

对患儿及其家庭的研究发现，不少患儿的父母在年幼时也有多动症状，其家族中成年人患有癔病、病态人格及酒精中毒的居多。另有学者对非血缘关系的养子多动症进行了研究，发现与患儿有血缘关系的三代以内的近亲有多动症的，远较无血缘关系的养父母要多。大量研究表明，遗传是引起多动症的重要因素。1985 年的一项研究发现，814 例多动症患儿中，40%亲属中有神经精神病或性格障碍等；1990 年张宪斌对 800 例多动症患儿进行研究，发现 14.2%病例有家族病史，有 11 对双胞胎同时患病。这些研究充分说明遗传因素与多动症存在密切的关系。

(2)与大脑发育有关

研究发现，多动症是由大脑额叶发育迟缓引起的。这里主要指的是前额叶，一切感觉和运动功能都在前额叶进行分析综合和调节。同时，多动症儿童的脑电图具有阵发性或弥散性 $\theta$ 波活动增加的特点。$\theta$ 波活动增多在睡眠时较多出现，提示多动症儿童有觉醒不足(即从睡眠中清醒过来不充分)的脑电图。另有研究指出，脑损伤也是引起幼儿多动症的因素之一。可能造成脑损伤的因素较多，如母亲怀孕时受到风疹等病毒感染，妊娠期间吸烟、酗酒、用药不当，受到辐射、外伤、疾病、情绪异常等影响；难产、颅内出血或宫内发育不良；出生后有脑外伤、脑炎、脑膜炎、癫痫、一氧化碳中毒等。但也有学者认为脑损伤不是多动症的最主要病因，脑内神经递质代谢异常，如多巴胺、β-烃化酶偏低造成去甲肾上腺素减少，则可能是有关原因。

**资料卡**

## 多动症儿童的检测

如果幼儿同时具有以下 8 个或更多特征，那么他就可能具有了多动症患者的一般症状。

1. 经常动来动去
2. 很难保持坐姿
3. 容易心烦意乱
4. 很难做到排队等候
5. 经常未加思索就脱口而出

6. 很难做到按照指导逐步完成任务
7. 很难集中注意
8. 经常一项活动未完成就将注意力转向另一项活动
9. 很难安静地玩耍
10. 喜欢插嘴或把自己的思想强加于人
11. 经常在上课时开小差
12. 说话过多
13. 经常不计后果地参加危险活动

（资料来源：克里克山克，《教学行为指导》，中国轻工业出版社，2003）

### (二)孤独症

#### 1. 孤独症的概念

临床上首次描述孤独症是在20世纪40年代。1943年，美国医生坎纳(Kanner)报道了11例患者，并命名为“早期婴儿孤独症(early infantile autism)”。他当时描述这个类群的患者特征如下：严重缺乏与他人的情感接触；怪异的、重复性的仪式性行为；缄默或语言显著异常；高水平的视觉——空间技巧或机械记忆能力与在其他方面学习困难形成对比；聪明、机敏且具有吸引力的外貌表现。最初，坎纳报道的这类患者被认为是儿童精神分裂症的一个亚型而未受重视。在20世纪40～60年代，又有数人描述了与坎纳报道相似的病例，并冠以各种各样的名称。当时的国际及美国精神病分类与诊断标准将这类患者归入“儿童分裂样反应”类别中。

20世纪六七十年代，鲁特(Rutter)的研究指出，孤独症的行为如果被认为是从出生到童年早期的发育障碍所致则更为合情合理。由此，逐渐把孤独症看作是一种躯体性的、与父母抚育方式无任何关联的发育障碍。在此时期，洛特(Lotter)发表了新的孤独症诊断标准，强调把社会交互作用、言语与交流和重复性活动三个方面作为基本标准，并舍弃了坎纳诊断标准中关于“特殊技能和吸引人的外貌”等两项。以后，在洛特标准的基础上，开展了广泛的流行病学调查研究。现在所普遍接受的“孤独症发病率4～5/万人”是当时最重要的研究成果。

20世纪80年代，关于孤独症的研究进入全新阶段。人们开始抛弃所谓“父母抚养方式不当”的病因假说，从生物学领域探索孤独症的病因，并在临床症状的识别和临床诊断方面将孤独症与精神分裂症彻底分开。科尔温(Kolvin)的研究表明，孤独症同成年精神病性障碍，尤其是成年精神分裂症没有关系。1980年出版的《DSM-Ⅲ》首次将童年孤独症视为一种广泛性发育障碍。之后，随着对孤独症研究的深入，逐步认识到孤独症是一种在一定遗传因素作用下，受多种环境因子刺激导致的弥漫性中枢神经系统发育障碍性疾病。在此认识的基础上，开展了从分子遗传到神经免疫、功能影像、神经解剖和神经化学等多方面的研究，人们试图从这些研究中找到孤独症的致病原因。但直至目前，仍没有任何一种假说能从根本上完美地解释孤独症的病因。

### 2. 孤独症的表现

孤独症一般起病于36个月以内，主要有以下表现。

(1)社会交往障碍

在婴儿期，患儿回避目光接触，对人的声音缺乏兴趣和反应，没有期待被抱起的姿势，或抱起时身体僵硬、不愿与人贴近；在幼儿期，患儿仍回避目光接触，呼之常无反应，对父母不产生依恋，缺乏与同龄儿童交往或玩耍的兴趣，不会以适当的方式与同龄儿童交往，不能与同龄儿童建立伙伴关系，不会与他人分享快乐，遇到不愉快或受到伤害时也不会向他人寻求安慰；学龄期后，随着年龄增长及病情改善，患儿对父母、同胞可能变得友好而有感情，但仍明显缺乏主动与人交往的兴趣和行为；成年后，患儿仍缺乏交往的兴趣和社交的技能，不能建立恋爱关系和结婚。

(2)交流障碍

孤独症患儿常以哭或尖叫表示他们的不舒适或需要。稍大的患儿可能会拉着大人手走向他想要的东西，缺乏相应的面部表情，表情也常显得漠然，很少用点头、摇头、摆手等动作来表达自己的意愿。在言语交流方面也存在明显障碍，包括：①语言理解力不同程度受损；②言语发育迟缓或不发育，也有部分患儿2～3岁前曾有表达性言语，但以后逐渐减少，甚至完全消失；③言语形式及内容异常。患儿常常存在模仿言语、刻板重复言语，语法结构、人称代词常用错，语调、语速、节律、重音等也存在异常；④言语运用能力受损。部分患儿虽然会背儿歌、背广告词，但却很少用言语进行交流，且不会提出话题、维持话题或仅靠刻板重复的短语进行交谈，纠缠于同一话题。

(3)兴趣狭窄及刻板重复的行为方式

孤独症患儿对一般儿童所喜爱的玩具和游戏缺乏兴趣，而对一些通常不作为玩具的物品却特别感兴趣，如车轮、瓶盖等圆的可旋转的东西。有些患儿还对塑料瓶、木棍等非生命物体产生依恋行为。患儿行为方式也常常很刻板，如常用同一种方式做事或玩玩具，要求物品放在固定位置，出门非要走同一条路线，长时间内只吃少数几种食物等。并常会出现刻板重复的动作和奇特怪异的行为，如重复蹦跳、将手放在眼前凝视、扑动或用脚尖走路等。

(4)其他症状

约 3/4 孤独症患儿存在精神发育迟滞。约 1/3～1/4 患儿并发癫痫。部分患儿在智力低下的同时可出现“孤独症才能”，如在音乐、计算、推算日期、机械记忆和背诵等方面呈现超常表现，被称为“白痴学者”。

目前为止，尚不存在针对孤独症的特效疗法，但在治疗原则上，存在以下几点共识：①早发现，早治疗。治疗年龄越早，改善程度越明显；②促进家庭参与，让父母也成为治疗的合作者或参与者。患儿本人、儿童保健医生、患儿父母及老师、心理医生和社会应共同参与治疗过程，形成综合治疗团队；③坚持以非药物治疗为主，药物治疗为辅，两者相互促进的综合化治疗培训方案；④治疗方案应个体化、结构化和系统化。根据患儿病情因人而异地进行治疗，并依据治疗反应随时调整治疗方案；⑤治疗、训练的同时要注意患儿的躯体健康，预防其他疾病；⑥坚持治疗，持之以恒。除此以外，加强预防是降低孤独症出生风险的重要措施。如在女性怀孕早期，即胚胎神经管形成和发育期，应避免滥用药，特别是抗癫痫类药物；避免病毒性感染；避开冷热温差变化较大的环境；以及避免受重大精神刺激和创伤等。

**资料卡**

## DSM-Ⅳ孤独症的诊断标准

A. 在下列(1)、(2)、(3)三项中(共 12 小项)，至少要符合 6 小项，其中包括(1)小项中的 2 项，(2)、(3)项中的至少 1 小项。

(1)社会交往有质的损害。表现如下：a. 非语言性交流行为的应用存在显著损害，例如：眼对眼的对视，面部表情、身体姿势及手势等。b. 不能与同龄人交往。c. 不能自发地与别人分享欢乐、兴趣、成就等(例如对自己有兴趣的事物，不能带给或指给别人看)。d. 在社交与情绪上不能与人发生相互作用。

(2)交流能力有质的损害。表现如下：a. 言语发育完全或延迟，而不伴有想用其他方式(例如手势或模仿动作)代偿的尝试。b. 有一定说话能力者，在提出话题和维持谈话的能力方面也有明显损害。c. 使用刻板的或重复的语言或特殊的、只有自己听得懂的语言。d. 缺少与其年龄相应的自发的假扮游戏或模仿日常生活的游戏。

(3)行为、兴趣或活动方面的局限的、重复的或刻板的格式。表现如下：a. 有一种或几种固定的、重复的、局限的兴趣，其程度和内容均属异常，且不易改变。b. 固执地遵循某种特殊的、没有意义的常规或仪式。c. 刻板重复的作态行为，如手指扑动或扭转、复杂的全身动作等。d. 长期持续的只注重事物的局部。

B. 3 岁以前，在下列三方面中，至少有一方面已有发育延迟或功能异常：

(1)社交相互关系

(2)用于社交的言语

(3)象征性或想象性的游戏

C. 以上症状不能用儿童期瓦解性障碍(婴儿痴呆)来解释。

（资料来源：http：//baike. baidu. com/view/10018. htm＃4）

# 第三节　针对个体差异的发展适宜性教学

## 一、发展适宜性教学的概念

发展适宜性教学(简称 DAP)是 NAEYC(National Association for the Education of Young Children，美国幼儿教育协会)在 1987 年的“符合孩子身心发展的专业幼教”声明中提出。它认为，适宜性包括两方面的适宜：年龄适宜与个体差异适宜。随着对儿童学习方式差异的不断深入认识，以及多元文化社会中儿童社会文化背景的差异性，NAEYC 对适宜性教学又提出了改进，更突出了教学中的个体差异适宜。

在 NAEYC 新近颁布的《幼教绿皮书》中，提出了幼儿发展与学习的 12 大原则，其中第 3 条是关于个体差异的适宜性教学。

“孩子间的个体差异至少有两种：个体发展状况的差异与个体独特性的差异。每一个孩子都是一个独特的个体，每个人的发展模式、开窍的时间点、人格、脾气、学习类型、成长经验及家庭背景都不同。所有儿童都有其长处、需求及兴趣。有些孩子则在学习与发展方面有特别的需求或能力。即使同龄的孩子之间也有极大的差异，因此，儿童的年龄只能作为发展成熟度的粗略指标。”

“个体差异不仅存在，而且也应该受到尊重。因此，老师在规划课程以及与孩子互动时，必须尽可能‘因人施教’。‘因人施教’并不等于个人主义。事实上，‘因人施教’不会单纯以孩子的年龄作为施教的考虑，也不会期望他们的表现一定要达到某个预定的标准，更不会有任何其他忽略个体差异的状况。鼓励孩子对自我高度期望当然是很重要的事，但是，严格要求孩子一定要达到某种整齐划一标准的话，则是不了解幼儿发展与学习的个体差异。”

在个体差异的适宜性教学中，教师不仅需要为每个孩子创造机会，使用他们所偏好的学习方式增强学习优势，而且还要帮助他们发展其他相对较弱的学习领域。按照NAEYC的观点，个体差异的适宜性教学主要包括以下四方面的差异：能力差异、文化差异、兴趣差异、发展差异(见表6-6)。

**表6-6 符合幼儿个体差异的适宜性教学方式**

| | 适宜的教学方式 | 不适宜的教学方式 |
| --- | --- | --- |
| 能力差异 | 教师十分了解每一个孩子，会根据每个孩子的能力、发展程度、学习取向设计活动内容。课程的设计、大人与孩子的互动以及环境的布置明显兼顾孩子的能力差异。 | 教师明知幼儿的发展状况不一，但还是要求所有的学生在同样的期限内学会某些技能。 |
| 文化差异 | 教师会将孩子的家庭文化与语言融入学校的文化中，因此，孩子感到被接纳，而且有归属感。每个人都重视并认同别人的文化与家庭的价值。孩子学会尊重与欣赏彼此的异同之处。 | 忽略个人与文化的差异。没有将孩子的种族、语言或文化体现于课堂中，因此有些孩子根本不觉得自己是班上的一分子。<br>过于强调个别孩子的差异之处，以致孩子觉得自己与团体格格不入。 |
| 兴趣差异 | 教师平常留心每个孩子的兴趣，并依据这些平日的观察及教学目标，准备不同学习性质的活动及学习计划，以供孩子选择或自行规划。孩子可以根据自己的兴趣，从中选择自己喜欢的活动，如演戏、建构、科学、数学活动、棋艺等游戏、拼图、书、录音带、唱片、电脑、美劳及音乐等。教师也会运用这些不同的教具及活动规划学习活动。例如，演一场在餐馆吃饭的戏，让他们从中学习一点认读文字的能力，如看菜单、填写点菜单，以及数学计算概念，如使用钱及收银机。 | 活动的规划严格呆板，很少给予孩子自行选择的机会。老师已经替孩子做完大部分的事，如剪好各种形状的纸片，或是预先替他们完成实验步骤。孩子如果有自己的方式，也会受到老师的责备。老师认为：让孩子学习大人的方式是比较重要的。<br>教具千篇一律，极少更新。孩子既没有新的玩具可玩，也缺乏可以挑战自己能力的机会。 |
| 发展差异 | 残障或是有特殊问题的孩子也能参与班上的活动，包括社会、智能以及体能方面的活动。必要时，教师会予以协助。尽量让残障儿童在正常的教室内接受治疗或其他的服务，使他们觉得与正常活动衔接无痕，产生群体归属感，其他的孩子也比较认同其为群体的一员。 | 只是名义上将残障儿童或是有特殊问题的儿童编排到正常班级中，但是，实际上，这些孩子的大部分活动都是由特教老师在别处进行指导。所以，他们对教室的情况并不是很了解，而且教师也不熟悉他们的特教课程，因为他们认为特教教师自会教导他们。即使在一般的教室中，这些有特殊需要的孩子还是会被限制于某一特定的区域内。 |

(资料来源：S. 布瑞德、C. 卡波，《幼教绿皮书：符合孩子身心发展的专业幼教》，和英出版社，2000)

当前，发展适宜性教学的概念已从年龄差异的适宜性转向个体差异的适宜性。

## 二、发展适宜性教学的主要方式

### (一)资源利用模式

它充分利用幼儿的长处和优点，以求人尽其才。在一般传统的大班教学下，很难使每一幼儿都能运用其所长。因此，教师要多开展区角活动，发现幼儿的优势领域。正如多元智能理论所指出的，幼儿的智能优势中心已经有了明显的差异，有的擅长语言智能，有的擅长音乐智能，还有的擅长空间或视觉智能等。我们必须尊重这种差异，才能保证教学的高效率和高质量。

### (二)补偿模式

通常幼儿在某一方面会有所不足，这可以改由另一方面的强项去补偿，以求“失之东隅，收之桑榆”。例如，某一幼儿阅读能力差，因而舍文字为媒介，而改之以录像教学，辅助其学习。每一幼儿均有不同的学习表现，存在着个体差异。具体在教育教学中，那些在某项智能比较占优势的幼儿，在与他们求知方式吻合的学习活动中取得成功后，会很自觉地协助那些在该项智能较为弱势的，或对学习活动提不起兴趣的幼儿，采取不厌其烦的态度去帮助他们进行活动。教师要把握好幼儿好学的心理，提供有效的学习环境及材料，让幼儿的学习潜能萌发出来。

### (三)治疗模式

针对儿童某一方面能力缺陷，给予针对性的教育。如“补偿教育”、“早期开端计划”就是为促进社会经济地位不利的儿童基本认知学习技巧的治疗教学。

补偿教育是指针对在经济上和社会地位上处于不利地位、没有机会享受正规教育、丧失良好教育权利的儿童(包括学龄前儿童和学龄儿童，主要是少数民族儿童)进行的教育。补偿教育是以“文化剥夺理论”为基础的。它认为经济上处于贫困状况的儿童，之所以在学校中难以获得学业上的成功，是由其在语言、阅读、认知、社会性以及情感等方面存在的能力不足或缺陷造成的。造成这种能力不足的根本原因是他们受社会和文化背景限制。要想从根本上改变这种“经济和文化上的贫困—智力低下、发展缓慢—学业不佳—就业不利—贫困”的恶性循环，就必须对这些儿童在教育上提供帮助的政策，即补偿教育。所以，补偿教育的目的是通过向这些所谓的文化欠缺的儿童提供特殊的教育计划以弥补他们在语言、阅读、认知、社会性以及情感等方面的不足。

**(四)性向与教学处理交互作用模式(**Theory of Aptitude-Treatment Interaction，ATI**)**

这一理论也译为“教学相适”理论，由克隆巴赫(Cronbach)提出。他指出教学(T)应配合儿童的性向(A)，教师对不同性向的儿童，应提供不同的教育措施，以发挥最大的教学效果。它对教育的启示在于，没有任何一种教学与教材可以适合所有儿童。教师不应轻易放弃儿童，而要采用适宜的教学方法。该理论指出，各种教学方式互有长短。特别是对不同类型的儿童，相同的教学可能产生不同的效果。

**(五)个别化教育方案(**Individualized Educational Program**)**

该方案最先用于特殊儿童的干预和矫正，为其提供个别化的、针对性的方案。由于对幼儿个体差异、个体发展的关注，它逐渐在教育领域中应用，即为每个幼儿的发展提供个别化的、适宜的教育方案。

教育上提倡个别化教学，其对象涵盖全部儿童，目的在于针对儿童的个体差异，提出适宜每个儿童的教学方案。个别化教学过程需要先认知教学对象，之后进行教学，也就是先评价而后教学。因此，个别化教学的特色在于它是一种“评价——教学”的过程。亦即先了解、鉴定每一儿童的学习情况与特殊需要，然后为其提供适当而且必需的教学。

个别化教学的形式有很多，诸如诊断教学、直接教学、系统化教学以及精熟学习(也称掌握学习)等。这些个别化教学模式虽然名称不同，但均重视对儿童的诊断，以及符合个别需要的教学方法。

个别化教学的策略可归纳为下列三种( Mohan & Hull，1974)。

1. 调整儿童的学习速度

传统教育中，课程与教学设计面向全体儿童，安排好固定的学习进度。因而，教师面对学习速度较快或迟缓的儿童，必须经过调整学习时间，才能适应其需求。有些个别化教学模式，允许所有儿童依照自己的速度去学，即自定步调(Children Self-Pacing)的方式；有些则提供额外的时间，供儿童自行练习或教师提供补习；有些模式则允许少数学习能力较强者提前学习较高阶段的课程。

2. 提供多样性教材

有些个别化教学模式偏重在教材的设计和编制。通常将教材细分成许多单元，并设计成适合于不同程度的多套教材。有些模式则另外编制自学教材、练习教材、补充教材等供儿童选择使用。

3. 调整教师的角色

传统的班级教学，教师是知识的传递者，是教学活动的主角，这造成儿童学习被动，依赖教师。小班教学以个别化教学需要为目标，调整教师的角色，减少教师的权威色彩，以温馨、尊重、包容的态度面对儿童，启发儿童主动学习。教师的任务是以教学设计为主，扮演协助者或引导者的角色。

**资料卡**

### 教师对个体差异的看法及相应的活动案例

1. 教师的经验交流

教师A：个体差异包括不同特点和不同水平

要在充分肯定幼儿的学习、发展独特性的基础上，尊重个性、承认差异。根据每个幼儿的不同特点与水平实施有差异的教育，使每个幼儿的个性、潜能得到最大限度的发展，幼儿的健全人格得以形成。

教师B：通过不同形式关注个体差异

我们幼儿园开展过一系列的研究与探索。如：在个别化学习中，为不同发展水平的孩子提供丰富的材料与和谐自由的环境，让其自主选择，满足不同的需要和兴趣；在教师预设的活动中，通过分层指导、小组探索、分享交流等方式，关注每个孩子的差异和不同潜质，让不同的孩子以不同的方式充分表现，合作创新，解决问题；在孩子的自主游戏中，通过自由选择玩伴和材料，自主地开展活动，让不同能力的孩子有多样性的探索和创造性的玩法。

教师C：搭设不同的发展平台

如何为不同的孩子搭设不同的发展平台？第一，孩子的发展是有差异的，要让每个孩子在原有基础上获得最优发展，那就要在不同活动中既体现孩子思维、记忆、想象、言语、情境等共同的主体活动因素，又关注到每个活动中孩子发展水平、发展方向、发展潜能的差异性。第二，当我们面对不同的孩子时，应为其创设多样的发展平台，提供多样的活动样式，让孩子在多样活动中拥有自主选择的机会。选择带来自由，自由让想象驰骋，想象放飞孩子的思想，张扬孩子的个性。

2. 活动案例：尊重幼儿个体差异的学习活动

活动一："小精灵电视台"。让孩子在关注周围社会、生活信息的过程中，通过自己的理解，选择予以传递与表达的信息。活动人数：10～12人。

活动二："小博士编辑部"。在积累生活经验、阅读经验的基础上，用符号予以表征。孩子通过看、听、问等途径获取信息和材料，然后编辑成广告、小报、海报等，体验自由表达与创造的乐趣。活动人数：16～20人。

活动三："哈哈剧场"。幼儿自主设计制作道具、节目单并用各种动作演绎童话故事或生活中的有关事件。活动人数：16～20人。

活动四："爱心小天使"。以爱心服务为核心，通过为小班、托班弟弟妹妹服务，为幼儿园服务，为社区老人、特定对象服务等，体验关爱他人的快乐，增强责任意识。活动人数：15～20人。

活动五："小天才创作室"。以相关的内容探索为主题，如：面和泥、水和纸、磁和铁等，让孩子的生活经验与想象、制作、探索相结合。活动人数：20～25人。

活动六："中华武术"。让孩子在适宜的武术学习过程中体验到乐趣。活动人数：25～30人。

（资料来源：陈帼眉、姜勇，《幼儿教育心理学》，北京师范大学出版社，2007）

## 三、发展适宜性教学对教师的要求

发展适宜性实践理论认为"在专业的幼教工作中，幼儿教师不仅是教育者，同时也是帮助孩子身心发展的关键人物"。因此，要成为适宜性教学所要求的优秀教师，就必须成为一位"有准备的有效教师"。所谓"有准备的教师"并非仅仅指教师经历了培训并拿到了相关的资格，而是要在深思熟虑的基础上去准备教育的各个环节，精心设计环境是其中最重要的工作。从这个意义上来说，教师实质上是儿童发展环境的创造者，是儿童在对环境进行探索时的观察者和引导者。所谓"有效教师"，是指在各个教育领域有效工作的教师。具体包括：创建一种关怀儿童成长的环境、教学目的定位于促进儿童的发展与学习、为了实现重要的发展目标而对课程进行精心策划、评价儿童的发展和学习、与家庭建立互惠的关系等。

对于教师的角色定位，发展适宜性教学提出了"创设充满关爱的学习集体""为促进学习与发展而教学""设计适宜性课程""评估儿童学习与发展""与家庭建立互动关系”等五个方面的要求，具体如下。

### (一)创设充满关爱的学习集体

适宜性教学认为教师应该了解每个孩子的个性，能力和学习方式，富有耐心地倾听儿童的需求；引导儿童解决冲突，并提醒孩子遵守规则，解释原因；同时教师应确保所有儿童获得必要的帮助，引导儿童建立一个和谐的关系；要让儿童体会到集体重要性，增强孩子的集体归属感；班级的环境需要定期更新，应创造舒适的室内和室外环境，以确保儿童能够很容易获得玩具、材料，并能够继续引导孩子主动探索；为儿童创造合作学习和游戏的机会；确保每个孩子的家庭文化都能融入教室环境中，禁止来自不同文化环境的儿童的嘲笑和不尊重的行为。

### (二)为促进学习与发展而教学

适宜性教学认为一名优秀的幼儿教师“应在教学过程中持续不断地用自己的专业知识作出判断和决策，使材料提供、师幼互动和学习活动等适宜于全班每一个儿童的发展”。

教师应该能够根据特定的环境和儿童的特点选择适合的教学策略，准备多种教学策略适宜不同儿童的需要。例如教师认可儿童的行为、鼓励儿童、给予儿童特殊的反馈等一些教学策略的运用是儿童活动时经常使用的。适宜性教学强调教师在运用策略时，多用行动表明胜于干巴巴的语言表述。同时通过创设挑战、提问题、提供信息等多种方式帮助儿童达到一定的成长目标。在实施策略时，教师不一定总是处于主导地位，但是教师能够因势利导通过适合儿童发展的方式实现一定的教育目标。

**资料卡**

### 教师认真观察幼儿的游戏并与之交流

曼蒂4岁，在活动室的积木角搭建积木。她精心地挑选了不同长度的积木，一边比量看，一边把它们搭建成自己脑子里想象的样子。过了几分钟，教师走了进来，于是下面的对话就发生了。

教师：你搭的东西看起来真有趣。是什么？

曼蒂：汽车可以开进去的地方。

教师：汽车从下面开过去？它们怎么不从上面开过去呢？

曼蒂：因为这是一个隧道，当汽车来了，我就让它们进去。

教师：哦，那这是门了，把这个打开，让汽车穿过去吗？

曼蒂：是的。

教师：你知道么？假期时，我去了一个很远的地方，叫做瑞士。在那我穿过了一条长得难以置信的隧道。绝对过了很长时间，我们才从隧道里钻出来。里面没有灯，很黑很黑，你的隧道也很黑吗？

曼蒂：(朝里面看了看)不是很黑。我可以在这再加几块，像一个门。

教师：你可以把它封住。对了，你怎么知道里面黑还是不黑呢？

曼蒂：你可以把盖拿掉，那样就能知道了。(顶部的一块积木被拿开。)

教师：那我们搭建吗？

曼蒂：是的。

教师：那我们应该选多长的积木呢？

曼蒂：很长的那种。

教师：那你应该选和这个一样长的吗？搭到顶需要几块呢？

曼蒂：(考虑了一会儿)4 块。

教师：你怎么知道是 4 块？

曼蒂：我看出来的。

(资料来源：http：//wenku. baidu. com/view/9cf73b23bcd126fff7050b7c. html，2012-12-23)

看似普通的对话，实际上是建立在教师的仔细观察的基础之上的。通过对话，教师帮助儿童解决了在搭建积木过程中遇到的问题，同时获得了新的有益经验。教师采用的是引导式的教学策略，帮助儿童在自己的知识体系中建立起对隧道这个概念的认识。教师在对话中，有意识地提起“瑞士”“难以置信”等词语，一方面丰富了儿童的词汇，另一方面潜移默化地向儿童传递地理知识；同时也引起了儿童的兴趣，为进一步对话提供条件。

教师为儿童设计的教育目标应该是发展适宜的，也就是儿童能力可及的且不失挑战性的。这和维果茨基的“最近发展区”的含义是一致的。维果茨基认为，在儿童智力活动中，对于所要解决的问题和原有能力之间可能存在差异，通过教学，儿童在教师帮助下可以消除这种差异，这个差异就是“最近发展区”。

发展适宜性教学的理论基础之一是建构主义学习理论，该理论认为：学习者获得知识的方式不是通过教师的灌输，而是通过一定的情境和教师的辅助，自身建构起来的。根据该理论，教师在儿童学习新技能和新知识时，应该辅助儿童，但不要直接教导儿童，帮助他们探索新的技能而不是代替他们，教师的帮助要根据儿童的需要来决定。建构主义学习理论将这种帮助称为“脚手架”，即教师为儿童自身获得知识提供了支柱和方向。

### (三)设计适宜性课程

发展适宜性教学并没有提出一套具体的课程方案，只是对课程的制定提出了一些原则性的要求供教师参考。课程目标的制定是课程计划的核心问题。我们期望儿童获得哪些重要的发展和学习的成就是课程目标制定的依据和主要来源。课程目标的制定受很多因素的影响，但适宜性课程应是运用教师的专业知识替儿童设立能力可及、却又不失挑战性的目标，同时，也要能顺应孩子的个体差异。

儿童学习和发展的所有领域都是互相联系的，课程设计中还要考虑各特定发展领域中学习内容和能力发展的连续性，以便系统地组织教学活动。“学习必须是有意义的，并且能与儿童已有的知识内容发生联系。”在设计课程时，应当适应儿童的特点，吸引儿童积极参与，他们就能将之与自身的知识联系起来，发现课程的意义。

### (四)评估儿童学习与发展

评估是发展适宜性教学中的重要组成部分。教师通过评估可以监测儿童的学习和发展情况；可以指导教师制订教育计划和决策；鉴别出可能有特殊需要的儿童；同时向家长和相关部门反馈和交流儿童的情况。

评估儿童发展的方式很多，包括观察、交谈和近距离考量儿童的活动等。和儿童交谈的方式应该是有诊断式的访谈。同时也需要和家长沟通，以便了解儿童的生活环境和背景。

评估时教师要遵循发展适宜性教学的原则：①适宜儿童的年龄或发展状态——教师能预计和反馈儿童的年龄或发展特征有可能影响评估结果的有效性；②个体方面的适宜——包括教师能够运用有选择的和可调整的评估方法来获得一个特殊儿童的最好信息；③文化方面的适宜——教师能够考虑到语言和文化背景对儿童产生的影响，基于儿童所处的社会文化背景理解儿童的行为。

### (五)与家庭建立互动关系

发展适宜性教学鼓励教师、孩子及家庭间发展密切的关系。有时，教师会感到儿童家长对于什么最有利于儿童和什么才是对发展适宜性教学的理解与教师自身的理解有冲突，教师应该先深入了解他们的观点，初步认识到文化差异的存在。教师要始终牢记，不要轻易否定家长那些看似不符合发展适宜性教学的行为。“在日常生活中，教师了解孩子所处的社会文化内涵，才能建构出真正的专业判断，并施行真正符合孩子发展需求的专业幼教。”

## 本章小结

个体差异现象在幼儿学习中普遍存在，通常表现为学习能力差异、学习类型差异、性别差异和学习品质差异等。

国际学术界对于学习障碍最早的界定源自于美国教育心理学家科克(Kirk)1963年提出的概念。他认为学习障碍是指儿童在语言、说话、阅读和社会交往技能方面的发育障碍。这些障碍不包括视、听觉障碍和智力障碍。在此之后，学术界研究比较活跃，不同的研究领域，不同的研究宗旨，其概念有所不同。学习障碍主要表现为书写障碍、阅读障碍、数学障碍和注意力障碍四个方面。造成学习障碍的原因到目前尚不清楚，仍处于探索阶段，普遍认为是生理因素、环境因素、心理因素以及营养与代谢多种因素综合作用的结果。容易导致幼儿学习障碍的常见问题有多动症和孤独症等。

为更好地促进幼儿的学习，教师除了熟悉幼儿的一般发展状况外，还必须了解每一个幼儿的学习特点，采用恰当的教学方式，如资源利用模式、补偿模式、治疗模式、性向与教学处理交互作用模式以及个别化教育方案等。除此之外，教师还需要创设充满关爱的学习集体、为促进发展与学习而教学、设计适宜性课程、评估儿童学习与发展、与家庭建立互动关系，以更好地针对幼儿的个体差异开展发展适宜性教学。

【思考与练习】

1. 请谈谈你是如何理解马拉古兹的诗《不，一百种是在那里》的。

2. 请设计一个小实验，观察并比较幼儿学习的差异。

3. 请观察某幼儿园教师的教育活动，并分析其教学活动是否考虑到幼儿学习的个体差异。

# 第七章　幼儿学习中的教师角色和教学策略

【本章学习要点】

1. 了解教师在幼儿学习中的角色；
2. 初步掌握幼儿学习的一般性教学策略；
3. 理解、运用幼儿学习中的指导策略；
4. 建立对幼儿学习与发展的合理期望。

教学过程是师生交往、积极互动、共同发展的过程。教学是由教师的“教”和幼儿的“学”同时交互进行而构成的双向活动。学是根本，教是条件，教师的教是为幼儿的学服务的，是服从于幼儿的学的。教师在幼儿学习中扮演着什么角色？教师应如何有效支持幼儿的学习？如何对幼儿的学习与发展建立合理期望？这些问题都需要我们认真探讨。

## 第一节　幼儿学习活动中的教师角色

教师是在学校中专门从事教育教学活动的角色，这个角色的特殊身份及与其相适应的行为规范，要求教师在其角色行为上，表现出与其他职业不同的特点。幼儿园教师作为幼儿园活动中与幼儿互动的重要他人，其扮演的角色在一定程度上决定了幼儿教育的性质和质量。

### 一、角色与幼儿园教师角色

#### (一)角色的概念及分类

角色，是指演员在戏剧舞台上按照剧本规定扮演的某一特定人物的专门术语。1935年，这一戏剧术语由美国社会心理学家米德(G. H. Mead)借用到社会学研究中来，意指个体在特定社会关系中的身份反映了个体在社会关系中所处的地位和所起的作用，它是个体的社会职能、权利和义务的集合体。一般认为，角色指一个人在社会群体中的身份以及与其身体相适应的行为规范。每种社会身份都伴随所规定的行为规范和行为模式，当个体产生为自己的社会身份所规定的行为和行为模式时，便充当了某种角色。

角色有很多分类方法，根据社会期望和个体执行角色职责的情况，角色一般可划分为期望角色、领悟角色和实践角色。

1. 期望角色

这是指社会或团体对某一特定角色的一种理想期望，也称为理想角色。如社会对教师角色的期望包括，教师应当学高身正、为人师表、教书育人，等等。人们的行为符合其角色地位及与之相适应的行为模式，就实现了社会的角色期望，就会受到群体和社会的接纳与赞许；反之，某人的行为不符合社会的角色期望时，就会受到群体和社会的谴责和排斥。

2. 领悟角色

这是担任角色的个体对角色身份和行为模式的认识理解，是担任者执行角色的心理基础。对角色的职责、义务等要素认识理解得全面、准确，有助于执行中不断符合期待角色的要求。承担某一特定角色的人们会依据自己对社会期望角色的理解，形成自己的角色期望，这种个人观念中的角色模式就是所谓的领悟角色。

3. 实践角色

实践角色是指个人在现实中实际扮演的角色。它受领悟角色的指导与制约，但有时也由于社会环境和个人水平的制约，使人很难达到领悟角色的水平，更谈不上达到期望角色的水平。因此，从这个意义上讲，角色有层次之分，只有当个体扮演的实践角色接近期望角色时，他所扮演的角色才能趋于成功。

三种角色分别反映了客观要求、主观理解以及主客观作用下实践的结果，为角色实现和个体社会化提供了重要的参照。生活中，由于环境和个体诸多要素的影响，三种角色间常常存在差距。实践角色的实现，就是一个以领悟角色为中介，不断使实践角色符合期望角色的过程。每个健康的人都应努力地使自己的这三种角色统一起来。如果三种角色不一致，甚至相互矛盾和抵触，就是通常所谓的“角色冲突”。

**资料卡**

## 角色类别

从不同角度可以将社会角色划分为以下不同类型：

1. 根据人们获得角色的途径不同，以将社会角色划分为先赋角色和自致角色。

(1)先赋角色又叫归属角色，指人们与生俱来或在其成长过程中自然而然获得的角色。它又分为两种类型：先天性的先赋角色。例如人生下来就有性别之分，归属于某一民族或种族，如果是个男孩，他基本上就要按男孩的角色发展自己。制度性先赋角色：这主要指的是古代奴隶，封建制度下很多职业和阶层是不可随意改变的。

(2)自致角色又叫成就角色，指人们在后天的活动中经过自学或努力而获得的角色，例如科学家、教授、司机等。

2. 根据角色规范是否明确，可以将社会角色划分为规定性角色和开放性角色。

(1)规定性角色：角色的权利和义务有比较严格而明确规定的角色。例如行政人员、司法人员、财会等人员的行为一般有十分明确的规范制约，如果扮演成功可以受到表彰，否则遭制裁或惩罚。

(2)开放性角色：角色的权利和义务没有严格而明确的规定，角色扮演者可以根据自己对角色的理解和社会对角色的期待来规范自己的行为，它也有制约，但这种制约是非强制性的，主要受习俗，道德等社会规范的制约。例如朋友、亲戚、夫妻关系等。

3. 根据角色所追求的目标，可将角色分为功利性角色和表现性角色。

(1)功利性角色：以实际利益为目标的角色，这种角色行为是计算成本、注重效益的，其行为的价值在于利益的取得。例如企业家、商业管理人员等。

(2)表现性角色：不以经济上的报酬和效益为直接目的，而以个人表现为满足的社会角色。例如各级党政干部、科学家、艺术家、作家、学者、教授等。

4. 根据角色是否符合一定的社会期待，将社会角色划分为正式和非正式的。

(1)正式角色：符合一定的社会期待的角色。

(2)非正式角色：偏离或违反一定的社会期待的角色，或出现新的社会地位而发展了一种新的角色，但这类新角色在一定时间内还未被社会接受和承认。

(资料来源：赖寿华，《性格即命运：塑造健康人格的100条建议》，中国传媒大学出版社，2006)

### (二)教师角色的内涵

教师角色就是教师的社会角色，是由教师的社会地位所决定的，符合社会对教师所期望的行为规范和行为模式的总和。威腾伯格提出教师角色包括的内涵有：

1. 社会模范的代表，道德概念的典范。
2. 给予学生正确的评价与判断。
3. 确立学生认同与模仿的目标与方向。
4. 帮助学生控制行动。
5. 指导学生学习知识与科学，并指导其发现学习方法及学习过程。
6. 协调、仲裁学生之间的争论。
7. 规则的制定与监督者。
8. 帮助学生建立自信及成为自我支持者。
9. 奠定团体学习气氛及做好团体领导角色。
10. 作为学生的父母代理人，照料学生，指导其态度及行为。
11. 给予学生鼓励与支持，反对成人给予学生挫折感。
12. 与学生建立温暖的关系并分享信赖。
13. 情感的目标：给予学生希望，考虑学生心理、情感的需要。

教育社会学家比德尔(Biddle)在前人的基础上认为，教师角色概念包括以下三种含义。

#### 1. 教师角色即教师行为

教师角色即教师行为，指教师在教师角色特有的工作环境中，即在学校或课堂上的行为。不过教师的行为在工作环境以外也是存在的。因此，有时也包含教师在家庭、市场或政治舞台上的行为。持此种观点者认为，教师的行为是客观存在的事件，是能够直接观察到的。另外，教师角色也可以为其他行为者看到，因此就有可能影响某些学生和与其来往的其他人的行为，或者受到对方行为的影响。

#### 2. 教师角色即教师的社会地位

角色在这里既指教师这一职业限定语，又指这一职业所包括的个体。这一解释侧重于教师的静态特征，如承认教师具有独立的社会地位，以及教师的组成、状况、进入或脱离这一领域的条件。

3. 教师角色即对教师的期望

还有一种看法认为，教师角色指的是对教师的期望，其中有教师自己对自己的期望，也有学生家长、学校行政领导、学生、政治家或社会公众对教师的期望。有些期望属于一般规范性的，如要求、标准、责任等，而有些则可能反映了某些信念、偏爱或思想方式。有些期望可能是一致性的，另一些则可能代表了分歧的意见，并由此产生教师角色上的矛盾。持这种观点者把教师看成是能够进行理性思考的人。教师通过学习提高，达到被期望的标准，而所期望的东西一旦形成，就会影响学生(被期望按预定方式成长的人)的行为。

### (三)幼儿园教师角色

幼儿园教师是以幼儿教育为职业的专业工作者，肩负着国家和社会的委托，在托幼机构向幼儿进行专门的教育。根据幼儿发展的年龄特点，教师承担着幼儿的养护者、榜样示范者以及沟通幼儿与社会的中介者等角色。

1. 教师是幼儿的养护者

幼儿是发展中的个体。儿童早期身心发展水平较低，自主学习能力较弱，而在情绪情感上具有很强的依恋心理。儿童早期的依恋心理，要求教师不仅是一位教学工作者，而且是幼儿的养护者。“养护”不仅指对幼儿生理、生活上的照料，而且包含着对其良好情绪情感状态、健康人格、个性品质、社会性品质与行为等多方面心理发展予以积极的关注与呵护。“养护者”的角色体现在以下两方面。

一是教师是幼儿权利的保障者。幼儿具有主动活动、学习与发展的能力，幼儿的发展过程是其“内在潜力”得以不断展示的过程。因而教育的首要任务就是激发和促进幼儿“内在潜力”的发现，并按其自身规律获得自然的和自主的发展。幼儿园教师应努力成为幼儿权利实现的保障者。

二是教师为幼儿发展创设适宜的环境。适宜的环境对幼儿身心发展与幼儿“内部潜能”的开发具有重要作用。这种环境不仅包括物质环境，如创造有规律、有秩序的生活环境，提供有吸引力的、美的、适用的设备和用具等，而且包括对幼儿心理健康发展而言更为重要的精神环境，如允许幼儿独立地活动，自然地表现；使幼儿能意识到自己的力量，丰富幼儿的生活体验，促进幼儿智力的发展，培养幼儿的社会性行为。教师应成为“有准备的环境”的创设者、维护者与管理者，为幼儿的学习与发展提供舒适、温馨、安全、有序的环境。

### 2. 教师是幼儿的榜样示范者

班杜拉认为，学习是在模仿的基础上进行的，榜样人物的行为被观察者仿效而成为模仿者的榜样。观察学习、模仿社会榜样是幼儿学习的重要方式与特征，年龄越小，越是突出。对于幼儿来说，学习是经验的习得，而这些经验中，很大一部分来自于周围人的示范，如观察他人面对困难的行为，这种情境将以表象的形式储存于大脑，而这种表现本身包括了幼儿自己的加工与再生，当类似情境出现，幼儿将及时再现出来，或者潜伏下来，作为个体行为模式的一部分。

由于幼儿心理发展具有不成熟性，其是非观念正在逐步建立之中，思维处于具体形象阶段。在幼儿眼里，教师具有绝对的权威性，老师的威信是父母和社会其他成员远远无法与之相比较的。孩子们所无比崇敬、尊重、信赖的老师，自然就成了他们最直接、最经常、最权威的模仿对象。幼儿总是习惯于把自己的言行同所模仿的老师相比较、鉴别，由此来判断自己的言行。我们常常可以听到幼儿的口头禅是"老师说的，要……""老师是这样做的……"因此，幼儿园教师尤其应该注意言行、仪表，尽量做到举止文雅、仪容整洁，利用自己的榜样行为引导幼儿良好行为的形成与发展。

### 3. 教师是沟通幼儿与社会的中介者

幼儿对于社会的认识，对社会规范、要求的掌握，其社会性行为、社会性品质的形成与发展等都离不开教师的指导。教师是沟通幼儿与社会的中介者，是使之接触、了解社会，开阔视界，走向社会生活的重要引路人。幼儿对社会积极的认知、态度与情感体验都是在其与教师的交往中完成的。教师应为幼儿提供各种与社会生活相关的教育活动，如国庆、中秋、教师节、母亲节等，培养幼儿良好的情绪情感、交往态度、能力与行为，如同情心、爱心、责任心、规则意识等。

**资料卡**

#### 瑞吉欧学前教育系统中的教师角色

在瑞吉欧幼儿教育系统中，教师是一个重要的角色。在这里，教师不是权威，教师不是传统意义上的知识、技能的拥有者、传授者，幼儿也不是被动地接受教师的语言文化传递，幼儿是行为活动的发起者、具体执行者，幼儿的兴趣、需要、经验是一切活动的出发点。瑞吉欧学前教育系统中教师的角色是多样化的。

1. 教师是幼儿的倾听者

瑞吉欧人认为，教师的重要角色就是倾听幼儿。“关注幼儿并以行动来倾听他们的声音，是教师角色的核心。”他们认为倾听幼儿就是尊重幼儿，就是对幼儿的关注，就是对幼儿及幼儿意见敞开心扉的最好方式。所以教师的重要任务之一就是能通过倾听幼儿，更加了解幼儿，根据幼儿生活中的兴趣点为幼儿提供学习的情境，为幼儿带来更多的可能性去创新和发现，使幼儿获得更多的经验，为幼儿带来更多的探索。

2. 教师是幼儿的观察者

瑞吉欧人非常强调教师是否了解幼儿，要求教师对幼儿的行为进行解码。因为幼儿有时提出的问题是隐藏在行为中或孩子间的对话中，这就要求教师适时地去了解、观察幼儿，不仅需要敏感的眼睛、耳朵，而且需要敏感的心灵，要能进入幼儿的内心，体察幼儿的心声。同时也需要利用一些先进的工具与策略。

3. 教师是幼儿的伙伴与向导

在瑞吉欧学前教育系统中，因为方案探索活动在很大程度上是由幼儿自主发起的，课程尽管有预设的计划，但幼儿的兴趣点与需要起很大的作用，教师通过权衡各方面的情况后选择决定，教师只是起一个向导作用，起平衡课程的作用。教师在活动中更多的是以参与者——伙伴的身份出现，与幼儿一起活动，教师在适当的时候或扮演某个角色，或设置某个情境，给予幼儿直接或间接，显性或隐性的指导，以维持幼儿高度的探索动机，与幼儿一起建构知识。

4. 教师是幼儿行为的记录者与研究者

在瑞吉欧学前教育系统中，教师的另外一个重要角色就是幼儿行为的记录者。教师要帮助幼儿把他们对世界的认识、表现保持住，把他们的记忆保持住，这就需要教师通过照片、文字、图像、幻灯、录像等手段来记录幼儿探索活动的过程。一方面，帮助幼儿进行回忆、解说，帮助教师与幼儿讨论活动过程中所做的一切，便于教师了解幼儿，研究幼儿。另一方面，更重要的是把这种过程作为与幼儿对话，生成下一阶段主题活动的基础。因此，教师的记录、研究角色在方案教学中是非常重要的。

5. 教师还是一个实践的反思者

每个教师都在自觉或不自觉地建构他自己有关幼儿学习与发展的理论，当然，他也要向书本学习；但他更多的是把他与幼儿互动中的信息作为建构的基础。所以，他更多的是通过参与幼儿的活动，通过记录幼儿的活动，通过分析幼儿学习的活动、建构知识的过程，通过与教师之间的讨论来不断思考自己实践的每一步骤，一起反省，建立共识而不断地获得成长，不断地获得教学相长的经验。

（资料来源：王春燕，《幼儿园课程概论》，高等教育出版社，2007）

## 二、教师在幼儿学习中的期望角色

《幼儿园教育指导纲要(试行)》基于建构主义学习观，规定“教师在教育过程中应成为幼儿学习活动的支持者、合作者、引导者”，可以看作是幼儿学习过程中教师角色的应然状态。

### (一)教师是幼儿学习活动的支持者

幼儿是学习活动的主人，只有从幼儿的生活和兴趣中衍生出来的活动才能真正触动他们的心灵，促使他们进行积极主动的自我建构。幼儿有归属、爱、自尊的需要，他们需要教师的鼓励和支持。因此，在教育活动中，教师要给幼儿以“无条件的积极关注”：以尊重、接纳的态度与幼儿交往，倾听幼儿的想法，关注幼儿的兴趣，接纳幼儿的情感，并为幼儿感兴趣的活动提供必要的支持。

教师的支持既包括物质支持，也包括心理支持。教师要成为幼儿学习活动的支持者就是要求教师对幼儿的学习活动要提供物质上和心理上的支持。物质支持是指为幼儿提供充足的活动材料、场地等物质资源；心理上的支持是指为幼儿创设自由、宽松的活动环境，以及鼓励、欣赏的心理氛围。教师对幼儿学习活动的支持有利于为幼儿创设丰富的物质环境和宽松的心理环境，为幼儿的进一步学习、实践和探究提供基础条件。

### (二)幼儿教师是幼儿学习活动的合作者

教师要成为幼儿学习活动的合作者，就是说教师要以“合作伙伴”的身份参与到幼儿的学习活动中去，共同促进学习活动的不断延伸。在幼儿的学习活动中，教师应作为合作者，和幼儿共同构成“学习共同体”，通过师幼间的互动、协作，共同完成活动任务，进行知识与经验的建构。这就要求幼儿教师以幼儿伙伴的角色参与到幼儿的活动中，成为幼儿忠实的伙伴，同幼儿一起共同关注着幼儿的活动，惊奇着幼儿的惊奇，体验着幼儿的体验，成为幼儿活动中的真正一员。

为此，教师必须打破“教师中心”，从居高临下的权威者转向平等的参与者、合作者，和幼儿一道去探索真理的奥秘。在幼儿开展合作学习的时候，教师不应“袖手旁观”，而应深入到幼儿中间去，直接参与到学习活动中去。教师作为教学活动的组织者、引导者和合作者，要能够“蹲”下身子，以平等的身份与幼儿交流，同时不断完善自己，与幼儿共同成长。正如教育哲学家马丁·贝布尔所提出的，教育过程中师生双方是主体间的“我—你”关系，是一种相互对话、包容和共享的互动关系。只有这样，教师和幼儿才能实现真正的平等互动，教师才能成功扮演“合作者”的角色。

### (三)教师是幼儿学习活动的引导者

作为专业教育者，“教育性”是教师区别于其他社会角色的本质特征。教师的教育性特点主要体现在“引导者”这一角色上，合理有效的引导是幼儿发展的重要推动力，即教师要带着教育的敏感性参与到幼儿的活动中，观察幼儿在活动中的反应，善于发现幼儿感兴趣的事物和偶发事件中所隐含的教育价值，并用适当的方式给予帮助和指导，促使幼儿更好更快地发展。

幼儿学习新知识的过程，是在教师的指导下自己动脑、动口、动手去探索发现、再发现的过程。引导者的角色是教师最难扮演好的角色，因为教师的引导离不开对幼儿学习状况的了解和对幼儿面临问题或矛盾冲突的把握，教师需对这些状况进行价值判断，找出它们与教育目标之间的联系，从而指引幼儿向着积极目标方向发展。

## 三、教师在幼儿学习中的正式角色

吴康宁根据角色功能和课堂教学任务将教师课堂角色分为正式角色和非正式角色。正式角色是指为完成课堂任务而明确规定的角色，包括学习动机的激发者、学习资源的指导者、教学过程的组织者、学习效果的评价者；非正式角色则是指课堂参与者自觉或不自觉地扮演的非明确规定的角色，包括教育知识的分配者、学生交往的控制者、课堂气氛的营造者、社会标签的张贴者等。

### (一)幼儿学习动机的激发者

学习动机是直接推动学习的一种内部动力，是学习活动顺利进行的重要支持性条件。幼儿学习动机的激发大都由外部刺激引起，这些外部刺激通常包含教学情境的游戏性、趣味性，教学方法、手段的多样化，教学内容的生动性等方面。幼儿在学习过程中，学习动机是在掌握变化规律的认知需要及满足交往和互动的情绪需要下产生的。由于这种学习动机集中指向学习内容、学习结果，与由外在的形式刺激引发的短暂动机相比，这种动机要稳定、持久，往往动机维持的时间较长，就能对学习的效率有积极的促进、提高作用。因此，在幼儿学习中，教师首先要做好幼儿学习动机的激发者，尽量通过多种指导策略激发幼儿的学习动机。

### (二)幼儿学习资源的指导者

学习资源是指在学习过程中可被学习者利用的一切要素，广义上包括一切可为教学和学习服务的人、财、物、信息等。教育传播学认为，教学的传播过程包括四大要素：教师、学生、信息和媒体，它们之间相互作用，构成一个完整的教学系统。由此可见，学习资源通常包括物质资源(如学习设施、设备)、人力资源(如教师、学习伙伴和学习团体)、信息资源(如学习材料、互联网信息)和社会文化环境资源(主要表现为教学中各要素之间相互作用形成的氛围)。其具体组成要素如表7-1所示。

**表7-1　学习资源的组成要素**

| 学习资源 | 描述 | 例子 |
| --- | --- | --- |
| 人员(people) | 促进学习的人 | 教师、小组、专家等 |
| 材料(material) | 信息的载体，常指软件 | 教材、录像带等 |
| 信息(information) | 教学信息、学习信息内容 | 规律、概念、原理等 |
| 环境(environment) | 学习所处的物理环境 | 教室、实验室、图书馆等 |
| 设备(device) | 加工、传递信息的工具，常指硬件 | 计算机、录像机、网络等 |
| 资金(capital) | 费用 | 学费、培训费等 |

在建构主义视角下，学习是学习者通过自身原有的知识和经验，借助他人的帮助，利用外部资源主动建构知识意义的过程。学习活动必须建立在幼儿的认知发展水平和已有的知识经验基础上。有效的学习活动不能单纯依赖幼儿的模仿与记忆，动手实践、自主探索与合作交流是幼儿学习的重要方式。总之，教师不再是学习资源的控制者，而是学习资源的提供者和指导者。

### (三)幼儿学习过程的组织者

由于幼儿受语言水平的限制，自我表达能力较弱，对其自身状态的把握能力也较差，幼儿主体性的发挥也受其影响和制约。在学习的过程中，幼儿会遇到许多实际问题，教师对幼儿必要的帮助是教育活动顺利进行的保证。作为学习过程的组织者，教师在幼儿自主学习的过程中要积极地观察、认真地引导，善于捕捉幼儿发言中的最佳契机，及时地“推波助澜”，激发并保持学生主动探究的积极性。教师要营造民主、平等、和谐的学习气氛，以各种适当的方式，给幼儿以心理上的支持、鼓舞和鞭策，使幼儿的思维更活跃、热情更饱满，教师要成为幼儿最可信赖的心理支持源。同时，教师还要注意培养幼儿的生活能力、学习能力、自律能力，引导幼儿与他人友好相处，培养幼儿的合作精神，养成良好的生活、学习习惯，培养幼儿的健全人格，促进幼儿全面发展。当然，幼儿的发展需要经历一些共同的发展阶段，但是每个幼儿都存在着差异，教师应根据不同幼儿不同的需要进行正确引导。

### (四)幼儿学习效果的评价者

评价可以帮助教师了解幼儿学习的特点、水平与潜能，是一种用来评价幼儿学习的有效性和检验学习效果的方法。评价幼儿绝不仅仅是给幼儿贴标签，绝不仅仅是为了得到一个关于幼儿学习与发展状况的结果，而是为了得到幼儿发展的个性化资料。

幼儿的学习评价必须是在幼儿学习活动中进行的，多元的、动态的、发展的、整体化评价。多元评价，主要指三方面的多元性。一是评价目的多元化，即教师不仅要关注幼儿认知的学习与发展，而且要关注幼儿各方面的学习，包括语言学习、情感教育、社会性学习等多个方面。传统的幼儿学习评价主要关注认知，对幼儿的情感、社会性等方面的学习与发展关注很少。二是评价主体多元化。在评价幼儿学习时，不仅教师是评价主体，家长、幼儿、同伴等都是评价的重要成员，他们的积极参与可以帮助教师更科学、准确地了解幼儿的学习进程与水平。三是评价方式多元化。通过对幼儿的观察、谈话，幼儿作品分析，以及与其他工作人员和家长的交流等多元化的方式了解幼儿的发展和需要。教师必须以动态的发展性眼光来对待幼儿的学习。在对幼儿的学习进行评价时，必须关注运用过程性、发展性评价。总之，评价过程应成为与学习环境融为一体的动态发展过程，尽量保证“让学习看得见(making learning visible)”和“让教学看得见(making teaching visible)”。

## 第二节　幼儿学习中的一般性教学策略

教学活动成功的关键取决于教师在教学活动中教学策略的使用。教学策略即是主要解决“如何教”的问题的，是教学过程设计的重点。好的策略能激发幼儿对学习内容的兴趣，在兴趣的引领下学习，取得好的学习效果，更好地达成教学目标。

## 一、教学策略的内涵

策略原指大规模军事行动的计划和指挥，现常用于表示为达到某种目的所使用的手段和方法。关于教学策略的含义，各个研究者的阐述各不相同。一般认为，教学策略是指在不同的教学条件下，为达到不同的教学结果所采用的相对系统的决策行为，它具体体现在教与学的交互活动中。

教学策略的结构包括指导思想、教学目标、实施程序、操作技术四个要素，其中最核心部分是实施程序。它包括教学活动的元认知过程，即教学计划；教学方法的执行过程，即教学实施；教学活动的调控过程，即教学评价。而指导策略主要是教学方法的执行过程的策略，即狭义上的教学实施策略。

## 二、幼儿园学习中的一般性教学策略

在教学实践中存在多种教学策略，运用不同的标准，从不同角度，可划分出许多不同类型的策略。如按照教学策略是否具有特殊性和个性化特点来划分，有一般性教学策略和特殊性教学策略；按照活动的区域不同来划分，有内动型教学策略和外联型教学策略；根据信息控制者不同来划分，有替代型教学策略和生成型教学策略。下面我们按照时间顺序讨论教学准备策略、教学实施策略以及教学监控策略的设计问题。

### (一)教学准备策略

教学准备策略主要是指教师在教学前所要处理的问题解决行为方式，即教师在制定教学方案时所要做的工作。一般涉及教学主体分析策略、教学目标分析策略以及教学材料分析策略。

#### 1. 教学主体分析策略

(1)幼儿起始状态分析

对幼儿起始状态的分析主要包括两个方面。

首先，对幼儿已有经验的分析。确定对幼儿的知识经验的分析就是为了确定幼儿的起点能力。起点能力指幼儿在接受新的学习任务之前原有知识、技能的准备。起点能力是幼儿习得新的能力的内部前提条件，它很大程度上决定教学的成败。依照布卢姆的掌握学习原则，幼儿必须达到规定的教学目的的85%，才能进行下一步学习。其目的是确保幼儿在接受新知识前已具备适当的起点能力。

其次，对幼儿当前状态的分析。教育心理学家确认，幼儿的认知发展水平乃是学习准备的重要标志。幼儿当前的学习准备状态，指的是学习者在从事新的学习时，原有的知识水平和原有的心理发展水平对新的学习的适合性。而幼儿学习的内在动机的准备状态，在很大程度上决定着教学是否有效。分析幼儿目前的状态，认知发展准备是一个重要因素。认知发展准备是指已经具备的认知功能和一般认识能力发展水平。

(2)教师自我心理准备

教师作为教学策略制订、实施和监控的主体，必然使教学策略染上自己的个性色彩。一种较好的教学策略的制订，不仅遵循一般的教学规律，而且也渗透着教师的认知方式、教学习惯、个人特点等个性因素。

一是自身认知风格的分析。认知风格是个体在信息加工和完成认知任务过程中其个体特征的具体表现。按照个体在认知加工中对所处环境线索的依赖程度，威特金(H. Whitkin)把个体的认知风格分为场依存型和场独立型。属于场依存型的人，对客观事物的知觉倾向于以外在参照作为信息加工的依据，态度和意向比较容易受到环境的影响；而属于场独立型的人，在认知活动中较少受到环境因素的影响，更多的是利用自己内在参照来理解和判断。

二是自我监控能力分析。教师对教学的自我监控能力主要包括在教学活动之前要结合个人的风格、特点和经验，分析所面临的教学任务和教学环境中的有关因素(如教材、教学时间、教学条件等)，确定教学目标，然后根据这一特定的目标安排教学步骤、选择策略，预先构想设计出解决各种问题(如突出重点、突破难点)的可能方法，并预估其有效性即可能产生的效果，准备在未来的具体教学活动实施期间监控教学进程，反馈、维持或者调整教学行为。

### 2. 教学目标分析策略

教学目标是对教学活动预期所要达到的结果的规划，是教学活动顺利进行的重要保证，规定着教学活动的方向、进程和预期结果。

(1)教学目标设计的步骤

①钻研课程标准，分析课程内容，确定单元主题及重点、难点，明确单元的学习任务。

②了解幼儿现有状态及水平，包括幼儿对该单元主题的了解程度。这样做的目的是使此单元对幼儿来说既不是非常熟悉，也不是一点也不熟悉；既不是非常容易，也不是非常困难。这样能增强单元主题的吸引力，调动幼儿的积极性。

③确定教学目标分类。在单元目标中，要说明学习者完成本单元学习以后应能做什么，而不是教师做什么。相对于课程教学目标来说，单元教学目标是具体的；但相对于具体活动的目标来说，单元教学目标又比较概括、抽象。按照布卢姆的教育目标分类法，可以将单元教学目标分为认知领域、情感领域和动作技能领域。

④列出具体教学目标。这是对某一教学活动终了时幼儿能做什么的具体说明。

(2)教学目标表述要求

①教学目标的表述应当全面适度、具体明确。既要有知识方面的教学目标，也要有能力、情感、习惯方面的教学目标。

②统一从幼儿角度表述目标。行为主体必须是幼儿而不是教师，因为判断教学有没有效益的直接依据是幼儿有没有获得具体的进步，而不是教师有没有完成任务。如在中班绘画活动"小鸡和鸡妈妈"的目标可表述为"感受小鸡和鸡妈妈的温馨，培养幼儿对父母的亲情；发展幼儿的观察力和想象力；画出小鸡的各种动态"。

③行为动词必须是可测量、可评价、具体而明确的，否则就无法评价。如有位教师在中班健康活动"天天来刷牙"的活动目标为"培养幼儿的良好卫生习惯"，不仅没有从幼儿的角度出发，而且表述含糊笼统、无法测量，可修改为"学习正确的刷牙方法，养成早晚刷牙的好习惯"。

(3)教学目标的表述策略

行为目标的表述运用"行为目标"这个术语，是为了强调教学结果的可见性和可测量性。因此，表述教学目标必须运用幼儿外显的、具体明确的行为方式。根据行为目标表述技术(ABCD 技术)，教学目标的表述原则应包括教学对象、行为描述、行为产生条件、行为衡量标准 4 个基本要素。

①A——教学对象(Audience)：指谁完成教学所预期的行为，通常指"幼儿"。例如中班健康活动"爸爸的大鞋子"中的目标之一为"幼儿能穿着大鞋子协调地行走，发展平衡能力"。由于学习主体极为明确，因此"幼儿"二字常被省略。

②B——行为描述(Behavior)：指学习者通过教学以后达到目标的具体行为，通常以行为动词表述，如"写出""说明""列出"或"预测"等。

③C——行为产生条件(Condition)：指表现行为的有关情境或条件。如某小班绘画活动目标"通过照镜子观察学习画自己的脸"中的"照镜子"就属于行为产生的情境或条件。

④D——行为标准(Degree)：指用来评价学习结果的标准。例如"能说出公园里 5 种以上的植物名称"，"5 种以上"就是行为的标准。

### 3. 教学材料分析策略

教学材料是指教学内容的各种载体。教学材料的选择要符合幼儿的实际水平。下面介绍关于教学材料选择的几种策略。

(1)教学内容组织策略

教学内容是根据教学目标来确定的《幼儿园教育指导纲要(试行)》中对幼儿园教学内容的选取要求“既符合幼儿的兴趣和现有经验，又符合教育目标的新经验；既贴近幼儿的生活，又有助于拓展幼儿的经验；既体现内容的丰富性、时代性，又注重幼儿学习的必要性、妥当性以及与小学教育的衔接性”。

①教学内容选取的原则

最常见的教学内容是各种知识。知识一般分为陈述性知识、程序性知识和策略性知识。在选择教学内容时，应该遵循以下原则：第一，应注意选择适宜贴切的内容，与目标无关或关系不大的内容应减少或删除；第二，所选内容要符合幼儿学习活动的内在认知规律，难度上最好在幼儿的“最近发展区”，满足幼儿的年龄需求；第三，尽量选择那些符合幼儿记忆特点，形式简单明了、通俗易懂的内容。

**资料卡**

#### 大班科学活动分析

在大班科学活动“宇宙英雄奥特曼”中，教师计划告诉幼儿，“怪兽是一种叫碱的物质构成的，它是透明的没有颜色，但是有一种东西就能把它找出来，它的名字叫酚酞试剂。因为碱遇到酚酞就会变成红色，所以小朋友就能看到怪兽了。那么什么东西能消灭怪兽呢？是一种叫做‘酸’的溶液，因为酸能将碱中和掉。”请分析该教师的计划是否能够成功，并说明理由。

分析：在知识体系上，酸碱中和属于较抽象的知识内容；在内容组织上，设计者所表达的内容显然超出了幼儿的经验范围，脱离了幼儿的认知发展水平。

②教学内容的组织策略

按照布鲁纳的螺旋式组织，从具体到抽象以最基本的概念和原理作为主体，并以螺旋上升的方式呈现教学内容。有益于儿童在与环境交互作用的过程中逐步获得经验。如在科学领域各年龄班“认识四季”的活动：小班幼儿可以初步感受四季的明显特征，如“宝宝不怕冷”“大风和秋叶”等；中班幼儿可对不同季节的特征有进一步的认识，如“云彩和风”“美丽的菊花”等；大班可在内容上进一步深化，如“四季妈妈的四个娃娃”“动物怎样过冬”等。

(2)教学方法、媒体的选择

①教学方法的选择

教学方法，是在教学过程中，教师和幼儿为实现教学目的、完成教学任务而采取的教与学相互作用的活动方式的总称。常见的教学方法有讲授法、讨论法、谈话法、演示法、实验法、练习法、合作学习法等。

表 7-2　幼儿园常用教学方法

| 类　型 | 语　言 | 直观的方法 | 实践训练 | 欣　赏 |
|---|---|---|---|---|
| 名称 | 讲解法<br>谈话法<br>讨论法 | 观察法<br>演示法<br>示范或范例 | 练习法<br>操作法<br>游戏法<br>实验法 | 欣赏法 |

在幼儿园教学活动中，根据不同教学内容的特点，可选择相应的教学策略。如在小班“认识蝴蝶”活动中，观察蝴蝶标本，让幼儿观察蝴蝶的外形特征，教师启发性提问：蝴蝶的身体像什么？蝴蝶头部有什么？蝴蝶身体两侧有什么？采用的就是观察法和谈话法相结合的方法。在中班“认识正方形和长方形”中则采用了让幼儿比较观察正方形和长方形的不同，教师演示、讲解相结合的方法，帮助幼儿认识正方形和长方形。总之，在幼儿园教学方法选择上，教师既要考虑教师的教，还要考虑幼儿的学，以此实现幼儿的整体性发展。

②教学媒体的选择

常用的媒体有实物、模型、图书、画册、黑板、挂图、图片、照片、幻灯片、录音机、录像带、自制教具等。教学媒体的选择应考虑的因素有教学环境、学习者特点、教学任务和实际教学条件等。具体来讲，在幼儿园教学媒体的选择中，需要注意以下几点：

A. 直观性，有助于概念的理解；

B. 动态性，有利于反映概念及过程；

C. 图文声像并茂，多角度调动幼儿兴趣；

D. 可重复性，有利于突破难点。

③活动材料的确定

根据确定的活动目标和内容来确定活动材料。教师可以这样问自己：我把可供自己选择的材料都列出来了吗？哪些材料对本次活动(内容和目标)的利用价值较大？能否让幼儿参与制作？能用其他更低廉的材料(如废旧边角材料)或其他活动中使用的材料(做简单处理，如修改、组合等)代替吗？哪些材料更易于、更适合于和更方便于幼儿操作？我考虑到了幼儿在操作中的个体差异了吗(操作材料的难易梯度)？材料的量足够吗？它们使用起来安全吗？这些材料还能运用于哪些近期的活动中(材料的多功能性)？本次活动可使用哪些辅助手段？幼儿的着装(从安全、活动目标等方面考虑，如鞋)是否适宜？活动前做了必要的检查吗？

### (二)教学实施策略

教学实施是实现教学目标的关键阶段，教学实施的过程一般分为导入、展开和结束三部分。在导入部分，教师应集中幼儿的注意，引起幼儿学习的兴趣，向幼儿提出学习任务；展开部分是活动堂教学的主要部分，教师的任务是有步骤地组织幼儿学习，完成教学任务；而结束部分应营造活泼、愉快的气氛，教师要小结教学活动的内容和幼儿的学习态度，提出新要求，激发他们再学习的欲望。

#### 1. 导入

教师恰当的活动导入策略非常重要，它可以在较短时间内吸引幼儿的注意力，激发幼儿的活动兴趣，引导幼儿主动探究与思考，使幼儿在轻松、自主、有趣、愉快的氛围中开展活动。导入一般不宜占用过长时间，一般以 2～3 分钟较为适宜。以下是几个常用的导入方法。

(1)情境导入

情境导入是指教师通过音乐、图画、动画、录像等创设生动有趣的学习情境，感染幼儿，引起幼儿丰富的想象和联想，使其情不自禁地进入学习情境的一种导入方法。情境导入的优点在于：通过情境导入的方式可以较快、较顺利地将幼儿带到主题之中，避免了幼儿因为对活动形式的厌倦而导致对活动内容和探索问题的厌倦。同时，情境导入的方式也给幼儿提供了一个思考和解决问题的背景，借助着这样的一个平台，幼儿就能够调动起已有经验，在迁移性的学习中促进其新经验的形成和提升。当然，在情境创设方面，要注意教具材料的新异性。

(2)激趣导入

对于幼儿来说，兴趣是他们加入活动的最直接、最真实的理由，因此，教师运用激起幼儿兴趣的方式导入到活动或探究主题中去是十分常用和有效的教学策略。一般包括悬念导入、演示导入、谜语导入等。

激起兴趣的形式可以根据幼儿的年龄特点、幼儿所要进行的活动内容或材料以及当时当地的时空条件等有所不同：对于小班幼儿来说，可以更多地借助于外在的因素激发他们的活动兴趣，譬如用新奇的玩具、学具、材料或是教师生动、夸张的语言、表演来引起幼儿的兴趣；而对于中、大班幼儿来说，则可以更多地借助于对幼儿内在参与态度和情感的激发为主来引起他们活动和探究的兴趣，有时可以用一个问题引起幼儿的探究兴趣，也有时可以用幼儿感兴趣的一场讨论引出主题等。总之，激趣导入应当因人因事而异，体现灵活性、有效性。

(3)问题导入

问题导入是教师通过富有启发性的问题，引起幼儿回忆、想象、思考，从而激发幼儿产生学习和探索的欲望，进而导入新的学习内容的一种方法。采用问题导入的方法和策略，可以有效地调动起幼儿的认知参与，使他们在积极、互动的认知冲突中思考问题、提升经验、建构概念。尤其对于以问题探究为主的探索型学习活动来说，问题的引发和导入是十分关键的，一个恰到好处的问题不仅可以唤起较大多数幼儿的学习兴趣，可以激起幼儿与幼儿之间、幼儿与材料环境之间有意义的互动，而且可以帮助幼儿延伸出后续进一步探索的问题，以有效地支持和推动幼儿的深入学习和探究。

(4)游戏导入

游戏是幼儿最常见、最喜欢的活动形式，因此在活动开始时，教师不妨通过游戏的形式进入到活动主题的导入方式，激发幼儿的活动兴趣。在体验性、表现性的主题活动中，教师可以通过一个语言游戏、音乐游戏或表演游戏让幼儿进入到游戏材料所蕴含的作品(故事、儿歌、歌曲、律动等)的体验和创造性表达中。如学习儿歌《手指歌》，教师可以游戏的口吻说：“今天我们来比比谁的手指本领大，会变出各种各样好玩的东西。”教师用儿歌中的语言暗示幼儿：“变变变，变成一把小手枪……”在概念建构为主的主题活动中，教师也可以借助游戏的形式将所要建构的主要概念蕴含其中，如为了帮助幼儿建构起有关形体的概念，教师可以通过“搭积木”等构造性游戏，使幼儿在玩中产生对形体的比较与认识，从而建构起相应的概念。

(5)经验导入

经验导入是指教师在了解幼儿原有知识水平的基础上，提供新旧知识的连接点，调动幼儿运用已有的知识和经验去进行新的探索。如在“噪音污染”的活动中，教师首先问幼儿：“小朋友每天都要听到各种声音，请你们说一说听到过哪些声音……在你听到过的声音中，哪些是好听的声音，哪些是不好听的声音?”幼儿在教师的启发下，联系已有的经验，很自然地就进入了活动之中。

尽管导入方式因活动内容和活动目标的不同而不可能有一个固定的模式，但是各种不同的导入类型在设计和实施中的基本要求是一致的。

第一，精练。导入语力求精练简洁、集中概括、点到为止，切不可喧宾夺主。

第二，巧妙。导入重在引起幼儿的兴趣，有效地调动其活动的积极性，因此导入语要依据活动内容力求巧妙、有趣，既能造成悬念，又富有吸引力和艺术感染力。

第三，准确。要针对活动的内容、特点和幼儿的实际，巧妙地设计导入方法和导入语，且语言准确鲜明，主干突出。

2. 展开

展开部分是实施教学活动的主体部分，指从导入新活动到结束活动前的时段。教学效果最终如何取决于活动中是否实施合适的教学策略。根据国内学者的研究，幼儿园常见的教学策略有以下几种。

(1)示范—模仿策略

行为主义的代表人物班杜拉认为，观察是儿童行为习得的主要方式，而观察学习的对象就是榜样，榜样的示范性非常重要。3～7岁的幼儿开始从具体动作中摆脱出来，凭借象征性图示在头脑中进行“表象性思维”，这种思维有三个特点：一是具体形象性；二是不可逆性；三是刻板性。处于前运算阶段的幼儿开始出现符号功能。这种思维的特点决定了观察学习对幼儿的重要性和可行性。因此，我们要为幼儿的学习创造良好的环境，选择恰当的模仿对象。

对于幼儿来说，学习是经验的习得，而这些经验中，很大一部分来自于周围人的示范，如观察他人面对困难的行为，这种情境将以表象的形式储存于大脑，而这种表现本身包括了幼儿自己的加工与再生，当类似情境出现，幼儿将及时再现出来，或者潜伏下来，作为个体行为模式的一部分。在使用这个策略时，教师要在观察的过程中，引导幼儿懂得哪些行为是受鼓励的、哪些行为是禁止的要受惩罚的，从而让幼儿获得日常行为规范。例如在看图讲故事《顽皮的小猴》中，教师就可以强调幼儿观察图片中小猴由于顽皮，被刀划伤、被暖瓶的水烫伤、乱吃药后肚子难受的痛苦表现，让幼儿学会一些基本的生活常识。观察模仿策略适用于幼儿园小、中班。

(2)探究教学策略

探究教学策略是幼儿在教师的引导下，通过对事物现象的探索研究，获得该事物现象的本质及现象间规律性联系的知识，发展各种能力，特别是抽象逻辑思维能力的教学策略。幼儿的探究活动必须在教师的引导下进行。幼儿探究活动的目的不仅是获得人类已有的知识技能，更主要的是通过这种再创性的活动培养科学认识事物的兴趣，获得独立探究知识和解决问题的方法、能力以及对问题进行抽象逻辑思维的能力。

探究教学策略实施步骤：①慎重选择探究主题。一般宜选择来自幼儿生活实际的非常具体的问题。②创设探究情境。为激发幼儿的探究兴趣，调动幼儿探究积极性，教师必须根据教学内容和幼儿的年龄特征，创设探究问题情境。③教师既要加强指导，又要放手让幼儿独立探索和思考。要给予幼儿充足的时间和一组有结构的材料，让幼儿自己通过探究才能找到答案的。④组织表达、进行交流。探究教学应把幼儿学习的过程看作是一个社会化的过程。在探究过程中，每个幼儿都是以自己的方式来理解世界，因而不同的幼儿看到的是事物的不同方面，不存在唯一标准。因此，教师应鼓励和指导幼儿尽量把自己探究的成果展示出来，并迁移和应用到不同的情境之中。

(3)情境—陶冶策略

情境—陶冶教学策略有时也称暗示教学策略，由保加利亚心理学家洛扎诺夫(Georgi Lozanov)首创，主要通过创设某种与现实生活类似的情境，让幼儿在思想高度集中但精神完全放松的情境下进行学习。在学习中通过与他人的充分交流和合作，提高幼儿的合作精神和自主能力，以达到陶冶个性和培养人格的目的。

该教学策略主要由以下几个步骤组成：①创设情境。教师通过语言描绘、实物演示和音乐渲染等方式或利用教学环境中的有利因素为幼儿创设一个生动形象的场景，激起幼儿的情绪；②自主活动。教师安排幼儿加入各种游戏、唱歌、听音乐、表演、操作等活动中，使幼儿在特定的气氛中积极主动地从事各种智力操作，在潜移默化中进行学习；③总结转化。通过教师启发总结，使幼儿领悟所学内容主题的情感基调，达到情感与理智的统一，并使这些认识和经验转化为指导其思想、行为的准则。为此，教师首先要营造一种和谐的师生关系，喜欢老师，就愿意在老师面前表现自己，就敢于发表自己的看法。教师要为幼儿创设尽可能多的自主学习的空间，让幼儿在自然自如的学习环境中学习，同时，教师还要注重知识的趣味性和教学方法的灵活性，自然就会帮助幼儿取得好的学习效果。

(4)合作教学策略

合作教学策略是以学习小组为教学活动的基本单位，通过小组内成员的分工协作去达成小组共同目标，并以小组活动的整体效果为教学评价的主要指标的教学策略。合作学习的目的不仅是培养幼儿主动求知的能力，而且包括发展幼儿合作过程中的人际交流能力。

合作学习在设计与实施上必须具备五个特征：①分工合作，指以责任分担的方式达成合作追求的共同目的。真正有效的分工合作必须符合两个条件：一是每个幼儿都必须认识到工作是大家的责任，成败是大家的荣辱；二是工作分配要适当，必须考虑每个幼儿的能力与经验，做合理安排。②密切配合，指将工作中应在不同时间完成的各种项目分配给各个人，以便发挥分工合作的效能。③各自尽力，合作学习的基本理念是取代为了获得承认和评级而进行的竞争，转而同心协力追求学业成就，因为合作学习的成就评价是以团体为单位的。大家都是成功者，没有失败者。要想成功，团体成员必须各尽其力，完成自己分担的工作，并且要帮助别人。④社会互动，合作学习的成效取决于团体成员之间的互动作用，即大家在态度上相互尊重，在认知上能集思广益，在情感上彼此支持。⑤团体历程，指由团体活动以达成预定目标的历程。这些团体活动包括如何分工、如何监督、如何处理困难、如何维持团体中成员间的关系等。

3. 结束

**资料卡**

### 中班语言活动“给朋友的信”片断

孩子们一个接一个地完成了自己写给朋友的信。教师说：“小朋友请你把画好的信折好放入信封中，在信封上写好学号，交给你的好朋友。”“我要拿回家里去，给我妹妹。”“我的好朋友是小寒，我现在就送给他。”“老师，老师，我想把信寄给我姐姐好吗?”孩子们极力地表达自己的想法。教师说：“好呀，可以寄出去呀!”“老师，我们也要寄信”几个孩子一起围上来说。教师说：“好，既然这么多小朋友想把信寄出去，那我们下次一起去寄，好吗?”大部分孩子异口同声说好，也有的幼儿在嘀咕：“又是下次。”教师没注意到幼儿的反应就请孩子自由活动了，自己忙着准备下一个教学活动。几天过去了，教师并没有带孩子去邮局寄信。

结束是课堂教学的最后一个部分，其实施的主要目的是完成课堂教学的“有序解散”。好的活动结束是拓展延伸的过程，也是反馈教学信息的过程。但在目前的幼儿园教学活动中的结束环节普遍存在着像上述案例中的“欺骗式的教学活动结尾”，这不仅只是失去一次教育机会，降低了教师在孩子心中的地位，也对孩子的人格发展有影响。为此，教师需要掌握、运用恰当的结束方法或策略，常用的活动结束策略有以下几种。

(1)系统归纳

系统归纳策略是最普遍使用的结束策略，是指在活动临近结束时，教师让幼儿对所学内容作归纳总结，及时强化重点，明确关键，以达到画龙点睛的效果。如科学活动“布的秘密”，结束时，老师说：“通过实验我们知道很多布的秘密，有些布会吸水——棉布、纱布、绒布、牛仔布；有些布不会吸水——尼龙布、塑料布；有些布吸水较快——棉布、纱布；有些布吸水较慢——绒布、牛仔布。”

(2)延伸扩展

延伸扩展策略是指在结束部分恰当地安排幼儿的实践活动，以使新知得到巩固和教学效果及时得到反馈，或是在结束本次活动时视需要为后面的活动巧设伏笔，引起幼儿的注意和思考。如科学活动“布的秘密”，也可设计延伸到让幼儿回家记录用还有哪些布能吸水，哪些布不能吸水。

(3)点评鉴赏

点评鉴赏策略是艺术领域活动结束环节中常用策略，通常是在活动结束时，通过展示幼儿作品，教师和幼儿共同欣赏、评价的方式结束活动。如在美术活动“小小造型师”结尾可以让幼儿说说：“你觉得哪种点心做得最特别，为什么?”

(4)曲终奏雅

活动结束时教师可用诗画、音乐结尾，或最后将活动推向高潮时再戛然而止，给幼儿留下想象、回味、思索的余地。

当然，活动的结束策略远不止以上几种，只要教师平时注意积累和探索，就会找到适合的结束策略和方法。

### (三)教学监控策略

教学监控策略是指在教学目标达成的过程中，教师对教学计划实施过程的检查、评价、反馈、控制和调节过程中所采用的教学谋略或措施。教学监控策略是综合考虑教学活动诸要素而提出来的，主要包括主体自控策略、师幼互动策略、教学反馈策略等。

#### 1. 主体自控策略

教学活动是以教师和幼儿为主体的活动，教学监控的实质就是对师生行为的监控，而对人的监控最有效的方式就是促使其自控。教学中，教师根据教学要求和主体状态，激发培育主体自控机制的方式方法，就是主体自控策略的具体应用。主要表现为以下几个方面。

首先，激发幼儿动机，提高抱负水平。激发幼儿的学习动机需要注意三个方面的问题：第一，教学内容应难易适度，使幼儿感到只要努力是能够学好的；第二，提供及时清晰的反馈，使幼儿能体验到成功或进步；第三，使幼儿认识到知识与能力的重要性，激发其产生一定知识和能力的缺失感以及弥补缺失的强烈愿望。

其次，提高幼儿的自我认知水平。幼儿的自我认知既包括幼儿的自我认知，又包括教师的自我认知。从幼儿来看，主要是使幼儿形成正确的自我概念和自尊态度。因此教师有责任使幼儿在适合自己的能力水平上体验到学习成功的快乐，尽可能使幼儿形成积极的自我概念和自我尊重的态度与人格特征。

最后，提高元认知监控水平。为了提高幼儿的元认知监控水平，教学中教师应将上述方面作为重要的教学内容，教会幼儿制订计划、自觉控制学习过程、及时检查和客观评价学习效果等方面的策略，并通过教学训练，使之达到自觉运用的水平。

### 2. 师幼互动策略

互动策略是使教学中师幼行为有序、积极、多向交往的一系列方式方法的总称，主要包括以下几个方面。

一是规范幼儿行为。教师有意识地培养幼儿的活动规则意识、良好的生活、学习习惯。教师要经常提醒幼儿记住规则，利用适当的规范约束是促进师幼积极互动的策略之一。

二是营造良好的活动气氛。和谐的活动气氛是教学活动适宜的心理环境的体现，也是师幼互动的基本条件。为此，教师要努力塑造幼儿所喜爱的形象，实行民主管理，建立和谐的师幼关系，并努力激发幼儿积极的学习心向，尤其是求知兴趣显得十分重要。

三是强调多向交往与合作。师幼多向交往的有效策略是“合作学习”，这种策略以“积极的相互依存与个人责任相统一”为精髓，把师幼交往改变为师幼、幼幼交往等多种形式，有利于多通道地传输和接受信息。

### 3. 教学反馈策略

正确评价自己的教学效果和幼儿的学习状况，是教师改善教学、进行教学监控的重要依据，也是幼儿不断改进学习、提高学习效果的重要信息来源。教学中采取何种形式的反馈策略更有效，需要具体问题具体分析。

提问是为幼儿创造获得反馈机会的有效方式。研究表明，高成效的教师比低成效的教师更善于向幼儿提问，他们对回答正确的幼儿爱提出另一个问题，以鼓励他们进一步思考；对错误的回答不是简单地否定，而是指出幼儿错在什么地方、该如何去思考或提出相似的另外一个问题；当幼儿开始评价时，高效率的教师比低效率的教师更多地以反馈来加强其效果。总之，高效率的教师会给幼儿创造更多的反馈学习机会。

## 三、幼儿学习中的具体指导策略

### (一)了解幼儿的学习方式和特点

《3-6岁儿童学习与发展指南》指出:“遵循幼儿的发展规律和学习特点”，幼儿的学习是一种整体的、生态学意义上的学习，是利用多种感觉通道而非单一感觉通道。幼儿主要是借助具体的情境、具体的事物，在参与、探索和交往的过程中生长和发展的。对于幼儿来讲，生活即学习、游戏即学习。幼儿的学习以直接经验为基础，教师的语言传递不是幼儿学习的主要方式，书本化的系统知识也不是他们学习的主要内容，端坐静听有悖于幼儿的发展规律和学习特点。

首先，幼儿思维发展的特点决定了幼儿学习的内容应是直观的、形象的，因此幼儿的学习不适合以系统的知识学习为主要内容，学习内容应该是浅显的、适合幼儿思维特点的，这些内容不应是只以知识的逻辑组织起来的严格的学科，而应是主要以生活的逻辑组织起来的多样化的、感性化的、趣味化的经验和活动。

其次，幼儿的学习特点还决定了幼儿学习经常需要利用游戏的手段。由于幼儿学习与幼儿的生活联系在一起的，在幼儿学习的指导必然是情境性的、参与性的，与现实的一日生活紧密地联系在一起的。因此，幼儿的有效学习，关键在于创设丰富的活动情境，创设有利于幼儿自发主动活动的氛围，为幼儿提供各种互动的机会，为幼儿提供与其发展相应的帮助。游戏是幼儿最基本的活动形式。幼儿的游戏中蕴含着丰富的教育价值，能让幼儿在其中生动活泼、积极主动的发展。

最后，学习的特点使得幼儿的学习不是体现在课表、教材、课堂教学或作业中，而是蕴藏在环境中、生活中、游戏中和各种幼儿喜闻乐见的活动中。幼儿的年龄特点决定了幼儿很难清楚地意识到蕴含在教师教学设计中的教育目标、内容和要求，幼儿感受到的更多是环境、材料、活动本身和教师的行为，而不是其背后的教育目的、意图和期望。因此，幼儿的学习蕴含在环境、材料、活动和教师的行为中，潜移默化地发挥着促进幼儿健康成长的作用。

### (二)激发幼儿的学习动机

学习动机是学习活动顺利进行的重要支持性条件，因此，激发和维持幼儿的学习动机非常重要。通过多种方式，培养和激发幼儿的学习积极性和主动性，满足其活动和学习的愿望，使他们体验成功的快乐和喜悦；在此基础上，提出更高要求，激发更高级的需要，不断提高学习活动的水平，发挥幼儿的巨大潜力。根据幼儿学习动机的影响因素，激发幼儿学习动机的常用方法主要有以下几种。

### 1. 设置问题情境，激发幼儿的好奇心和求知欲

所谓问题情境，是指个体觉察到的一种“有目的但不知如何达到目的”的心理困境。幼儿的学习总是伴随问题出现而产生的，而幼儿能否提出问题，就在于是否能够产生问题情境。如果幼儿本身没有好奇心和求知欲，即使成人强迫他们进行学习，也不会收到理想的效果。相反，如果教学内容、活动设计等不能引起幼儿兴趣，尽管幼儿有内在的学习动机，也难以维持学习活动。因此，教师要尽量通过多种手段与方法创设与幼儿的日常生活和活动相联系，又不超出幼儿生活经验的问题情境，把要让幼儿学的内容转化成幼儿愿意学的内容，激发幼儿产生“这是为什么?”等疑问，从而使幼儿积极、主动地参与学习，对学习产生兴趣。利用精心设置的问题情境来激发幼儿的学习动机，这是将内在动机和外在动机有机结合的有效措施。

幼儿的好奇心较强，他们对各种新奇的事物都能产生一定的兴趣，由此会引发疑问的产生，这也是激发幼儿学习动机的有利时机。如：天空为什么有彩虹？苹果为什么落下来？小金鱼为什么会游动？等等。对于幼儿的好奇和提问，教师要予以理解、保护、支持和鼓励，不宜采取应付、忽视、指责或压制的应对方式。教师首先应创设、利用各种条件来激发幼儿的学习兴趣，在此基础上，引导幼儿自己思考、深入思考，而不是直接告诉幼儿答案。一旦利用外部手段激发了幼儿的学习兴趣后，教师就应该适时地引导幼儿由外部动机向内部动机转化，不能简单地迁就幼儿的表面兴趣，否则学习动机也难以长久维持。

### 2. 应用多种教学方式和直观教具

新异、形象鲜明、生动而又富于多变的刺激物是幼儿最感兴趣的，因此在活动中应充分利用或制作具有这些特色的活动教具，如小木偶、幻灯片以及各种实物、标本、图片等。此外，趣味性的、多样的教学方法也是十分重要的。如果教师能够选用适宜而新颖的教具、学具，并采用多样化的教学方式，那么幼儿的学习活动则会显得更有生机，幼儿的学习动机也会产生并维持下去。比如，教师在讲《青蛙》时，先以谜语的方式引入：“河边有个歌唱家，白肚皮，大嘴巴，一天到晚叫呱呱，吃掉害虫保庄稼”，让幼儿猜猜看这到底是个什么动物。同时，教师还可配合使用模具青蛙、有关青蛙生活的电视录像等，来帮助幼儿理解青蛙的生活习性。教师还可以把真实的蝌蚪和青蛙分装在瓶子中，让幼儿观察它们，然

后引导幼儿提出诸如“青蛙的孩子为什么和妈妈不一样?”“小蝌蚪吃什么?”等问题。

总之，在教学活动中，教师要多为幼儿提供一些实用、美观的操作材料，使幼儿通过摸摸、做做、想想等方式来启发思维，积极参与学习活动。教师还可以借助游戏、看电影、实地参观等活泼多样的教学形式，促使幼儿乐于参与丰富多彩的学习活动。

### 3. 创设安全、开放、温馨的学习氛围

根据马斯洛的需要层次理论，幼儿在产生求知需求前，必须满足其基本需要，如生理需要、安全需要、归属与爱的需要等。因此，为激发幼儿学习与探索的主动性，教师必须创设安全、开放、温馨的学习氛围。安全，指的是让幼儿在生理和心理上感觉到安全。研究表明，处于依恋期的幼儿，他们的探索与学习是以重要的依恋对象——母亲为“安全基地”的，当母亲在他的身边，他的探索兴趣就会增加，母亲的离去则会使幼儿感到焦虑，降低主动探索的可能性。开放，指的是幼儿天生就是探索家、发现家，要让幼儿有自由探索的可能。温馨，指的是教师要为幼儿学习创设宽松的氛围，特别是当幼儿探索失败，学习不成功时，教师不应指责，而要宽容幼儿的失败。

教师必须创设民主和谐的学习氛围，使幼儿的思维最大限度地活跃起来，积极参与教学过程。具体来说，教师应该尽量在幼儿的学习过程中做到以下几点：一是创造条件启发幼儿积极思考，善于发现问题，勇于提出见解，而不是硬将幼儿的思维纳入自己的思维轨道；二要安排幼儿质疑问题的环节，鼓励他们说出自己的看法、想法，以加强教学的针对性；三是允许幼儿犯错。幼儿答错了的允许重答；答得不完整的允许补充；没有想好的允许再想；不清楚的问题允许发问；不同意的允许争论；教师错了的允许幼儿指正；甚至必要时允许幼儿不举手自由发表意见。在这种民主和谐的学习气氛中，幼儿才会全力地投入学习，充分体会学习带来的乐趣。

### 4. 按需要激发不同幼儿的学习动机

幼儿的学习兴趣因人而异。教师通常也会面对不同的教学对象，这些对象包括未能与教师建立良好关系的幼儿、对学习感到有压力的幼儿、在学习上落后于他人的幼儿等。对不同的对象，要用不同的技巧和方法，才能发挥有效的作用。下面分别就怎样引发上述三类幼儿的学习动机展开讨论。

(1)引发未能与教师建立良好关系的幼儿的学习动机

教师工作调动、幼儿转班、新生入园、教师新上任等，都使教师有机会面对新的幼儿，要怎样才能引发他们的学习动机呢？如果所辅导的幼儿是新入园的，教师便可以参照下面的做法：对幼儿表现出有信心和喜欢与他们在一起，脸上常带笑容，千万不要板起脸孔来教训幼儿。当幼儿的学习表现不够理想时，要安慰他们，并表示相信他们下一次定能比这次做得好。安排成功率高的学习活动，特别是第一次活动，幼儿的印象最深刻。进行一些难度较低的活动，使幼儿在学期开始时享受到成功的喜悦，减少心理压力，对以后的学习有信心。

(2)引发对学习感到有压力的幼儿的学习动机

幼儿已不需要面对紧张的学校生活，应该让他们生活得轻轻松松，也不要让他们感到学习有压力。一般来说，这些幼儿的学习动机都会相应地减低，需要教师的辅导。对这类幼儿学习动机的激发主要在于制定适当的学习目标。感受到学习压力的幼儿在学习上常会失败，但并不代表这类幼儿的认知能力低，他们的失败可能是焦虑所导致的。如果教师把学习目标定得过低，以为这样就能让幼儿感受到成功，反而会使活动或学习的内容没有挑战性，幼儿即使完成了，也感受不到成功的喜悦。因此教师要对这类幼儿的能力作适当的评估，订出相应的学习要求，并把辅导重点放在帮助幼儿完成符合他们能力的学习活动上。

(3)引发在学习上落后于他人的幼儿的学习动机

这类幼儿在学习上表现得被动和缺乏自信心。他们在学习上落后他人的其中一个原因，可能是对基础知识的概念模糊不清或缺乏学习技巧。教师可参考下列办法，着重引发他们的成就感，提高他们的学习兴趣。一是教学上强调个体差异，因材施教。对于在学习上落后于他人的幼儿，可让他们做一些较易完成的活动，或把学习步骤分得更细，让他们逐步去完成。二是对幼儿有积极的期望和全面的评价，幼儿的能力是体现于多方面的，在某一学习活动上落后于他人的幼儿，并不意味着在其他方面的能力也较差。三是要善于发掘这类幼儿的长处，并给予机会让他们把长处表现出来。

总之，幼儿的学习动机、学习兴趣因人而异，教师需要针对不同的对象和具体的问题来采取相应的引发措施，以期收到理想的效果。

### 5. 给予积极反馈，体验学习成功的快乐

学习成功是最足以使幼儿继续学习的一种动力。韦纳的归因理论指出，幼儿内部或外部归因的形成与教师的评价和影响有关，教师的反馈对幼儿的学习归因与学习动机有很大影响。研究表明，当幼儿成功时教师给予内部归因评价，失败

时给予外部归因评价，有助于幼儿学习动机的激发与维持。

鉴于教师在幼儿心中所占的重要位置，教师对幼儿所完成的任务表示赞赏，肯定幼儿的进步和努力，这样做可能会让幼儿更深刻地感受到成功的喜悦，进取心增强，自然渴望做更多有望获得成功的事情。因此，教师不仅要在了解每个幼儿的基础上给其提供成功的机会，创造成功的条件，而且要对幼儿有积极的期望，让幼儿有更多的机会获得成功，尽量避免使他们感受到挫折，这样他们对学习自然会表现出更大的热情。即使幼儿表现出错误行为，教师也要慎重对待，不宜采用抱怨、训斥、冷落、罚站等方法。

### (三)重视培养幼儿的学习品质

学习品质指儿童学习的倾向、态度、行为习惯、方法、活动方式等与学习密切相关的基本素质。学习品质是幼儿有效学习的必需，为幼儿入学做好准备，以及未来的发展奠定了基础。1991年，美国国家教育目标委员会提交的有关“入学准备”的工作报告中，首次将“学习品质”作为一个学习与发展的领域提出。关注学习品质，已成为世界幼教的共同趋势。从学习品质的结构上来看，包括学习态度、学习习惯、学习方法。那么应该如何培养幼儿学习品质呢?

#### 1. 学习态度

态度是指对人、对事、对己的一种反应倾向。态度一般由认知、情感和行为倾向三种成分构成，其中情感是态度的核心成分。良好的学习态度是指幼儿具有了解周围世界的好奇心与兴趣，主动参与学习活动，并乐于想象和创造。学习态度体现了对学习的基本看法。如果孩子对学习感兴趣，就会对学习活动持肯定的看法，流露出积极的学习态度，学习主动勤奋，愿意刻苦努力，并且做到“胜不骄败不馁”。为培养幼儿良好的学习态度，我们应该提供以下支持策略。

一是保护幼儿天性，激发幼儿探索兴趣。在幼儿园一日生活与游戏、教学活动的师幼互动中，注意保护幼儿好奇、好问、好动的天性，并提供条件不断激发和拓展孩子对周围世界的兴趣。

二是鼓励幼儿主动学习，支持幼儿参与活动。具体的支持策略如：保护孩子主动做事的愿望，让孩子有积极体验和成就感；孩子能做的事让他自己做，成人不要事事包办代替或简单地否定、禁止孩子的活动；给孩子提供选择、判断和做事的机会；鼓励孩子试做一下他想尝试的事，帮助他获得成功，发展自信心。

三是欣赏幼儿独特想法，重视幼儿大胆表达想象力、创造力。具体的支持策略如：相信孩子的创造力，欣赏孩子独特的想法、做法；鼓励儿童的想象与创造，不简单地用“不对”“不像”等评价孩子的活动；激发儿童的想象和创造；培养儿童的批判性思维；鼓励儿童大胆表达自己的想象与创造，尝试通过动手做把自己的有些想法实现。

总之，教师要努力做到“三不教”：凡是幼儿自己能看懂的，教师不教；凡是幼儿自己能学会的，教师不教；凡是幼儿自己能探索出结论的，教师不教。美国教育家彼得·克莱恩(Peter Klein)说：“学习的三大要素是接触、综合分析、实际参与。”因此，在教学中，教师应多让幼儿动手操作，在实践中养成主动思考、认真分析、独立解决问题的习惯，遇到棘手的问题，学会开动脑筋，从多方寻找解决问题的突破口，使幼儿的创新能力得到提升。

### 2. 学习习惯

朋朋已经四岁半了，理解能力很好，记忆力也非常好。但妈妈说周围的很多小朋友都能写数字、绘画，他却不行，因为他没有耐心写，也没有耐心画。妈妈早就发现儿子对事情的专注力较同龄的孩子要差一些，因为他出生在七月份，是班中较小的孩子，以前上小班时妈妈就发现朋朋注意力不集中，但那时总觉得他比别人小，不太在意，渐渐地上了中班，老师讲的东西也愈来愈多了，他注意力不集中的缺点就明显了，比如在幼儿园玩玩具，别的孩子玩得正开心时，他已经失去了兴趣，将注意力转移，可是，他自己并不知道下一步想要做什么。妈妈请教应该如何培养孩子的耐性和专注力，她还说自己的孩子该动的时候不动手，不该动的时候乱动，显得特别好动，怀疑有多动症。

学习习惯是指在学习过程中经反复练习形成并发展为个体的一种需要的自动化学习行为方式。幼儿良好的学习习惯是指幼儿在学习活动中比较专注，能坚持完成必要的学习任务，对行为有一定的计划和控制。通常孩子的学习能力得到提升之后，对学习的掌控度大大增强，自身实力强自然信心十足。学习能力优异的孩子会自我激励，追求卓越，向往成功，对学习上进乐此不疲，长期坚持就习惯成自然。

为培养幼儿良好的学习习惯，我们可以采取以下支持策略：创造一个有利于专注而不易分心的环境；跟幼儿说话或者让其做事时，一定要考虑他们的特点；保证幼儿精力充沛地学习和参与活动；培养幼儿主动地集中注意；培养幼儿理解计划、制订计划的意识和能力。当然，习惯培养是一个系统工程，不仅需要幼儿园的一贯长期坚持，而且还需要一个系统的环境来支持。这个系统环境是多维的，不仅包括幼儿园，还有家庭和社会，这几个部分还不能各干各的，必须密切配合，协同一致，否则会事倍功半，甚至毫无成效。

3. 学习方法

良好的学习方法是指幼儿会用一些方法来帮助自己学习，会利用已有条件帮助自己学习，能描述并解释自己的行为。俗话说："工欲善其事，必先利其器。"如果掌握了科学的学习方法，孩子就会感觉学习轻松愉快，体验到学习成功的喜悦，学习就会变成一种自我提升的享受过程，会学习而爱学习。

掌握良好的学习方法和学习策略，能为幼儿将来的学习奠定坚实的基础。为帮助幼儿掌握良好的学习方法和学习策略，我们可采取以下支持策略：一是帮助儿童从经验中学习，向他人学习，善于向媒体学习；二是帮助儿童尝试用一些反复来帮助自己进行学习；三是保证儿童对自己的言行做出反思和解释；四是成人作出榜样。

**(四)促进幼儿学习的迁移**

迁移对提高解决问题的能力具有直接的促进作用。幼儿的迁移能力正处于初始阶段，教师有意识引导他们主动运用已有的经验，促进其学习迁移能力，可以为幼儿的终身学习打下基础。为促进幼儿的学习迁移，教师应该"为迁移而教"，具体来说，需要注意以下几个方面。

1. 创设适宜的情境

知识的意义要通过知识的运用来理解，为了促进学生在新条件下应用知识的能力，强调教学时应让学生在各种实际情境中从各种角度反复应用知识。我们在活动组织中强调幼儿的亲自性、参与性，对学习活动有一种积极的态度和方式，选择了大量的符合他们年龄特点的活动内容，更要创设适宜的情境，使幼儿自主地进行学习迁移。

一是融入生活给予幼儿学习迁移的时机。幼儿在一日活动中会遇到很多实际的问题和困惑，这是他们学习的内容、时机和方式，也是非常重要的课程资源，因此教学情境应尽量接近幼儿的真实生活。如教小班幼儿正确地洗手，教师运用了示范动作与张贴洗手示意图相结合，每天幼儿洗手时均能看到，教师在一旁也会提示幼儿，他们就自然而然地学习用正确的方法洗手，后来区角活动中提供了一些折纸的示意图，他们也会尝试着去观察，按照示意图上的步骤折出一些简单的造型。

二是借助教学手段给予幼儿学习迁移的空间。幼儿园的课程是围绕幼儿的兴趣点，从幼儿较为熟悉的生活中择取教学内容，根据教材的特点，教学过程中教师借助各种教学手段，或直观形象的图片、实物、多媒体课件，或生动的体态，为幼儿提供了学习迁移的空间。

三是创设问题情境给予幼儿学习迁移的平台。探究性活动课程注重培养幼儿的探究意识和质疑能力。在一个个主题中以探究活动为主，以社会生活中的现实问题为题材来组织幼儿探究、思考。教育过程中教师善于将探究活动进行深化或分解，构成若干更具操作性的小问题，针对小问题引导幼儿学习，让幼儿运用知识、经验、技能与方法，尝试对问题进行分析和处理，用语言表达出自己探究的过程与成果，也会以绘画的形式记录自己的一些想法。

### 2. 为迁移而教

为迁移而教，就是要让幼儿能举一反三，触类旁通，教是为了不教。这里应注意两点。

一是教给幼儿基本概念、原理。在学习过程中，要帮助幼儿形成一些简单的、初级的概念，将知识分类、归纳、比较，使之系统化，鼓励幼儿概括活动的经验。在教给幼儿基本的原理、概念时，要提供有关原理概念的各种实例，这样有助于巩固、接受和运用知识，并促使幼儿各种能力的发展。如果使用的实例不充分，则所学习概念的概括性就可能受到限制。

二是帮助幼儿在问题情境与学习、生活情境中找到共同要素。迁移至少有一部分决定于已学东西和将学东西之间的相同要素。另外，为了实现迁移，即使有了相同要素，也必须提高儿童对不同学习情境之间同一性的知觉力。教学中要使幼儿有大量辨认各种情境相似性的机会。

### 3. 传授基本技能

传授基本技能是促进迁移和解决问题的有效途径，这里有两个方法。

(1)掌握/自主学习法

掌握/自主学习法要求幼儿在解决高水平的问题之前，先熟练掌握解题所需的基本成分技能。幼儿必须完成一系列训练和练习，直到这些技能达到熟练程度。该方法对阅读、写作、数学等解决问题都是适用的。

(2)障碍排除法

障碍排除法可帮助幼儿获得解决问题的必要经验及乐趣，其基本思想是降低问题解决中的任务要求，特别是对基本技能的要求，以免过多耗费幼儿的心理能量。

# 第三节　对幼儿学习与发展的合理期望

21世纪以来，以美国为主的一些发达国家为确保高质量的早期教育、提升儿童的入学准备水平，开始制定并推行早期学习标准，引起了各国教育界人士的关注。近年来，联合国儿童基金会通过“遍及全球项目(Going Global Project)”帮助发展中国家制定本国早期儿童学习与发展的标准，迄今有近20个国家加入到制定本国标准的行列。2006年，我国教育部与联合国儿童基金会合作，开始制定《3-6岁儿童学习与发展指南》(以下简称《指南》)，并于2012年正式颁布。

《指南》旨在帮助幼儿园教师和家长了解3～6岁幼儿学习与发展的基本规律和特点，建立对幼儿发展的合理期望，树立正确的教育观念和科学养育态度，保障幼儿获得基本的学习经验。那么，什么是“合理期望”？幼儿各学习领域合理期望的标准是什么？作为未来的幼儿园教师，我们在实践工作中应如何把握对幼儿发展的合理期望？

## 一、合理期望的内涵与意义

### (一)合理期望的内涵

何谓合理期望？我们认为，对幼儿学习与发展水平的合理期望，是指以幼儿身心发展的基本规律和学习特点为出发点，教师和家长对幼儿在健康、语言、社会、科学、艺术五个领域的发展水平以及学习效果的适度预期或希望。

建立对幼儿学习与发展的合理期望，关键是在于掌握教育参与幼儿发展的合适尺度。教育的主要目的是为幼儿的发展提供相适宜的环境，作为一种促进幼儿发展的手段，仍应以尊重幼儿的自身发展为前提，绝不能过分夸大教育的作用。过于相信教育的“强大力量”，强调教育对幼儿发展的干预，极可能导致拔苗助长，最终反而会损害幼儿的发展。具体来说，“对幼儿学习与发展水平的合理期望”包括以下几层意思。

#### 1. 以幼儿的身心发展规律和学习特点为出发点

合理期望是建立在对幼儿的年龄特点和发展水平的基础上的。幼儿的发展是一个持续、渐进的过程，同时也表现出一定的阶段性特征。幼儿的发展是一个非匀速、非线性的过程，通过日复一日的发展与积累，逐步达到下一阶段的目标。

这一发展过程是由不断的量变和质变组成的。连续的量变积累构成了质变。不同阶段之间是通过长时间“量”的逐渐积累而被连接起来的。心理学研究表明，适度合理的期望有利于产生好的效应，成为幼儿学习的推动力，但超值期望却只会适得其反。基于此，必须耐心地为幼儿创造一个可以让他们从容地从量变到质变的环境。“量变”过程决不可压缩，否则得不到真正的“质变”，即使得到也一定是畸形的。

2. 关注幼儿学习与发展的整体性

建立幼儿发展的合理期望，意味着我们必须建立完整儿童观，清醒地认识到：幼儿在发展中是一个不可分割的整体，是主动发展的主人，是有多种发展需求的主体，又是具有巨大发展潜能的个体。因此，我们必须以培养“完整儿童”为目标，以促进幼儿体、智、德、美各方面的身心全面协调发展为核心，注重学习与发展各领域之间、目标之间的相互渗透和整合，而不应片面追求某一方面或几方面的发展，把各种教育因素有机地结合起来，为幼儿后继学习和终身发展奠定良好素质基础。

3. 尊重幼儿发展的个体差异性

幼儿是有差异的，不仅表现在认知水平上，而且也表现在学习兴趣等方面。不同年龄幼儿的认知能力和兴趣不同，教师应了解各年龄阶段幼儿的现有的知识水平以及年龄差异。即使是同一年龄段的幼儿，由于生活环境、家庭因素的影响，其接受能力、思维能力、动手能力有差别。具体来说，包含三个层面的意思：一是考虑到不同地区之间、城乡之间仍存在着明显的差距，幼儿发展水平存在显著差异；二是考虑到不同幼儿在兴趣、需要、能力等方面的发展速率差异，因而并不要求特定年龄段的全部幼儿都必须达到该年龄段的所有指标；三是考虑到有特殊需要的幼儿，尤其是弱势幼儿群体的学习方式与特点，为其提供个别化的、特殊的学习环境。教师应尊重幼儿的个体差异，根据每个幼儿的特点加以区别对待，为不同发展水平的幼儿寻求不同的目标和获得不同水平的发展提供机会与可能，而不是用一把尺子衡量所有幼儿。

**(二)合理期望的意义**

在科学解读《指南》的基础上，建立幼儿学习与发展的合理期望，对提高学前教育质量起到积极作用，具体表现在以下几个方面。

### 1. 帮助保教人员和家长就幼儿“应该知道什么”和“能做什么”达成基本共识，有利于普及科学的学前教育观念

受一些传统观念的影响，在家庭教育中，超前教育、片面强调读写算等做法仍然盛行。建立对幼儿发展的合理期望，可以帮助家长全面理解幼儿的学习与发展的基本内容，从而使他们对幼儿提出的教育要求更适当、更科学，进而提高科学育儿能力。如《指南》强调给予幼儿早期的读写萌发经验而非让幼儿简单地识字，强调让幼儿理解加减的实际意义而非单纯培养幼儿的计算能力，这些都有助于家长重新认识和反思学前教育的内容。

### 2. 为幼儿园课程设计和评价提供基础和依据，有利于提高幼儿园教育质量

《指南》的具体内容对幼儿园教育具有指导意义。它提出的儿童学习与发展的五大领域的内容，正是幼儿园教育的基本内容，也是幼儿发展的最基本、最重要的方面。在《指南》的基础上，建立幼儿发展的合理期望，有利于幼儿园课程的编排，教师能够有的放矢地开展活动，从而改善幼儿的学习效果，同时有利于为幼儿基本能力的发展提供评估依据。借助于对儿童发展水平的评估，可以对幼儿园教育质量进行监测。因此，正确解读《指南》精神，建立对幼儿学习与发展的合理期望，有利于规范学前教育机构的教育活动，为幼儿园课程设计和评价提供基础和依据，进而提高幼儿园教育的质量。

### 3. 为幼小衔接和幼儿入学准备提供保障，有利于促进学前教育公平的实现

制订《指南》的一个动因是要明确规定幼儿入小学之前应该做好什么样的准备，形成对各年龄阶段幼儿发展的合理期望，建立可靠的学习内容体系，并与基础教育阶段的标准相联系，为幼儿园与小学衔接以及幼儿入学准备提供依据。对于那些尚未有条件接受机构学前教育的幼儿来说，这个规定显得尤为重要。这是因为他们的入学准备基本上在家中进行，而家长大多没有受过专业训练。借助于对幼儿发展的合理期望，家长可以对幼儿的发展状况进行检核，确保他们在入小学前做好充分的准备，为将来的学习与发展打下基础。因此，可以说建立对幼儿发展的合理期望，有助于那些社会经济地位较低家庭的幼儿在学习生涯开始的时候不明显落后于其他幼儿，保障幼儿的发展权，从而促进学前教育公平的实现。

## 二、对幼儿各领域学习与发展的合理期望

《指南》从健康、语言、社会、科学、艺术五个领域描述幼儿的学习与发展。每个领域按照幼儿学习与发展最基本、最重要的内容划分为2～3个方面(子领域)。每个方面(子领域)由学习与发展目标和教育建议两部分组成。正确理解《指南》中各领域的发展目标，即意味着我们要对3～4岁、4～5岁、5～6岁三个年龄段末期幼儿应该知道什么、能做什么，大致可以达到什么发展水平建立合理期望，明确幼儿学习与发展的具体方向。只有这样，才能更有目的地开展教育活动，改善幼儿的学习效果。

### (一)健康领域

幼儿健康领域学习与发展目标包括“身心状况”“动作发展”“生活习惯与生活能力”三个子领域。健康领域的核心价值在于以下几个方面。

#### 1. 树立正确的健康观念

(1)健康，包括了身体健康和心理健康。

(2)重视幼儿情绪的健康——情绪安定愉快。良好的情绪是心理健康的核心指标，学习识别情绪、理解情绪和表达情绪；良好的情绪是幼儿学习与发展的重要条件，学习和掌握一些情绪转移与控制的方法。

(3)重视幼儿适应能力的发展。“具有一定的适应能力”包括两个方面：一是身体的适应能力，如适应冷热、乘车、乘船、抵抗疾病的能力等；二是社会适应能力，如对新环境的适应能力、在情绪情感上接纳他人。

#### 2. 重视幼儿身体素质的培养

目标是从提高幼儿身体素质的角度来提出的。目标是一种方向上的引领，体现出幼儿身体素质的多种表现。身体素质反映的就是人在身体运动中的机能水平。幼儿阶段需要逐步发展最基本的身体素质。如在“具有一定的平衡能力，动作协调、灵敏”目标中，4～5岁的幼儿在跳跃运动中的表现为“能助跑跨跳过一定距离，或助跑跨跳过一定高度的物体”，但这并不是达标，不能作为评价工具，也不要求幼儿都能达到，活动是可以替代的，只是表明可以通过多种途径来促进幼儿身体素质的发展。

3. 重视幼儿生活习惯和生活能力的培养

(1)生活习惯应从小养成。如生活有规律、良好的饮食习惯、良好的卫生习惯、喜欢参加或主动参加体育活动等，是为了帮助幼儿以健康的方式来生活。

(2)重视幼儿生活能力的获得。如基本的生活自理能力、自我保护能力等，而这是作为一个个体必须具备的基本能力。

总之，幼儿阶段是儿童身体发育和机能发展极为迅速的时期，也是形成安全感和乐观态度的重要阶段。发育良好的身体、愉快的情绪、强健的体质、协调的动作、良好的生活习惯和基本生活能力是幼儿身心健康的重要标志，也是其他领域学习与发展的基础。

### (二)语言领域

幼儿语言领域学习与发展目标可以分为两大类型，一是幼儿口头语言的学习与发展目标；二是幼儿书面语言准备的学习与发展目标。这两大类型的语言学习与发展目标共有六个模块，清楚指向幼儿在进入小学前语言学习和发展的经验具备状况。

幼儿语言发展与教育的核心价值观念在于：幼儿语言学习与发展的核心是语言交往能力的成长，幼儿的语言能力是在交流和运用的过程中发展起来的。为幼儿创设自由、宽松的语言交往环境，鼓励和支持幼儿与成人、同伴交流，让幼儿想说、敢说、喜欢说并能得到积极回应。

### (三)社会领域

幼儿社会领域学习与发展目标包括“人际交往”和“社会适应”两个子领域。社会领域学习与发展的实质在于促进幼儿社会化，形成良好的个性品质。而社会化是在社会关系系统中，通过人际交往和对社会生活的主动适应而进行的。

人际交往与社会适应既可以说是幼儿社会学习与发展的基本途径，也可以说是基本内容。对《指南》社会领域的学习与发展目标及其在各年龄阶段的表现进行分析发现，其内容大致包括：交往态度和交往技能；对自我和对他人的认知、态度和行为；对群体、群体生活及我群关系的感受、态度和行为几方面。其核心价值在于逐步引导幼儿学会共同生活，建立和谐的社会(包括人际)关系，形成良好的社会性/个性品质。

社会领域的学习与发展之所以分为人际交往与社会适应两个子领域，是考虑到以下原因：一是鉴于人际交往的功能在幼儿发展的重要性，《指南》将人际交往列为社会领域的重要子领域，将愿意交往、友好相处、自尊自信自主、善待他人四个目标归入这一子领域。二是对幼儿来说，与周围的社会环境建立和谐关系，适应社会是社会学习的重要内容之一。而喜欢并适应群体生活，初步理解并遵守群体生活的基本行为规范，对所在群体形成初步的归属感是社会适应的基本内涵。因此，《指南》将其作为社会适应子领域的三个目标提出来。

### (四)科学领域

幼儿科学领域学习与发展目标包括“科学探究”和“数学认知”两个子领域。

#### 1. 对幼儿的“科学探究”建立合理期望

“科学探究”的目标包括三个维度：情感态度、方法能力和知识经验。其中“目标1：亲近自然，喜欢探究”体现了对幼儿好奇心和探究兴趣的高度重视，可以用“好奇、好问、好探究”三个关键词来概括。因为好奇心和兴趣是科学探究中的首要目标。“目标2：具有初步的探究能力”是“科学探究”子领域的重要的关键性目标。“目标3：在探究中认识周围事物和现象”是载体、产物性目标。三个方面的目标是一个探究过程的不同方面。不能分别学习或单独训练。特别是目标3“在探究中认识周围事物和现象”一定是在有意义的情境或解决问题的过程中获得发现的。

#### 2. 对幼儿数学学习和发展建立合理期望

当前在对幼儿数学学习的期望上存在的问题是对不同年龄儿童的期望不太清楚，它所带来的结果是对儿童的数学学习和发展的期望经常会过高。因此，需要根据《指南》对幼儿的数学学习建立合理的期望。《指南》数学认知领域目标的价值取向：(1)强调幼儿对数学学习的兴趣和积极的情感体验；(2)强调幼儿在真实情境中理解和应用数学的能力的发展；(3)强调日常生活中发现和解决问题能力的发展；(4)掌握基本的数学概念和技能。

### (五)艺术领域

幼儿艺术领域学习与发展目标包括“感受与欣赏”和“表现与创造”两个子领域，其中“感受与欣赏”又有“目标1：喜欢自然界与生活中美的事物；目标2：喜欢欣赏多种多样的艺术形式和作品”；“表现与创造”中包含“目标1：喜欢进行艺术活动并大胆表现；目标2：具有初步的艺术表现与创造能力”。对幼儿“感受与欣赏”以及“表现与创造”的学习与发展建立合理期望，要把握好以下关键词。

1. 艺术兴趣

艺术兴趣是指幼儿积极的艺术学习与参与态度。《指南》整体上强调幼儿的艺术兴趣养成。因为它是开展艺术活动的内在动力，是艺术感受能力与表现能力的前提保证，而艺术感受能力和艺术表现与创造能力的提高又进一步加强了幼儿对艺术的兴趣，从而为幼儿发展奠定基础。

2. 艺术感受

幼儿的艺术感受是指幼儿被周围环境或生活中美的事物或艺术作品所吸引，从感知出发，以想象为主要方式，以情感的激发为主要特征的一种艺术能力。幼儿艺术感受有以下特点：(1)在感知基础上的；(2)直觉的、想象的、情感的；(3)个性的、不同于成人的。为此，成人应提供如下支持性策略：(1)和幼儿一起感受、发现和欣赏自然环境和人文景观中美的事物；(2)相信幼儿都有艺术感受的潜力，给予幼儿充分感知、想象与感受的机会；(3)尊重幼儿的兴趣和独特感受，理解他们欣赏时的行为；(4)提出开放性的、能抓住艺术的核心要素的问题，和幼儿一起发现美的事物的特征，感受和欣赏美。

3. 艺术表现与创造

幼儿的艺术表现与创造是指幼儿在头脑中形成审美心理意象，利用艺术的形式语言、艺术的工具和材料将它们重新组合，创作出对其个人来说可能是新颖独特的艺术作品的能力。幼儿艺术表现的特点是：在自身感受基础上由内而外产生的所思所想；感受为幼儿积累了内在的审美意象，使幼儿的艺术表现更有童趣，也让幼儿体验到用艺术的方式进行表达交流的愉悦。因此，一是要创造机会和条件，支持幼儿自发的、有感受的艺术表现和创造。二是营造安全的心理氛围，让幼儿敢于并乐于表达表现，发挥其创造性想象与发散性思维，而不是模式化的方式阻碍幼儿的创造性的发挥。

## 三、建立合理期望应该注意的问题

对幼儿的学习与发展建立合理期望，即建立科学的教育观、儿童观、发展观。建立对幼儿发展的合理期望，应该着重注意以下几点。

### (一)以观察、发现幼儿的需要与可能为前提

从宏观层面上看，任何发展性教育都是建立在高度重视幼儿的兴趣、需要的

基础上的，忽视幼儿兴趣和需要的教育不是以人为本的教育。在幼儿教育与幼儿需要的关系上，幼儿教育的一条重要的教育原则就是教育需要满足幼儿的需要。所谓“幼儿需要”具体包括：被看成是个别的人；获得帮助，以树立正确的见解，并同周围建立各种关系；当面对新的知识时，给予支持与鼓励；给予主动探索的时间和空间；有意义的学习内容；一个能激发他们好奇心与热情的成人；一个观察并倾听他们的成人；一个对他们持有较高期望的成人；一个能与他们共同游戏的成人。对幼儿学习与发展的合理期望，必须以观察、发现、满足幼儿的需要为前提。

从微观层面来看，在具体的课程实施活动中，幼儿的兴趣和需要作为个体态度的重要成分，作为其学习的内部动机的重要成分，是制定课程目标首先必须考虑的。当然，满足幼儿的兴趣和需要本身并不是学前教育的终极目标，而只是实现终极目标所必需的。幼儿的兴趣和学习是互为因果的，不应视兴趣为活动的绝对的先决条件。教育不仅要激活幼儿原有的兴趣，而且要不断培养新的兴趣，因为幼儿不可能认识到所有适合他发展的有价值的内容。有效的教育能以富有吸引力的成果让幼儿产生对新对象的学习兴趣，有了兴趣之后又反过来促进进一步的学习。因此，扩展、引导幼儿兴趣与需要的发展同样是重要的。

《指南》强调，要关注幼儿学习与发展的整体性和个体差异，切忌用一把尺子衡量所有幼儿。因此，必须研究幼儿，了解他们的身心发展规律，尤其应关注他们的发展需要，即“理想的发展”与“实际的发展”之间的距离，也即幼儿的“应然”的发展和“实然”的发展之间的距离。对幼儿发展的研究能够帮助我们理解幼儿的行为表现及其原因，提供幼儿进一步发展的潜力、方向和速度等方面的信息，帮助我们确定哪些目标对于幼儿来说是可能的、适宜的和理想的，从而帮助我们提出对儿童适宜的期望与要求，即在教育影响下，幼儿能做什么，对什么感兴趣。

### (二)避免“小学化倾向”，反对对幼儿学习与发展的过高期望

陈女士非常苦恼：刚上幼儿园大班的儿子，每天都带作业回来，而且一写就是半小时到一个小时，5 岁的孩子每天都喊累，最近都不肯上幼儿园了。“5 岁就学会乘除法了，加减法已经是 3 位数内的，每天放学后还要在家抄写阿拉伯数字。”陈女士向记者诉苦，现在儿子每天都觉得累，在幼儿园算术算不明白，字也写得不像样，还经常被老师批评，儿子自尊心和自信心很受打击。“这么小的孩子，学习这么多死记硬背的知识，太可怜了！”

与陈女士同一小区的周女士也有一个上幼儿园大班的女儿。周女士说，女儿上小班时，幼儿园就让报兴趣班了，什么奥数班、国际英语班、心算班，花样很多，搞得大人和小孩都很累。现在周女士的女儿上大班了，晚上回来作业也越来

越多，有珠心算题、汉字抄写，还有手工制作，女儿每天一回来就埋头做作业，很少到外面玩耍。“我们小区很多小朋友都怕上幼儿园，他们不是怕老师和小朋友，而是怕作业太多。”周女士感到很无奈。

近年来，随着家长对幼儿教育关注程度的提高和竞争心态的加剧，越来越多的幼儿园开始增设识字、拼音、写字、计算等课程，这种在幼儿园实施的“小学化倾向”的教学逐渐演变得越来越普遍。从本质上说，“幼儿教育小学化倾向”属于一种超越幼儿发展水平的超前教育。对于部分幼儿来说，科学适度地开发大脑对其自身的发展有利无害，但是对于绝大多数的儿童来说，大脑过度提前开发或许可以通过某些手段达到，但是这种提前开发损害的是孩子心理的健康发展。如果将知识目标设定得过高，肯定会给幼儿带来身心伤害。幼儿学习起来有困难，收效也会很有限。进入小学之后，不但无法创造优势，还可能影响孩子专注学习的状态和能力。超前教育和强化训练，因为忽略了幼儿学习品质的培养，反而变成劣势。所以，对幼儿来说，他们只是需要借助知识进行发展，知识是手段而非目的，不能本末倒置地拔苗助长。

**资料卡**

### 别让孩子累倒在起跑线上

幼儿园教育是小学教育的前一阶段，通常我们的理解是：幼儿园阶段就是要让孩子尽情地玩；从小学阶段开始，孩子们就真正进入“学习”状态了。实质上，幼儿园教育和小学教育是相互衔接、又严格区分的两个教育阶段，在教育性质、课程设置、教学方式方面有着很大的区别。幼儿园“寓教于玩”，注重在游戏中体验，对孩子“观察、思考、操作、探究、讨论、表达”等方面能力的培养，关注孩子良好生活习惯、学习习惯、个性及意志品质、情感等的培养，小学则以课堂教学为主，注重让孩子通过观察、思考、操作、探究、讨论、表达等方式学习知识和培养能力，并在幼儿已有的能力、习惯、品质等基础上，进行初步的人生观、价值观的引导和培养。

当然，在这个充满竞争的社会，各种兴趣班热火朝天，几乎所有的家长都被迫随波逐流，将孩子送入其中，生怕自己的孩子慢了一拍、晚了一步，这种心情能理解。但是请不要将大人的过度期望强加到孩子的身上，幼儿教育偏颇、拔苗助长可能会对孩子的长远发展产生负面影响。

（资料来源：胡卫、张继玺，《新观察：中国教育热点透视 2010》，上海人民出版社，2011）

### （三）引导家长建立对幼儿学习与发展的合理期望

家庭作为幼儿社会化的初级场所，对幼儿的发展起着重要的作用。然而，目前很多家长缺乏专业的学前教育知识，容易把比较显而易见的知识学习作为衡量教育成果的标准，错误地认为知识学习更有效。“不让孩子输在起跑线上”的急功近利思想和教育行为，极大地影响了幼儿的可持续发展。从前文的分析可以看到，造成幼儿教育“小学化”倾向在很大程度上受家长的教育观念和需求所左右。因此，各级部门要充分组织各种形式的家长教育活动，利用大众传播媒体、幼教专家讲座等形式广泛宣传幼儿教育的科学知识。让家长树立科学的教育态度和长远的眼光，从而建立对幼儿学习与发展的合理期望，淡化对幼儿教育的功利心态。

“家庭是幼儿园重要的合作伙伴。应本着尊重、平等、合作的原则，争取家长的理解、支持和主动参与，并积极支持、希望家长提高教育能力。”为此，幼儿园和幼儿教育工作者在端正自身教育思想和办园方向的同时，也要承担起开展幼儿家庭教育咨询和指导的责任。幼儿园要采取多种形式，广泛、深入地宣传《指南》，使广大幼儿家长了解、学习《指南》，进而主动学习和了解幼儿教育，了解幼儿，尊重幼儿，遵循教育规律，纠正错误的家庭教育方式，树立科学的家庭教育观念，按照教育规律促进幼儿身心和谐健康成长。

## 本章小结

角色指一个人在社会群体中的身份以及与其身体相适应的行为规范。教师角色就是教师的社会角色，是由教师的社会地位所决定的，符合社会对教师所期望的行为规范和行为模式的总和。幼儿园教师承担着幼儿的养护者、榜样示范者以及沟通幼儿与社会的中介者等角色。正式角色是指为完成课堂任务而明确规定的角色，幼儿园教师的正式角色包括学习动机的激发者、学习资源的指导者、教学过程的组织者、学习效果的评价者。

教学策略是指在不同的教学条件下，为达到不同的教学结果所采用的相对系统的决策行为，它具体体现在教与学的交互活动中。

幼儿园学习中的一般性教学策略包括教学准备策略、教学实施策略以及教学监控策略。教学准备策略主要是指教师在课堂教学前所要处理的问题解决行为方式，一般涉及教学主体分析策略、教学目标分析策略以及教学材料分析策略。教学实施策略是指在教学的导入、展开和结束环节中采取的具体教学手段与方法。教学监控策略是指在教学目标的达成的过程中，教师对教学计划实施过程的检查、评价、反馈、控制和调节过程中所采用的教学谋略或措施。幼儿学习中的指导策略包括：了解幼儿的学习方式和特点；激发幼儿的学习动机；培养幼儿的学习品质；促进幼儿的正向迁移。

对幼儿学习与发展水平的合理期望，是指以幼儿身心发展的基本规律和学习特点为出发点，成人(学前教育工作者、家长等)对幼儿在健康、语言、社会、科学、艺术五个领域的发展水平以及学习效果的适度期望。建立幼儿学习与发展的合理期望，可以帮助保教人员和家长就幼儿“应该知道什么”和“能做什么”达成基本共识，有利于普及科学的教育观念；为幼儿园课程设计和评价提供基础和依据，有利于提高幼儿园教育质量；为幼小衔接和幼儿入学准备提供保障，有利于促进学前教育公平的实现。建立“对幼儿学习与发展的合理期望”应该注意：以观察、发现幼儿的需要与可能为前提；避免“小学化倾向”，反对对幼儿学习与发展的过高期望；引导家长建立对幼儿学习与发展的合理期望。

## 【思考与练习】

1. 你认为，在幼儿学习中，教师应该扮演什么角色？

2. 幼儿学习中，一般性教学策略包括哪些？

3. 请结合理论与实践谈谈如何激发幼儿的学习动机。

4. 请观察幼儿的学习活动，找出学习迁移的案例，进行分析。

5. 如果你是幼儿园教师，你会采用哪些方法培养幼儿的学习品质？

6. 案例分析。

拿到《指南》后，小班张老师把自己班上的 25 名幼儿按照 4 岁组的标准和指标全部测试了一遍，她自己想出了一种记分方法，通过一项指标记 1 分，未通过记 0 分，最后把全部 6 个领域的得分相加，每个孩子得到一个总分。她想，这下我评价班里幼儿的发展情况就有依据了。

请分析：这个方法可行吗？你认为应该怎么做？

# 第八章　幼儿学习与发展评价

【本章学习要点】

1. 理解幼儿学习与发展评价的内涵与特征；
2. 了解幼儿学习与发展评价的目标与内容；
3. 掌握并运用幼儿学习与发展评价的有效方法。

幼儿学习与发展评价是幼儿园教育工作的重要组成部分，评价的目的是为了更好地了解幼儿学习与发展的特点、水平与潜能，从而促进幼儿的发展。本章将主要围绕幼儿学习与发展评价的内涵、特点，介绍幼儿学习与发展评价的多元方法，以帮助幼教工作者充分认识评价对幼儿学习与发展的促进意义，并能在幼儿园教育实践中掌握科学有效的评价方法，对幼儿学习与发展实施恰当的评价。

## 第一节　幼儿学习与发展评价的内涵和特征

幼儿教师要真正为幼儿的学习与发展提供适宜的帮助和指导，不仅要掌握幼儿学习的方式和特点，明了教师在幼儿学习中的角色和价值，还必须学会评价幼儿的学习，了解幼儿的发展水平和学习需要。而理解幼儿学习与发展的内涵和特征，是实施有效评价的基础。

### 一、幼儿学习与发展评价的内涵

#### (一)幼儿学习与发展评价的概念

幼儿学习与发展评价是指对幼儿身体、认知、情感、社会性等方面的学习与发展所进行的价值判断，并促进幼儿发展的过程。

为了更好地理解评价这一概念，我们首先要区分它与测量、评估的差别。

测量是指教师收集有关幼儿学习表现的客观资料、素材和信息的过程。它通常是根据某种量表，用数字描述个体特征，重在客观事实的获得，对幼儿现有的行为水平进行度量，如对幼儿身高、体重的测量，对幼儿智商的测量。

评估虽然类似于测量，但测量总体上是客观的、非判断性的，而评估通常具有某种程度的主观性。它允许教师有更多的个人观点和主见。评估的目的是要为促进幼儿的学习提供有效的教学影响，因此评估更多的是形成性的，它能提供关于幼儿学习与发展的有效信息，并为形成相应的教学策略提供依据（Stevents et al.，1993；Frechtling Westat，1997）。

评价与测量和评估都不同，不仅要包含测量及评估过程，而且还要以某种标准为参照对幼儿的学习活动进行比较并作出判断，这种判断过程即被称作评价。因此，评价过程是一个“在一些事件、目标或行为以及一个规范或标准之间的比较过程”。

具体而言，幼儿学习与发展评价是指教师收集有关幼儿学习表现的各种素材和信息，并以某种参照为标准，对幼儿的学习进行综合、解释、价值判断，以评定幼儿学习水平、促进幼儿发展的过程。幼儿的学习评价为有效指导幼儿的进一步学习，帮助幼儿解决学习中遇到的问题提供依据。

**表 8-1　测量、评估与评价的区别**

| 方式 | 特点 | 目的 |
| --- | --- | --- |
| 测量 | 通常是根据某种量表，用数字描述个体特征，重在客观事实的获得。 | 客观数据的获得。 |
| 评估 | 通常具有某种程度的主观性。它允许教师有更多的个人观点和主见。 | 要为促进幼儿的学习提供有效的教学影响。 |
| 评价 | 包含测量和评估，还要对幼儿的学习活动按照某个标准参照进行比较并作出判断。 | 是评定幼儿学习水平的过程。 |

### （二）幼儿学习与发展评价的内涵

具体来说，幼儿学习与发展评价内涵包括以下几个方面。

#### 1. 关注幼儿各方面的学习与发展

幼儿发展的表现是多方面的，幼儿学习的领域也是多方面的，幼儿学习与发展评价所涉及的内容也应该是多样化的。在幼儿学习与发展评价中，既要关注幼儿在五大领域的知识获得、情感体验与社会性发展等各个方面；也要关注幼儿因气质、性格、兴趣以及家庭和社会背景造成的个体差异；同时要关注全体幼儿在某一阶段、某一领域、某一活动中的发展情况；在幼儿学习与发展评价中要关注幼儿当前的发展现实，更要关注幼儿的发展潜能。

### 2. 在真实情境中对幼儿的学习与发展作出评价

要真实地反映幼儿的发展状况就要在真实的情境中进行评价。对幼儿的学习与发展作出的价值判断是建立在幼儿日常生活、学习活动等客观事实的基础上。在幼儿发展评价中，应尽量从幼儿生活与学习的真实情境中，运用观察记录、谈话交流、作品分析等多种方法获取信息并进行评价。如在实践中，我们要给幼儿提供适当的、可操作的材料，如玩具类的、结构性的、有意义的材料；要根据情境选择比较全面的材料；要使评价建立在对幼儿有意义的情境中，如通过给幼儿创设有意义的活动情境，提供可操作的材料，从而刺激幼儿某一方面或某些方面技能的自然展现。幼儿发展评价就是要关注幼儿在日常情境中真实的行为表现，从幼儿“做”的过程中寻找或判断幼儿真正“知道”了什么。唯有这样，才有足够的基础对幼儿的学习与发展作出适当的事实判断。

### 3. 关注幼儿动态发展

幼儿学习与发展评价要关注幼儿的动态发展，首先考虑是幼儿发展的阶段性的特征。幼儿以惊人的速度成长和学习，是其语言、认知、社会性、情感和动作能力等方面飞速发展的时期，同时，幼儿的发展又具有不均衡性、不连续性，甚至在一天中发展的情况也可能发生很大的变化。所以在评价中必须要根据幼儿的变化与发展状况不断调整评价行为，这种评价是持续的，是不断为下一步改进行为而服务的。

### 4. 更好地促进幼儿的发展

促进幼儿发展是一切教育活动的出发点和归宿点，也是幼儿学习与发展评价的最高要求。幼儿学习与发展评价的目的与教育活动的目的完全一致，它是一个不断增值的过程，主要体现在通过评价活动更好地促进每一个幼儿在各领域学习得到发展。

这就意味着幼儿发展评价不是为了鉴定幼儿智力水平的高低，确定幼儿发展的等级，不是为了选拔超常儿童，也不是为了预测幼儿发展的未来。幼儿发展评价应当注重发现和识别幼儿的发展特点和潜力，关注幼儿各种行为的变化，选择和设计适宜的教育内容和教育方法以适应与促进幼儿的学习与发展；也应该通过对幼儿的观察、评价，不断反思教育中出现的问题，采取有针对性的解决措施，为教师和家长提供有效教育策略。

### (三)幼儿学习与发展评价的分类

根据评价目的，幼儿学习与发展评价可分为三类：诊断性评价、形成性评价和总结性评价。

#### 1. 诊断性评价

诊断性评价是为了全面了解幼儿的情况，以便选择适当的教育计划或方案。在幼儿教育中诊断性评价使用也是比较普遍的。如幼儿刚入幼儿园时，幼儿园要对所有幼儿的发展情况包括身心的发展情况进行摸底测试和测验，这样做的目的是让幼儿教师了解幼儿的发展情况，以便在以后的工作中根据幼儿的特点和发展水平进行指导和帮助，真正做到因材施教。

#### 2. 形成性评价

形成性评价是指在某项幼儿教育计划或方案实施的过程中进行的评价，又称“过程中的评价”。其目的是在计划或方案实施的过程中不断获得改进计划或方案的依据，从而不断调整、修改幼儿学习计划或方案，以期提高计划或方案的质量。形成性评价还被称作“即时评价”，这种评价使评价工作始终处于一个动态之中。

#### 3. 总结性评价

总结性评价通常是教学活动或者实验活动后进行，主要用于教学目标是否达成以及幼儿通过某种干预实验后是否促进幼儿发展的结果分析，用于考核幼儿的学习有效性。

## 二、有效幼儿学习与发展评价的特征

### (一)评价整体性

幼儿学习评价的整体性特点是与幼儿学习特点密切相关的。幼儿的学习很多情况下发生在日常生活中，他们的学习是笼统、综合、整体性的。幼儿日常生活中的学习包含了各领域的内容。例如，孩子在玩过家家游戏的时候，涉及幼儿认知能力的发展、人际交往能力的发展、合作能力与领导能力的发展，我们通过一个游戏能对幼儿作出一个整体性的评价。又如，当一个孩子看到一朵花时，花对于他来说不仅意味着形与色，还意味着美，这里难以区分出是植物学、物理学还是美学，但却是整体性的学习。因此对幼儿学习评价也应从整体性出发，而不能只从某个学习领域出发考查幼儿在这一学习领域是否实现教育目标。

### (二)评价多元性

《纲要》明确提出："管理人员、教师、幼儿及家长均是幼儿园教育评价工作的参与者，评价过程是各方共同参与、相互支持与合作的过程"。这与传统的教师对幼儿单向评价的评价体系不同，整个教育评价呈现出更为广阔和开放的新格局。在实践中，强调家长的参与，努力提升家长在评价中的地位。如每周填写一次的家园联系本、调查表、成长记录袋等，设计问卷请家长参与对幼儿的评价，设计访谈大纲有针对性地对幼儿家长进行访谈，了解幼儿在家里或平时的表现，从而了解各方面发展水平，这也促进了老师与家长的沟通，并对幼儿的整体性发展形成系统的评价。在整体评价过程中，也需要幼儿对自己的作品与学习活动进行评价。

因此，我们在对幼儿学习与发展进行评价时必须采用多元评价法。多元评价，主要是指以下三方面的多元化。一是评价内容多元化，即教师不仅要关注幼儿认知的学习与发展，而且要关注幼儿各方面的学习，包括语言学习、情感教育、社会性学习等多个方面。传统的幼儿学习评价主要关注认知，对幼儿的情感、社会性等方面的学习与发展关注很少。二是评价主体多元化。在评价幼儿学习时，不仅教师是评价主体，家长、幼儿、同伴等都是评价的重要成员，他们的积极参与可以帮助教师更科学、准确地了解幼儿的学习进程与水平。三是评价方式多元化。通过对幼儿的观察、谈话、测验、作品分析，以及与其他工作人员和家长的交流等多元化的方式了解幼儿的发展和需要。

### (三)评价动态发展性

维果茨基的"最近发展区"理论是动态评价的理论基础之一。"最近发展区"的概念为动态评价提供了可操作的理论依据。最近发展区"是一段距离，介于由孩子独立解决问题所决定的实际的发展水平，到他由成人支持或能力强的同伴合作解决问题而产生的潜在发展水平之间的距离"。幼儿学习与发展评价就是希望通过评价了解幼儿当前的水平和通过教学和自身学习后可以达到的水平，明确知道这两者之间的距离，做到既不盲目拔苗助长，又不停留在原有基础错过最佳发展期，在《3-6岁儿童学习与发展指南》中，这也叫"合理期望"。因此，教师必须以动态的、发展的眼光来对待幼儿的学习。教师无论是在评价时还是在教学过程中，关注结果但应该更关注过程；了解发展过程中幼儿的情绪变化和心理变化，了解影响幼儿发展的各种制约因素等，从而真正使评价起到促进幼儿学习的作用。

#### (四)评价个别化

在对幼儿的学习与发展进行评价时，教师必须承认幼儿在学习上的个体差异性，并接纳幼儿在学习形态、风格与速度方面的差异。教师应关注幼儿在经验、能力、兴趣、学习特点等方面的个体差异，避免用简单划一的标准评价不同的幼儿。教师只有通过了解每个幼儿的家庭背景信息，父母对幼儿的教养态度，通过评价看到每个幼儿成长的个体差异性的原因才能真正做到因材施教。

## 第二节 幼儿学习与发展评价的价值和内容

幼儿学习与发展评价的多元性、发展性、动态性与真实性等内涵决定了幼儿教育工作者在评价幼儿学习与发展时有特定的目标与相应的评价内容。评价的价值到底是什么？我们要从哪些方面来对幼儿的学习与发展进行评价？本小节主要围绕幼儿学习与发展评价的目标与内容进行阐述。

### 一、幼儿学习与发展评价的价值

在教育评价发展史上留下了教育学家斯塔弗尔比姆(Daniel L. Stufflebearn)的一句名言：评价不是为了证明，而是为了改进。

#### (一)通过评价以促进幼儿的学习与发展

通过对幼儿系统的学习评价，可以全面了解幼儿身心发展状况以及当前的学习情况，包括幼儿学习的兴趣特点、学习中的优势领域与弱势领域。通过评价，幼儿教师可以对各方面发展之间的联系进行综合分析，从而把握幼儿整体发展及各方面发展的相互影响与作用。

值得注意的是，教师在评价过程中不能只关注学习的结果(答案的正确性)，更要关注幼儿学习的过程(如所使用的问题解决策略或思维过程)，应提出合理建议或及时反馈，教师的评价反馈应自然地贯穿在整个教学过程中，而不是等到活动结束或学期结束以后。

#### (二)确定幼儿的健康状况和是否需要特殊服务

幼儿学习与发展评价的一个最基本的目的便是让幼儿受益，如确定幼儿的发育是否达到与年龄相应的水平，也就是说是否正常，有没有出现发育迟缓或者其他生理心理问题。在幼儿期，通过评价确定幼儿是否出现学习障碍以及该障碍是如何影响他的学习的。当评价发现问题时，就应该制订出一份计划，尽可能在入学之前及时运用适宜的方法帮助幼儿克服障碍（Greenspan et al.，1996；Wodrich，1984）。

### （三）帮助教师发现幼儿的学习问题，改善教学

幼儿学习评价的过程，对幼儿教师本身也是一种了解幼儿和检验教学效果的过程。首先，教师可以根据幼儿的学习情况分析班级教育目标是否恰当，是否符合本班幼儿的发展水平；其次，通过对幼儿发展情况分析，教师可以了解教育内容、方法及手段的选择是否适宜；最后，通过对每一个幼儿发展变化情况的分析，教师可以了解针对个别幼儿所确定的目标是否恰当，个别教育的方法、途径是否有效。

同时，开展幼儿学习评价有助于教师有计划地对每个幼儿进行系统、全面的观察，并在此基础上对每个幼儿的学习进程与成效进行判断。通过评价，可以发现每个幼儿在哪些方面发展符合了《指南》的合理期望，哪些方面的学习还存在明显问题，需要教师进一步指导和帮助。

### （四）帮助家长了解幼儿，促进家园沟通合作

家庭在幼儿发展中具有不可替代的重要作用，幼儿园教师要了解幼儿在家的情况，家长也要了解幼儿在幼儿园学习的情况。只有这样才能真正做到家园合作，共同促进幼儿身心健康发展。如教师通过档案袋评价法对每个幼儿进行的评价，可以为家长了解自己的孩子提供重要参考，使家长掌握孩子学习的相关信息并看到孩子的作品。评价不仅可以帮助家长了解孩子的进步和不足，还有助于家长全面了解幼儿教育的目标、内容。这样，家长在教育孩子的过程中会更有针对性，主动配合教师开展教育活动。

**资料卡**

### 为教学目标设计的测试是怎样发挥作用的

洛里斯在一所幼儿园当教师。他和其他幼儿教师一块儿被派往一个培训机构，去学习如何为教学目标设计测试。在培训机构里，教师们回顾了如何制定行动目标以及如何依据布鲁纳的学习目标分类法构建说明表的内容，并根据说明表

来为教学目标设计评价策略。

培训结束后，在回家的路上，洛里斯和其他教师产生了疑问。这种类型的测试如何在幼儿园儿童身上使用呢？洛里斯说道："我可以想象，这种类型的测试可以适用于某些领域，如数学，可以根据行为目标进行组织和测试，但是你如何保证学习效忠誓言(the Pledge of Allegiance)会有80%的准确性？或者他们从艺术中学到了什么？或者在科学领域中使用了概念？"另外一名幼儿教师评论道："我能想明白为什么培训机构想让我们学习整个过程，这对于我们更清晰地了解学习目标与学习成绩的关系有很大帮助。我的问题是，我很担心我们会不再根据教学目标进行教学，并且将学生的课程弄得支离破碎。"

他们需要研究一下课程，找出哪里可以根据说明表进行测试，这样可以发现整个过程是如何进行的、课程中的哪一部分不适用于哪种类型的测试。

（资料来源：苏·克拉克·沃瑟姆，《学前教育评价》，北京师范大学出版社，2013）

## 二、幼儿学习与发展评价的内容

《幼儿园教育指导纲要(试行)》中指出："幼儿园的教育内容是全面的、启蒙性的"，"各领域的内容相互渗透，从不同的角度促进幼儿情感、态度、能力、知识、技能等方面的发展"。我们应遵循幼儿身心发展规律，依据幼儿园教育内容，真实展示幼儿发展水平，积极关注幼儿发展的特点、倾向和潜能。

### (一) 从关注幼儿发展的角度，评价的内容主要包括身体与运动、认知与语言、社会性与情感的评价三个方面

1. 身体与运动

**表 8-2　幼儿身体与运动评价指标**

| 一级指标 | 二级指标 | 具体内容 |
| --- | --- | --- |
| 身体生长 | 生长发育形态 | 身高；体重；胸围；头围；坐高；上臂围 |
| | 生长发育生理功能 | 脉搏；血压；握力；肺活量；呼吸差 |
| | 疾病或缺陷 | 有无贫血；佝偻病；龋齿；斜视；脊柱弯曲 |
| 动作发展 | 大肌肉发展 | 走；跑：自然跑、障碍跑、最后冲刺；<br>跳：跳远、从高处跳；跨栏；单脚站立；<br>拍球：单手拍、左右手交替拍 |
| | 小肌肉发展 | 描线；剪；折纸；穿珠子 |

续表

| 一级指标 | 二级指标 | 具体内容 |
| --- | --- | --- |
| 创造性运动 | 运动节奏 | 合着乐器节拍同步动作；根据固定或变化的音乐同步动作 |
| | 表现力 | 根据音乐做出不同的动作；用动作表现自我感受 |

## 2. 认知与语言

**表 8-3　幼儿认知与语言评价指标**

| 一级指标 | 二级指标 | 具体说明 |
| --- | --- | --- |
| 感知能力 | 空间 | 知道大小、上下、左右、前后等空间名称及意义；当物体在空间中的位置改变后仍能理解其意义 |
| | 时间 | 使用时间单位；认识早晨、晚上、黑夜、今天、昨天、明天、星期等时间概念；认识钟表或日历的功用；了解季节名称及季节变化 |
| | 形状 | 识别圆形、三角形、长方形等各种形状；能辨别生活中的各种形状 |
| 思维能力 | 比较与分类 | 比较事物的异同；能根据某种标准对物体进行分类 |
| | 推理 | 根据图形的表面特征或相互关系进行推理；提出"如果……会怎样"假设类型的问题 |
| | 数概念与运算能力 | 理解数的实际意义；认识数的顺序；掌握数的组成；会借助物体逐一计算和按群计数；有运算规则意识；会合理估算 |
| 探究能力 | 观察 | 用不同的感官观察物体，比如动植物与其他自然现象；注意事物一个以上的特征；注意物体或自然现象所产生的变化；模仿动作或声音 |
| | 好奇 | 喜欢提问；尝试用不同方式体验事物 |
| | 想象 | 根据图形、音乐或动作进行联想；借助图画、音乐或动作表达感受和想象 |
| | 动手 | 拆卸；拼装；利用材料实验或操作 |

续表

| 一级指标 | 二级指标 | 具体说明 |
| --- | --- | --- |
| 语言发展 | 倾听 | 安静倾听他人讲话；理解讲述者的意思并作出相应的反应 |
| | 表达 | 能讲述自己的经验；用语言表达自己的情感 |
| | 对话 | 针对问题作出回答；围绕一个话题与人交流 |
| | 描述 | 复述或讲述故事或事件，包括主题、情节或角色要素；编故事，包括主题、情节或角色要素 |

## 3. 社会性与情感

**表 8-4　幼儿社会性与情感评价指标**

| 一级指标 | 二级指标 | 具体说明 |
| --- | --- | --- |
| 自我意识 | 自我认识 | 了解自己的身份；了解家庭和幼儿园大致情况；了解自己的兴趣和爱好 |
| | 自我体验 | 欣赏自己做的事情；喜欢带头做事情；选择有难度的活动；愿意发表观点；寻求肯定评价 |
| 情绪情感 | 爱心和同情心 | 关心家人；察觉同伴的困难并给予帮助；关心能力差或有生理缺陷的人 |
| | 责任感 | 活动结束后收拾好用过的物品；爱惜集体的物品 |
| | 集体感 | 喜欢参加幼儿园活动；主动为集体做事；关心集体活动(比赛)的结果 |
| 人际交往 | 交往态度 | 愿意与老师交流；和老师一起游戏表现快乐；主动与同伴交往；愿意接受同伴的邀请或邀请同伴加入游戏；与他人交往时使用礼貌用语 |
| | 交往行为 | 愿意与同伴一起完成任务；能接受老师或同伴的建议；当同伴有需要时愿意让出自己正在玩的玩具；愿意把自己的玩具拿出来和同伴一起玩；为同伴的成功而感到高兴；接受同伴不同的意见和做法；自己的意见受到同伴们反对时能作出让步 |
| 遵守规则 | 规则意识 | 有轮流和等待意识；遵守游戏规则 |
| | 自我调控 | 主动选择活动并专注于活动；完成交给自己的任务；掌握基本生活自理能力；能做的事不寻求帮助；不理会周围的干扰，把事情做完；有始有终完成一件事；对被禁止的事情能控制不做 |

### (二)从关注幼儿学习的角度，评价的内容包括健康领域、语言领域、社会领域、科学领域和艺术领域的评价五个方面

表 8-5　幼儿五大领域的评价内容

| 领域 | 项目 | 评价内容 |
| --- | --- | --- |
| 健康 | 身心状况 | 身体状况：身高、体重、坐姿、站姿 |
| | | 情绪安定愉快：情绪稳定性、情绪调节性 |
| | | 适应能力：户外环境适应、新环境适应、集体生活适应 |
| | 动作发展 | 平衡能力和动作协调：走直线、爬、跳、跑、抛的灵活性和协调性 |
| | | 力量和耐力：双手悬空吊起、投掷、跳、跑、走的高度或距离 |
| | | 手的动作灵活协调：涂涂画画、用勺子(筷子)吃饭、剪 |
| | 生活习惯与活能力 | 生活和卫生习惯；睡觉、饮食、盥洗习惯、体育活动兴趣、用眼卫生 |
| | | 生活自理能力：穿脱衣服、收拾玩具和图书 |
| | | 安全知识和自我保护能力：对陌生人的防备，知道遇到危险、走失时的应急办法 |
| 语言 | 听与说 | 认真听并能听懂常用语言 |
| | | 愿意讲话并能清楚地表达 |
| | | 具有文明的语言习惯 |
| | 阅读和书写准备 | 喜欢听故事，看图书 |
| | | 具有初步的阅读理解能力 |
| | | 具有书面表达的愿望和初步技能 |
| 社会 | 人际交往 | 喜欢交往 |
| | | 能与同伴友好相处 |
| | | 具有自尊、自信、自主的表现 |
| | | 关心尊重他人 |
| | 社会适应 | 喜欢并适应群体生活 |
| | | 遵守基本的行为规范 |
| | | 具有初步的归属感 |

续表

| 领域 | 项目 | 评价内容 |
| --- | --- | --- |
| 科学 | 科学探究 | 亲近自然，喜欢探究 |
| | | 具有初步的探究能力 |
| | | 在探究中认识周围事物和现象 |
| | 数学认知 | 初步感知生活中数学的有用和有趣 |
| | | 感知和理解数、量及数量关系 |
| | | 感知形状与空间关系 |
| 艺术 | 感受与欣赏 | 喜欢自然界与生活中美的事物 |
| | | 喜欢欣赏多种多样的艺术形式和作品 |
| | 表现与创造 | 喜欢进行艺术活动并大胆表现 |
| | | 具有初步的艺术表现与创造能力 |

## 第三节　幼儿学习与发展评价的实施

在幼儿学习与发展评价方案的实施过程中，我们有很多问题需要认真研究，本节试图探讨影响幼儿学习与发展评价的因素、幼儿学习评价的实施过程问题、收集评价资料的工具和技术问题、评价资料的分析以及评价实施中的心理及其调控问题。

### 一、影响幼儿学习与发展评价的因素

#### (一)先天因素

儿童的基因、成熟状况和环境影响的交互作用影响着儿童的发展过程。对任何一个儿童而言，其人格、气质、智力和行为都反映了多个复杂因素的交互作用。在共同的家庭环境中，有相关基因的家庭成员比无相关基因的家庭成员在一些特性上表现出更高的相关。也就是说人们的基因越相似，他们的某种人格和气质特性就越相关，幼儿学习的方式或方法也会因人格和气质特点不同而有所不同。

### (二)背景因素

在儿童人格、气质和智力的发展过程中，家庭内部的力量是一个重要的影响因素。这些力量包括：家庭中的刺激，如对高成就的鼓励，追求活跃思维和独立性；惩罚方式，如十分严厉或十分温和；是否存在家庭危险因素，如父母失业、父母低学历水平、父母专制的态度、父母呆板的行为、失去亲人、家庭人数众多；家庭的智力环境，如可获得的语言模式质量、扩大词汇量的机会、运用适当语言反馈和语言练习的机会。

### (三)评价情境

1. 环境变量

环境变量包括噪声、温度、光线、评价室内家具的舒适程度、儿童饥饿和口渴的程度、评价的地点(幼儿园、家、诊所、医院)、评价发生的时间、座位的安排和其他相关因素。所有这些因素都可能影响到被评价者的反应。

2. 社会称许性

社会称许性指的是评价者可能设法使自己或其他人符合社会要求。例如，当幼儿园教师评价幼儿时会因为考虑到自己教学效果而过高评价本班幼儿的学习情况。

3. 反应的影响

反应的影响是指被评价者的反应方式因评价程序本身而发生改变，或者因为评价的时间过长而受到影响。

4. 对题目的理解

被评价者的回答可能受他对题目理解的影响。例如，有的行为是用来检测“经常发生”的问题行为，父母可能认为“经常发生”就是一天发生3次以上。在这种情况下，父母就不会报告一天发生一两次的问题行为。

### (四)心理效应的影响

评价者与被评价者关系的心理行为，是指评价者在认知和反映被评价对象时，由评价对象引起的心理现象与倾向。

1. 次序效应

次序效应是指由于被评价者进入评价者知觉领域中的先后顺序不同，从而影响整体印象和评价的一种心理现象。通常所说的“第一印象”和“先入为主”就是这种效应。例如，评价者曾经见到过被评幼儿甲的一幅较好的绘画作品，留下了较深的印象，此后，再对该幼儿进行绘画水平的评价时，就可能自然而然地认为幼儿甲的绘画水平较高。次序效应的结果会使评价者根据自己以前对评价对象的印象作出评价，从而影响评价的客观性。

2. 对比效应

对比效应是指评价者由于评价对象之间相互对比，而产生的一种心理现象。例如，在进行幼儿语言表达能力的评价时，当被评价的前几名幼儿语言能力较差时，在他们之后出现一名语言表达能力较好的幼儿，那么该幼儿就会因为前几名幼儿的反衬，显得语言表达能力格外的强；而反之，若是前几名被评幼儿的语言表达能力都很好，以后这名幼儿语言表述时稍差一些，也会显得水平很低。对比效应的结果是使评价者不能客观地认识各个被评对象，会因被评对象的不同对比，而在自身认识上抬高或降低被评价者的客观水平。

3. 晕轮效应

晕轮效应是指评价者对评价对象的整体印象或某一突出特点的印象较深，从而影响了对该对象其他特征的认识和评价。例如，某幼儿的嗓音甜美，那么教师在对幼儿音乐水平进行评价时，可能会因此忽略对该幼儿在唱歌时的节拍、音准等其他因素的评价。晕轮效应的结果是使评价者过分注重评价对象的突出特点，如某项优点或缺点，从而忽视评价对象身上的其他特点。

4. 理想效应

理想效应是指评价者对评价对象设想完美，存在理想化倾向，从而使实际评价过低的一种现象。例如，父母对自己的孩子进行评价，或教师评价某个自己较为喜爱的幼儿，他们可能会对该幼儿产生较高的期望值，认为被评幼儿的能力水平较高。而在实际测查评价时，幼儿的实际水平往往低于父母或教师的设想程度，于是父母或教师很容易产生不满意的体验，在这种失望状态下，评价者就可能会给被评幼儿以较低的评价。理想效应的结果是评价者因幼儿实际情况与自己的理想设想有差异，而降低对被评幼儿的评价。

5. 刻板印象

刻板印象会使评价者按自身的固有看法去获取信息，用脑中固定的看法去分析问题。例如，某教师认为“老实听话的幼儿就是好孩子”，以此刻板印象去评价甲乙两名幼儿，如果甲幼儿老实听话，而乙幼儿活泼好动、不守纪律，那么在对甲乙幼儿某种能力评价时，教师就会因甲幼儿符合其头脑中的印象而给甲幼儿高分，因乙幼儿的行为与其印象不同而给乙幼儿低分，从而夸大或缩小事实的意义和价值。

## 二、幼儿学习与发展评价的步骤

### (一)获得相关背景信息

可以通过幼儿刚入园时的访谈或者信息资料的填写获得幼儿在家庭、医疗、社会性、心理、语言、教育和身体等各方面发展的信息。这些信息对于接下来的幼儿在学习以及发展的评价很重要。

为了全面地测评幼儿的学习，对父母、兄弟姐妹、教师和其他有关人员进行访谈是非常必要的。如果访谈幼儿的父母和教师，要了解他们是如何看待幼儿的学习以及日常生活行为，不同的家庭教养模式对幼儿的学习有不同的影响。

### (二)在不同情境中观察儿童

在收集幼儿基本信息的基础上，针对评价目标与评价内容就开始系统地在不同情境中对幼儿进行观察或者设计专门的活动以激发孩子的行为发生，如自然教学情境中观察幼儿对音乐节奏感的把握，在课间休息时观察幼儿与人互动的情况，在角色游戏中观察幼儿如何合作与分享。

### (三)选择和实施恰当的评价

正式进入系统评价，针对幼儿的身心发展与不同领域的学习状况选择不同的评价方法。如自然观察法、情境观察法、访谈法、问卷调查法等，如评价幼儿是否有健康的体态需要用测量法测幼儿的身高与体重；评价幼儿的情绪是否安定愉快需要用自然观察法；而评价幼儿能否遵守基本的行为规范，则需要设计游戏情境进行情境观察。

### (四)书写报告

评价的最终目的是促进幼儿的发展，通过系统的评价后，如何呈现和书写评价报告显得尤其重要。报告应充分地描述评价结果，包括被评价者的基本情况，行为的观察和对测量或测验的分析，还应指出评价所使用的工具，最后应总结当前幼儿学习与发展的水平与当前的问题、优势与不足。报告的呈现可以只纳入相关的材料，忽略那些与评价关系不大、有潜在破坏性的材料。

**资料卡**

#### 父母访谈(学年初)

幼儿姓名：________　日期：________　父母或监护人姓名：__________

开头你可以这样说：十分感谢您如此信任我，我相信这会是我和孩子共同进步的愉快的一年，我已经注意到×××很喜欢班级中的小动物，他一定非常爱护动物。

1. 能和我谈谈您的家庭吗？(家里有哪些人？孩子还有几个兄弟或姐妹？)

2. 作为一家人，你们会在一起做哪些事情？你们对哪些事情(运动、音乐、动物等)感兴趣？在空闲时，你们全家会如何度过呢？

3. 双亲都工作吗？您从事哪方面的工作？每天工作多久时间？

4. 关于您的孩子，您最想让我了解什么？

5. 请告诉我一些他在饮食和睡眠方面的习惯。

6. 在家里您是如何约束和管教孩子的？

7. 能谈一谈您认为孩子有哪些长处和短处吗？

8. 您觉得自己的孩子是：

领导者还是跟随者？　　　　独立的还是依赖的？

容易满足的还是总是不高兴的？　　　　害羞的还是自信的？

具有自控力的还是缺乏自控力的？

结束访谈时，可以试着这样说：十分高兴与你们分享我们即将在这一年要做的事情，因为我希望你们知道，你们也是孩子活动的一部分。

在这时，可以分享一些事先准备好的关于自己或者班级的事。

如：欢迎常来这里看看。给家长的留言会贴在门外。我会经常和你们联系让你们了解×××的情况。当你们觉得我应当知道什么事情的时候，请随时给我写便条或者打电话。很高兴你们今天能来和我交流。你们有个很可爱的孩子，而我也期待在这一年成为你们家庭生活中的一员。

（资料来源：苏·Y. 戈伯，《评价幼儿的6种简易方法》，华东师范大学出版社，2011）

## 三、幼儿学习与发展评价的方法

### (一)幼儿学习与发展评价的基本方法

评价幼儿学习与发展的基本方法，有自然观察法、情境观察法、访谈法、问卷法等。单一的评价方式有其片面性，不能真正让教师看清幼儿的综合特质与能力，若要评价幼儿某一领域的学习与发展水平，可能同时需要用到几种评价方法。因此，真正适合幼儿的评价，是适宜于幼儿学习与发展的多元化评价法。

1. 自然观察法

自然观察是指在日常生活的自然状态下，教师有目的、有计划地对幼儿的行为进行直接观察、记录，从而获得对幼儿学习的了解。虽然教师每时每刻都在观察孩子的举动，但如果没有持之以恒或记录下来，就无法真正了解幼儿认知、语言以及大小肌肉的发展情况。

自然观察是幼儿教育心理学的常用方法，非常适合于幼儿学习的研究。因为3～6岁儿童的语言能力还很有限，难以用语言表达更多的信息，其发展变化常常表现在外显行为之中，因此，自然观察法是幼儿学习评价最基本的收集评价信息的方法。通过自然观察，教师得到的评价信息不仅真实，而且十分丰富。自然观察法的主要特点是，不对幼儿的行为进行人为干预和控制，教师与幼儿都处于自然状态，能够观察到幼儿在日常生活中最真实、最典型、最一般的行为。

自然观察法分为时间抽样观察法、事件抽样观察法和行为核查观察法。

(1)时间抽样观察法

时间抽样观察法是对特定时间内幼儿所发生的行为进行观察和记录的方法。主要观察行为是否出现。时间抽样观察可以每天一次或数次，每次在规定的时间内进行，以若干分钟为一个时间单位，在观察过程中教师要对所观察到的行为进行分类和记录。时间抽样可以运用到对幼儿某些行为的评价中，如评价幼儿对各种游戏活动的兴趣及活动中的坚持性。

**资料卡**

## 时间抽样法适用的条件

首先，适用于幼儿经常出现的行为，平均来说至少要每50分钟出现一次。

其次，适用于容易被观察到的外显行为，而不适用于内隐的行为，如脑中的思维活动和个人的隐私行为。

最后，在进行时间抽样时，研究者必须对有关概念作出明确的定义，运用时间抽样法必须有明确的目的。

（资料来源：J. M. 萨特勒，R. D. 霍杰，《儿童评价》，中国轻工业出版社，2008）

**资料卡**

## 幼儿自由游戏群体观察

观察内容：在幼儿自由游戏时每隔5分钟对全班25名幼儿观察10秒钟，记录幼儿的行为表现。观察表预先准备好。

表 8-6　幼儿自由游戏群体观察表

| 儿童姓名 | 10:00 | | | 10:05 | | | 10:10 | | | 10:15 | | | 10:20 | | | 10:25 | | | 10:30 | | | 总计 | | |
|---|---|---|---|---|---|---|---|---|---|---|---|---|---|---|---|---|---|---|---|---|---|---|---|---|
| | S | P | C | S | P | C | S | P | C | S | P | C | S | P | C | S | P | C | S | P | C | S | P | C |
| | | | | | | | | | | | | | | | | | | | | | | | | |
| | | | | | | | | | | | | | | | | | | | | | | | | |
| | | | | | | | | | | | | | | | | | | | | | | | | |

注：S代表幼儿独自游戏，P代表幼儿平行游戏，C代表幼儿合作游戏。

观察说明：在10：00～10：30的30分钟游戏活动中，每5分钟观察每个幼儿各10秒；记录幼儿在10秒钟内出现的独自游戏，平行游戏或合作游戏行为，在表格相应处做记号。

**资料卡**

## 时间抽样法的个案观察记录案例

表 8-7　个案观察记录表

| 姓名： | | 年龄： |
|---|---|---|
| 地点： | | 日期： |
| 观察者： | | |
| 事件 | 时间 | 注解或评论 |
| 在艺术中心——着色活动没有完成 | 10：45 | 出现某些行为是由于没能跟上使用颜料的步骤 |
| 图书馆——看书，把书放回书架 | 10：50 | 拼图行为可能来源于受挫 |
| 活动中心——让拼图游戏弄得很沮丧，把散图堆在了中间——离开了椅子，拿出乐高积木开始玩 | 10：55 | 在完成某项任务和摆放玩具时，乔安娜可能需要口头鼓励 |
| 当老师让把玩具收起来的时候，乔安娜把乐高积木留在了桌上，加入了其他孩子中 | 11：00 | 遇到有困难的任务时，对其进行鼓励 |

(2)事件抽样观察法

事件抽样观察法是观察者事先确定观察目的，选择某种或某类事件作为观察的目标，在观察中等待该种事件的发生并仔细观察事件全过程并加以记录的方法。事件抽样观察法注重观察行为发生的全过程。它不受时间限制，只要行为出现，就加以记录。在记录方法上，不仅可以采用行为分类记录方法，记录幼儿的行为是否已经发生，而且可附之以描述性记录，帮助教师更全面、详细地了解幼儿行为发生的背景、环境、影响因素等。

表 8-8　幼儿攻击性行为记录表

教师＿＿＿＿＿　幼儿＿＿＿＿＿　＿＿＿年＿＿月＿＿日

| 姓名 | 性别 | 持续时间 | 起因 | 行为性质 | 行为表现 | 结果 | 影响 |
|---|---|---|---|---|---|---|---|
| | | | | | | | |
| | | | | | | | |
| | | | | | | | |
| | | | | | | | |

(3)行为核查观察法

行为核查观察法是观察者事先确定观察项目，在观察中核查行为是否发生或出现的方法。具体做法是，将要观察的项目和行为预先列出表格，然后核查行为是否发生或出现，并在所列的行为或项目上记录。因为核查表实际是观察目的具体化的体现，所以，使用这种方法可使观察更具针对性。幼儿园教师在对幼儿发展进行评价时，可以将所选的评价体系分解为若干个行为核查表，分阶段对不同的发展方面进行观察。

表 8-9　行为核查记录表

| 姓名<br>行为 | | | | | | | |
|---|---|---|---|---|---|---|---|
| 想加入同伴的游戏时，能友好地提出请求 | | | | | | | |
| 在成人指导下，不争抢、不独霸玩具 | | | | | | | |
| 与同伴发生冲突时，能听从成人的劝解 | | | | | | | |
| 能根据自己的兴趣选择游戏或其他活动 | | | | | | | |
| 为自己的好行为或活动成果感到高兴 | | | | | | | |
| 自己能做的事情自己愿意自己做 | | | | | | | |

**资料卡**

## 围绕“对家庭与社会角色的了解”的学习目标所作的三则记录

学期初：达达在画板上画了三个棒状人形，他说那是他的妈妈、爸爸，还有他自己。

期末时：达达和三个小朋友在积木区玩，他们用积木盖了一个“家”，并用玩具假人进行扮演。昆昆在一个房间内放了一个假人，说：“奶奶这样睡。”然后在另一个房间再放三个假人，说：“小孩睡这里。”

达达拿了一个假人走到靠墙角的另一个假人面前，说：“我们要出发去纽约!”然后拿着那两个假人飞来飞去。当假人飞到空中时，他说：“啊，要去纽约啰!”降落时说：“啊，我们已经到纽约了!”

学年末：达达在角色扮演区玩医生护士玩具箱。他拿了一个娃娃放在X光机前，操作机器。再把娃娃放在视力表前，并念所有的字母。然后他举起“槌子”检查反射反应，说：“现在轻轻敲。”他轻轻地敲娃娃的膝盖和脚底，然后说：“嗯，我想给他打针。”达达拿起针筒，帮娃娃打针，说：“哎哟!”

（资料来源：D. 布里克、K. 普雷蒂-弗朗特克扎克，《3～6岁的AEPS测量》，心理出版社，2005）

运用自然观察法要注意以下几方面问题。首先，要创造自然的观察环境和气氛。评价者不应对幼儿的行为进行干预、限制或评价。评价者还要避免幼儿注意或发觉评价者的观察意图，以防止幼儿出现紧张及其他不自然的行为，确保观察结果的真实性。其次，要有明确的观察目的。评价者应始终明确每次观察的任务和目的，要选择与观察目的有关的行为和重要事实进行记录。再次，要做好观察记录，精确记下反映幼儿行为的事实及发生的条件、环境，以便对幼儿发展作出正确判断。最后，要对幼儿进行多次观察。幼儿行为易受环境和其他主客观因素的影响，为使观察结果具有可靠性，必须对同一行为的足够观察次数和观察事件作保证。

**资料卡**

## 观察欺弱行为

奥斯卡喜欢戏弄他一年级的伙伴，向他们挑战。他总是捉弄班上的其他男孩，他的老师玛丽·奥托佛从其他老师那里听到了对奥斯卡的抱怨。于是，玛丽决定去观察一下奥斯卡出现这种行为的频率。在休息的时候，通过观察，玛丽记录下奥斯卡欺负其他同学的频率。奥斯卡每次表现出攻击性行为或者戏弄其他同学的时候，玛丽都会记录下行为发生的时间。休息时间结束后，玛丽就会评估奥斯卡行为发生的频率，她发现在游戏时间段内奥斯卡5次扰乱其他同学。在对该种行为进行了为期一个星期的记录之后，玛丽和其他老师意识到奥斯卡经常欺负其他同学，于是他们决定采取一些措施来干预和引导奥斯卡，使其表现出更易被接受的游戏行为。一开始，玛丽隐约意识到奥斯卡扰乱了其他学生，但是直到采取了时间抽样观察之后，她才意识到这个问题对奥斯卡和游戏区的其他学生产生的严重影响。

（资料来源：苏·克拉克·沃瑟姆，《学前教育评价》，北京师范大学出版社，2013）

2. 情境观察法

情境观察是指在实际的教育情境下，按照研究目的控制和改变某些条件，将幼儿置于现实生活场景类似的情境中，教师观察在该特定情境中幼儿的学习。

**资料卡**

情境观察中需要先对被评价的领域进行活动设计，每个活动设计均包含以下要素：对活动的描述、需要的器材以及执行活动的方法。以活动的方式来评价儿童，有助于确保评价者对儿童的技巧和能力得到正确的全面认识。其次，以活动的方式评价一组儿童，可提升评价的效率，有助于教育工作人员更快展开有针对性的教育活动。

活动名称：邮局

准备工作：将教室的某个区域布置成邮局，并设有柜台和邮筒。在书面纸上画好各种不同的形状和颜色，大的当作卡片，小的则作为邮票。预先将一些剪刀开口处用胶带粘起来，让儿童有机会去解决问题。限制剪刀和铅笔的数量，以提供儿童彼此互动的机会。

评价领域：健康(精细动作)、认知、社会。

器材：剪刀、玩具袋、邮差帽、装信件的袋子、橡皮图章、铅笔、胶带、纸张、邮筒、信封。

**表 8-10　活动中的情境观察记录表**

| 领域及项目 | 长期或短期目标 | 活动流程说明 |
|---|---|---|
| 认知 | 在小团体活动中能注意、聆听并参与 | 介绍本活动时，依序描述寄信的步骤(首先，把信写好，装进信封里，然后写地址、贴邮票，最后才把信投进邮筒里)观察儿童执行能力 |
| | 背诵出顺序性语言 | |
| | 依序执行含 3 个以上步骤 | |
| | 对开始活动的指令有回应 | |
| | 指认信件上的字 | 儿童能够指认出信封上的名字和地址，收集信件，并将信件送到小朋友和盒子或专用柜子里 |
| 精细动作 | 同时操作两个手掌大小的物体 | 鼓励儿童剪下卡片和邮票，并分辨各种形状、尺寸和颜色(例如，问他们想要哪种颜色的纸，想要剪哪种形状，想要哪种尺寸的纸张) |
| | 剪曲线构成的形状 | |
| | 将纸张剪成两半 | |

续表

| 领域及项目 | 长期或短期目标 | 活动流程说明 |
|---|---|---|
| 社会 | 知道自己的生日 | 当儿童在剪纸时，询问他们的生日是什么时候，以决定是否要送生日卡片给班上的人。在上述讨论中，要儿童说出他们的年龄。然后，询问儿童他家人的名字，并说明是否有人的生日快到了 |
| | 知道自己的名字和年龄 | |
| | 说出自己的全名和兄弟姐妹的名字 | |

情境观察法主要具有三方面优点：首先，可以通过一次活动集中地获得大量信息。其次，既可控制和改变某些条件，保证观察的效果，又可保持情境的自然和真实性，易于观察到幼儿的自然表现。最后，方法比较简便，可以结合幼儿园的各种教育活动经常使用。

运用情境观察法要注意以下几方面问题：首先，要围绕观察目的设计情境，所创设的情境要能引发幼儿表现出评价者所要观察的行为。其次，设计的观察情境应尽量与幼儿的日常生活情境相似，应是幼儿较感兴趣的活动，能够使幼儿积极参与并产生真实感。最后，情境观察应与日常观察相结合。幼儿在某一特定情境中的行为，不一定代表其在日常生活中所有情况，所以，不能以一次情境观察所得对幼儿进行评价。经过多次情境观察并与日常的生活自然观察相结合，才能使教师对幼儿学习评价有比较充分的事实依据。

**资料卡**

## 情境性评价模式的特点

情境性评价模式中的情境是指“实际的情境”，也指“类似实际的情境”，在教育教学过程中，通常指幼儿园所能提供的教育教学情境和幼儿真实的生活情境。

兰州市某园针对中班幼儿在数学活动中已经学习了自然数及其数量关系后，设计了“尝试消费”活动。其旨在通过幼儿在蛋糕店的购物活动，了解幼儿能否在日常生活中正确运用所学的知识。

活动前：教师请家长为孩子准备1元的硬币或纸币，并帮助孩子在认识钱币的基础上，了解一些简单的购物知识和技巧。教师的工作是联系活动地点，并与蛋糕店商定好，为幼儿提供价格为若干元的不同图案的蛋糕和不同口味的饮料；向幼儿介绍活动时的相关事宜——讲礼貌、管理好财物、选择适当的商品；设计活动记录表，便于做好观察记录，并配备摄像机、照相机等。

活动中：教师带幼儿来蛋糕店后，向他们讲明蛋糕和饮料的价格，说明活动的任务是用自己的钱购得一块蛋糕和一杯饮料，并要求幼儿努力完成任务；教师尽量不介入孩子们的活动，以观察者的身份积极捕捉有意义的评价信息，并在活动记录表上做好记录，配班教师对活动全过程进行摄像。

活动结束后，教师通过现场观察记录和观看活动录像对每个幼儿在消费活动中的行为包括独立性、交往、交流表现和影响因素进行全面评价。最后将评价结果记入活动记录表中，并分析发现的问题和提出改进教育教学的措施。

上述真实性专题评价活动案例中所表现出来的情境性评价模式的特点是：

1. 关注幼儿解决问题的动态过程。

2. 评价与幼儿真实生活相结合，真正反映幼儿的发展。

3. 实现评价过程与教育过程的统一。

4. 实现评价内容的多元化。

（资料来源：D. 布里克、K. 普雷蒂-弗朗特克扎克，《3～6岁的AEPS测量》，心理出版社，2005）

3. 谈话法

谈话法又称访谈法，可以访谈幼儿、家长和教师。它以面对面的方式进行，访谈内容事前准备好，通常可获得较深入的反映讯息，也获得纸笔以外的资料。运用此方法需要教师对谈话内容进行记录，然后对谈话记录进行分析。谈话法常用于收集有关幼儿在学习活动中的动机、态度、自我认识等方面的信息。

（1）直接回答问题的谈话

这类谈话在幼儿学习评价中经常使用。例如，评价者想了解幼儿自我意识的自我评价能力发展的情况时就常常使用谈话法。

**资料卡**

### 幼儿健康领域的谈话（适于小班幼儿）

评价内容：能在成人的提醒下使用恰当的礼貌用语。

谈话时回答教师提出的下列问题：

1. 当别人帮助你时，你要说什么？

2. 当你不小心碰倒了别人的玩具，你应该说什么？

3. 早上来幼儿园，你要和老师、小朋友说什么？

(2)选择答案的谈话

有选择答案的谈话在具体使用时，应考虑提供幼儿选择的答案尽量简单，不易让幼儿遗忘。在对幼儿进行社交能力评价时，评价者可以采用这种谈话的方法，选出社交能力强的“明星”幼儿和社交能力差的“孤独”儿童。

**资料卡**

## 幼儿社会领域的评价

评价内容一：全班幼儿社交能力的发展情况。

让幼儿说出班中自己最喜欢的三个幼儿。

**表 8-11　幼儿社交能力评价表**

| 幼儿姓名 | 被提名次数 | 在全班排名情况 |
|---|---|---|
| | | |
| | | |
| | | |

评价内容二：幼儿的自我评价能力。

让 4 岁幼儿回答教师的询问：“我说一些关于你的事，你听我说得对，你就说对；你听我说得不对，你就说不对。”

让幼儿对自己的优点、缺点和能力进行评价，然后与教师对幼儿的评价相比较，统计幼儿评价与教师评价的一致性，并由此判断幼儿自我评价能力发展的情况。

**表 8-12　幼儿自我评价表**

| 评价项目 | 幼儿自我评价 | | | 教师评价 | | 是否一致 |
|---|---|---|---|---|---|---|
| | 不知道 | 否定 | 肯定 | 否定 | 肯定 | |
| 爱帮助小朋友 | | | | | | |
| 学习时爱动脑筋 | | | | | | |
| 爱在大家面前表演节目 | | | | | | |
| 老师提问爱回答 | | | | | | |
| 对别人有礼貌 | | | | | | |
| 做错事能承认 | | | | | | |
| 喜欢和小朋友玩游戏 | | | | | | |

续表

| 评价项目 | 幼儿自我评价 | | | 教师评价 | | 是否一致 |
|---|---|---|---|---|---|---|
| | 不知道 | 否定 | 肯定 | 否定 | 肯定 | |
| 和小朋友游戏时爱出主意 | | | | | | |
| 做值日生时认真 | | | | | | |
| 来幼儿园时不哭 | | | | | | |
| 吃饭吃得干净 | | | | | | |
| 好多小朋友都喜欢你 | | | | | | |
| 做什么事都爱争第一 | | | | | | |
| 爱护小动物 | | | | | | |
| 做事情时喜欢自己想办法 | | | | | | |
| 有时打人或骂人 | | | | | | |
| 爱抢别人玩具 | | | | | | |
| 有好玩的玩具不愿意给别人玩 | | | | | | |
| 为一点小事就哭 | | | | | | |
| 爱发脾气 | | | | | | |
| 上课时不专心 | | | | | | |
| 爱告状 | | | | | | |
| 能用积木搭好多东西 | | | | | | |
| 跑步快 | | | | | | |
| 穿衣服又快又好 | | | | | | |
| 会用筷子 | | | | | | |
| 喜欢幼儿园 | | | | | | |
| 爱看电视动画片 | | | | | | |

谈话法的优点是可以弥补自然观察法和情境观察法的不足，能较快地了解幼儿学习中某些难以用行为表现出来的认识方面的问题，丰富已有资料。此外，谈话过程也是教师与幼儿相互作用的过程，有助于教师更深入地了解幼儿。谈话法的不足在于费时太多，记录时较为困难，也不能像问卷那样可以进行系统统计。

运用谈话法应注意以下几点。

第一，谈话应有明确的目的，谈话时围绕主题进行，不能脱离主题，漫无边际。

第二，要准备好提问的顺序，按一定的思路发问，如评价幼儿绘画能力时，可以先问幼儿是否喜欢画画，然后问幼儿喜欢画什么，再问幼儿什么画得最好，如此逐步深入，才能取得较好的效果。

第三，谈话应该选择适当的时间和地点，如在幼儿急于到户外去玩或者在吃饭进餐时，不宜进行谈话；谈话还要选择安静的地方进行，避免其他干扰。

第四，与幼儿谈话时，应语气和蔼、态度亲切，谈话用语易于幼儿理解；谈话时不能催促幼儿，也不应暗示和启发。

第五，谈话过程中，不能对谈话对象有偏见，也不可对谈话内容加以褒贬，在记录整理时，不能加入调查者个人的主观印象。

### 4. 问卷调查法

问卷调查法是由评价者根据评价目的，向被调查对象发放问卷调查表，广泛收集幼儿学习信息的一种方法。但在幼儿学习评价中，由于幼儿文字语言能力较弱，问卷调查多以家长、教师等了解幼儿的成人为对象。针对幼儿设计的问卷可以由家长或教师和孩子解释后由成人代填。问卷调查法的优点是能在短时间内获得大量评价信息，但有时通过这种方法得到的信息不够准确和真实。

**资料卡**

## 问卷调查法的类型

(1)自由记述法

调查幼儿喜欢的动画片

问卷题：你喜欢哪个动画片？中间有哪些人物？你最喜欢谁？请把喜欢的理由让家长写在问卷上。

(2)单项或多项选择法

调查的幼儿活动

问卷题：你喜欢下面哪几项活动，请家长在题号后面画钩。

A. 听故事　B. 捉迷藏　C. 看电视　D. 唱歌　E. 画画

(3)判断对错法

调查幼儿的人际交往，请家长在题号后画钩。

A. 幼儿是否喜欢和小朋友一起游戏？　是　否

B. 幼儿是否有经常一起玩的小伙伴？　是　否

C. 幼儿是否喜欢和长辈交谈？　是　否

D. 幼儿是否有事愿意告诉长辈？　　　　　　　　　　　　　　　是　　否

(4)评定量表法

调查幼儿的道德认识

问卷题：下列行为你认为好不好，请你评定并在适当位置画钩(家长帮助幼儿)。

| | 非常好 | 好 | 一般 | 坏 | 非常坏 |
|---|---|---|---|---|---|
| 小朋友捡到别人的东西交给老师 | | | | | |
| 见到长辈和老师问好 | | | | | |
| 摘公园里的花带回家 | | | | | |
| 吃完香蕉皮丢在地上 | | | | | |

使用问卷法应该注意以下问题：

(1)应尽量避免使用复杂的语句和带有引导性的问题，以使回答者容易理解和做客观性的回答。

(2)应尽量采用不记名方式，以保证问卷的真实可靠性。如果出于评价的需要，必须要填写答卷人姓名时，问卷设计者一定要周密计划，思考出切实可行的方法。

(3)问卷设计好后，不宜急于实施，最好在被调查对象之外试测一下，经过加工修改之后，再进行正式的问卷工作，以便在信度和效度都达到最佳时进行施测。

### (二)幼儿学习与发展评价的综合方法

#### 1. 以游戏为基础的评价

以游戏为基础的评价是随着人们对游戏在幼儿学习中重要性的认识不断深入而形成的。20世纪初，精神分析学家开始解释儿童的游戏，分析儿童的情绪情感发展。林德(Toni W. Linder)和她的团队创立的方法，即"以游戏为基础的跨学科儿童评价法(TPBA)"在几个方面体现了理念的先进性和实践上的可操作性。在中国，1990年林德发表"以游戏为基础的跨领域评价模式"之后，人们对通过游戏评价的兴趣与日俱增。

以游戏为基础的跨学科干预方法与以游戏为基础的跨学科评价方法自然地衔接。与评估过程一样，TPBA是灵活的、综合的和动态的，是以理解儿童的发展性技能、背后的发展过程、学习风格和交往互动模式为起点的。

以游戏为基础的评价模式之所以有效，是由于游戏在幼儿学习与发展中具有重要地位。游戏使幼儿有机会了解世界，在群体中与同伴互动，学习表达与控制情绪，发展想象力。研究者可以通过游戏看出幼儿的学习与发展状况，从中发展新的教育策略。游戏是幼儿联系新能力的舞台，他们尽情地扮演新的群体角色，做各种新奇或挑战性的尝试，解决各种复杂的问题。

以游戏为基础的评价有许多不同模式，其实施程序、采用工具等都有很大不同。有的只是用来研究游戏本身的发展；有的是为了用于课程计划；有的模式结构化程度比较高，创设的环境、提供的玩具等都有统一的规定；而有的模式灵活性比较强，在记录游戏行为方面也有很大差异；有的只记录幼儿玩玩具的行为，在引发幼儿游戏行为方面也有所不同；有的只是邀请幼儿进行游戏；有的要采用一定的措施引发幼儿特定的行为。目前基于游戏的评价模式，有基于游戏的跨领域评价、游戏评价量表、非正式的游戏观察等。

下面是以游戏为基础的跨领域评价的实施办法。

可以在任意房间里实施。在这个房间里，玩具按照活动区摆放，如积木区、沙桌。这个测验共包括六个步骤：第一个阶段儿童自己自由游戏，游戏指导者模仿、示范、拓展幼儿的游戏；第二个阶段创设游戏情境，以引发儿童现在没有自发表现出来的行为；第三个阶段游戏中加入一个同伴，以观察儿童的同伴互动；第四个阶段在非结构化游戏和结构化游戏中观察儿童与家长；第五个阶段观察身体运动游戏；第六个阶段观察语言活动游戏，以筛选有语言—运动障碍的儿童。

在这个模式中教师要观察儿童认知、社会性情感、交流、感知运动技能的方方面面，以此来描述儿童的能力，并确定干预的目标。这个模式不给每一个儿童评定分数。在每一个领域都提供了观察指南，例如在认知领域，专家可以观察以下行为：注意持续时间、控制点、象征性和表征性游戏、问题解决方法等。

在评价之后，还要完成以下七步：第一步，在评价之后要尽快组织专家根据他们的观察对儿童发展进行讨论；第二步，分析游戏录像，检验专家对儿童发展的意见，并进一步分析评价时遗漏的行为；第三步，根据手册提供的发展指南，进一步观察儿童，获得有关儿童发展水平的定性描述；第四步，填写每个儿童的总结表；第五步，提出初步的跨领域建议；第六步，召开项目计划会议，分析评价信息，决定干预项目的目标和有效性；第七步，形成正式报告，对幼儿的发展、教育干预等提出定量和定性的分析与建议。

表 8-13　幼儿游戏情境评价的标准

| 评价指标 | | 评价标准 | 等级 | | | |
|---|---|---|---|---|---|---|
| 一级 | 二级 | 完全达到参考标准 | 完全达到 | 基本达到 | 部分达到 | 未达到 |
| 游戏的环境 | 时空 | 有足够的时间尤其是自由结伴游戏与自选游戏时间，合理安排空间，科学设置游戏区域 | | | | |
| | 材料 | 体现多样性、多变性、计划性，要求幼儿自主管理及参与收集和制作 | | | | |
| | 人际关系 | 良好的师幼关系、善于交流、团结互助、共同分享、文明礼貌、遵守规则 | | | | |
| 游戏的目标与计划 | 目标 | 具有指向性、目标性、可操作性 | | | | |
| | 计划 | 层次清楚、指导灵活、保证幼儿充分自由自主游戏、重视评析 | | | | |
| 游戏的组织与指导 | 组织方式 | 充分挖掘环境材料的教育功能，灵活主动、适宜恰当地组织游戏 | | | | |
| | 指导方法 | 能用及时提供材料言行提示及角色参与等多种方法因势利导体现计划性与随机性 | | | | |
| 游戏的效果 | 材料 | 熟练操作并能大胆地假想替代 | | | | |
| | 参与 | 完全投入到游戏中 | | | | |
| | 情绪 | 融入角色，言行相符 | | | | |
| | 交往 | 积极与同伴进行言行交往 | | | | |
| | 主题内容 | 丰富游戏情节，能拓展主题和内容 | | | | |

2. 作品取样系统

作品取样系统是运用标准化测试来评价幼儿时供选择的类型。这种系统的指导思想是适宜的，因为它们：①记录儿童每天的生活；②反映了一种个性化的评价方法；③将课程、教学和评价相联系；④评价众多的学习因素；⑤允许教师了解儿童如何通过与材料、同伴的互动来重构知识。

作品取样系统的首要组成部分是教师通过发展检核表记录的观察。因为学习和教学是与评价结合在一起的，因此对儿童发展和学习的记录也能够提供关于课程的信息。检核表包括7个领域：个性和社会发展；语言和文学；数学思维；科学思维；社会研究；艺术；身体发展和健康。检核表提供了了解观察过程的指标。

作品取样系统的第二个组成部分是档案袋，它提供了教师与儿童积极参与的评价过程。教师与儿童都可选择档案袋的内容。编制档案袋时，允许教师、儿童回顾以往的进步以及规划未来的活动，因此这是教与学融合的过程，选择的条目要包括检核表所提供的7大领域的内容。作品抽样中的基本和主要条目在一年内要经过好几次筛选。除此之外，其他所选择的条目应代表所有的领域。档案袋会成为一种记录、分析、总结儿童全年学习和发展情况的工具（Harrington，Meisels，McMahon，Dichtelmiller，1997；Meisels，1993）。

(1)轶事记录。建立日记，记录每个幼儿在学习过程中的重要进程，与同伴、学习材料的互动情况。

(2)工作档案。为每个幼儿建立一份档案，它包括幼儿在语言、音乐、数学、社会生活或任何领域的情况。

(3)录像。记录幼儿的声音，记录每个幼儿所讲的笑话、故事、谜语、观点等，它可以用来证明幼儿的语言能力、音乐能力等。

(4)照片。可以拍摄幼儿所做的不易观察到的事情，如孩子的发明、创造、艺术作品等。

(5)幼儿的作品。幼儿的作品，如绘画、纸工、拼图等可以反映他们在学习上的进步，或是在某些领域方面的特长。

(6)活动记录。幼儿每天都会选择一些活动区域或活动项目，将幼儿对各种活动的选择与过程记录下来，可以为评价其各领域的学习并促进其学习发展提供依据。

作品抽样系统的第三个组成部分是一年要针对儿童进行3次总结性报告。通过特定的评价标准，总结儿童的表现。从检核表和档案袋中获取的信息，可用于与家长交流儿童的进步。要对儿童的全面发展情况进行汇报，同时还要汇报儿童在每个领域的进步。

**表 8-14　幼儿作品取样系统综合报告**

幼儿姓名：________　年龄________　教师________　日期________

| 领域及功能分项 | 表现 | | | | 进步 | | 综合评述：记下每个领域的优点与才华；并说明原因，异于期望者，要描述未来帮助学生成长的计划 |
|---|---|---|---|---|---|---|---|
| | 检核表 | | 档案 | | | | |
| | 符合期望 | 需要加油 | 符合期望 | 需要加油 | 符合期望 | 异于期望 | |
| 个人及社会发展<br>自我概念<br>自我控制<br>学习风格<br>与他人的互动<br>解决人际问题 | | | | | | | |
| 语言与读写<br>听<br>说<br>读<br>写 | | | | | | | |
| 社会与文化<br>人类、过去与现在<br>人类的相互依存性<br>公民与政府<br>人与居住的地方 | | | | | | | |
| 艺术<br>表达与表征<br>理解与欣赏 | | | | | | | |
| 体能发展与健康<br>粗动作发展<br>精细动作发展<br>个人的健康与安全 | | | | | | | |
| 数学思考<br>数与运算<br>规律、关系与功能<br>几何与空间关系<br>测量 | | | | | | | |

资料卡

## 作品取样系统的优点

1. 增强学生的学习动机：它强调学生所能做的，而不是学生所不能做的；它让学生参与评价的过程。

2. 增进教师对学生如何学的了解：它要求教师要记录与评价学生在多个领域上的成长与发展，以及学生多样化的学习风格。

3. 提供向家长报告学生进步情况的有效方法：它所包含的信息是个别化的，专门针对每一个学生的。

适用各种学生：适用的范围包括一般学生、特殊学生或不同文化、经济背景的学生。

（资料来源：马戈·迪希特米勒、朱迪·亚布隆、阿纬娃·多尔夫曼·多特马斯登等，《作品取样系统教室里的真实性表现评价》，南京师范大学出版社，2011）

3. 档案评价法

(1)档案袋评价的目的

档案袋包括的内容取决于它的目的。档案袋可用来评价和评估、自我评估和反思，并用于汇报进步。

①利用档案袋进行评价和评估。一个档案袋可以用来形成儿童在一段时间内参与的活动的整体画面。档案袋应该包括儿童作品的众多案例。它们能够提供关于概念、技能和目标的多样化评价信息，这些评价信息可以产生一幅儿童所理解的内容的准确画面，并且可以运用到一种有意义的背景下(Micklo，1997；Valencia，1990)。除了儿童和教师可以评价儿童的成绩以外，档案袋还可以用来评价教师。这给儿童一次向教师提供反馈信息的机会。

②利用档案袋进行自我评价和反思。档案袋特别是已经用了几年的档案袋，可以通过作品比较和纵向的图标呈现出幼儿这段时期的发展与进步(Hebert & Schultz，1996)。很多幼儿园和小学的教师会在开学时让儿童做个自我描述。随后，在每个阶段汇报之初，还会让他们做类似的描述。儿童可以回顾并看到自己的进步。书写样本可以提供相同类型的比较。

利用档案袋汇报儿童的进步。档案袋评价是一种综合的方法，当家长与儿童以及教师一起参与选择并回顾一个等级阶段内所完成的内容时，他们可以看到所使用的作品和评价案例(Gilkerson & Hanson，2000)。如果需要等级评定，档案袋评价中的作品可以用来记录评价，并确定等级。

(2)如何建立档案袋

①选择目的、形式和保存档案的系统。

②教师必须决定选择什么样的评价内容，并明确如何收集。

③教师必须决定关于儿童成长过程的评估将以何种形式来汇报。

**资料卡**

## 档案袋设计

1. 你的档案袋中将包括哪些内容？

- 作品样本
- 日志
- 自我评价
- 最佳作品样本
- 有关进步评价的报告
- 教师评价

2. 你将如何编制档案袋？

3. 你将如何选择档案袋的材料？

4. 在你的档案袋评价中谁会参与进来？

5. 你将如何分享你的档案袋？如何汇报评价结果？

刚开始使用档案袋的教师可参考如下建议：

从小的研究开始，强调质量而不是数量；

使用照片、绘画作品、反思性描述来呈现未纳入档案袋中的项目；

确保每份档案袋都有内容的记录表；

让儿童自己记录作品的日期；

自主选择一些作品样本；

给父母浏览他们孩子的档案袋的机会。

4. 多彩光谱评价

多彩光谱评价是加德纳和费尔德曼以多元智能理论为基础的、历时多年的一项针对儿童学习的评价方法。该方案的主要目的是制定一种合适的方法来评价儿童的早期发展。除了对儿童个人独特的感知风格进行研究以外，它还强调儿童的优势领域，对儿童感知能力领域的评价包括数字、科学、音乐、语言、视觉艺术、运动和社会性发展。其假设是，当教育者在很多领域评价儿童的优势时，所有儿童都能在某些领域展现其发展。

光谱方案的优点是儿童要积极参与评价过程，并可将儿童广泛的发展领域融于课程中。不足之处是家长可能只关注在具体评价中描述的儿童的优势，或者过早地关注这些优势领域而忽视了其他领域的发展。

多彩光谱评价的4个显著特点。

(1)多彩光谱评价是一种反映幼儿真实学习能力的评价。它是在真实的学习场景中对幼儿活动进行的评价，同时也是幼儿在评价中学习的过程。评价过程成为与幼儿的学习环境融为一体的动态过程，这是多彩光谱评价的重要特点。

(2)多彩光谱评价是适宜每个幼儿学习与发展的评价。它是分析每个幼儿学习与发展的个别特点，为因人施教提供依据。幼儿发展评价的最终目的是使教师了解每个幼儿，创造适合儿童的教育，即根据每个幼儿的发展水平、个性特点、兴趣爱好、学习方式等方面的个人独特性，提出不同的教育要求，采取不同的教育方法等，这就要求教师通过自然观察、情境观察等手段获得幼儿发展的丰富信息后，对照评价标准，确定每个幼儿在各个发展领域的发展情况，特别是存在明显问题的方面。并在此基础上制订个别指导计划，以便在教育进程中，加强对不同幼儿的指导。

(3)多彩光谱评价是一种既评定幼儿学习水平，又分析影响其学习因素的评价。它既全面、客观地分析影响幼儿学习与发展的现状，又深入分析背后的影响因素，为改善托幼机构教育和家庭教育提供依据。教师不仅通过评价了解幼儿的学习水平，还可以分析存在问题的原因和导致进步的因素。这种分析不应局限在托幼机构教育一个方面，而且要深入到幼儿生活的广阔背景中，如分析家庭及社会环境对幼儿发展的影响，使家庭、幼儿园、社会教育等各方面的力量协调一致，相互配合。

(4)多彩光谱评价不仅针对每一个幼儿的学习能力与潜能进行评价，而且还特别关注幼儿的学习风格，并提出幼儿学习活动风格的评定表。加德纳认为学习评价必须增加一个维度，才能更准确地反映幼儿在特定领域里处理信息的方式。

### 5. 幼儿观察记录

幼儿观察记录同样基于观察，是幼儿评价方案中的中心部分。它是为解决幼儿评价中的失误而研发的，这些失误包括学前看护机构所发生的失误。幼儿观察记录的目的是形成一个发展适宜性的、可信的和有效的评价过程，并且便于使用者运用。同样，这个体系的目的也是观察和评价儿童发起的活动。因为以儿童为中心的活动包含发展的所有类别，可以在每天的自然活动中来评价。发展检核表是与轶事记录相联系的。轶事记录来源于各种活动并被教师在评价过程中所使用。

《幼儿观察记录》是由高瞻教育研究基金会制定的，它应用于所有可以使用的活动中。为了使其具有效度和信度，这个体系持续研究了两年。它评价 6 个方面的发展领域：①主动性；②创造性表达；③社会关系；④音乐和运动；⑤语言和文学；⑥逻辑和数学。教师需要基于 5 种水平中的 30 多个项目，在一年内对儿童评定多次。通过观察而呈现不断发展的轶事记录，会用于完成对儿童的评定(高瞻教育研究基金会，2003；Schweinhart，1993)。

## 本章小结

幼儿学习与发展评价对于幼儿的成长发挥着极为重要的作用。本章主要阐述了幼儿学习与发展评价的内涵、特征、目标与内容。幼儿学习与发展评价可以广泛运用于幼儿园的教学中，教师可以根据不同的评价内容采用不同的方法，在本章中我们结合教育部颁发的《幼儿园教育指导纲要(试行)》《3-6 岁儿童学习与发展指南》进行案例分析，用到的方法如观察法、谈话法、问卷调查法等。其中自然观察法包括：时间抽样观察法、事件抽样观察法和行为核查观察法。同样，也可以通过创设有主题的情境来观察幼儿，在情境观察中教师可以有目的地观察幼儿的行为，了解幼儿正在做什么、他们如何互动、他们是否能从经验中获得学习。本章还介绍了教师可以使用档案袋评价法、多彩光谱法、观察记录法来系统地评价幼儿的学习，这样真正做到幼儿学习与发展评价方法上的多元化。总之，评价的最终目的是更好地促进幼儿的学习与发展。

### 【思考与练习】

1. 幼儿学习与发展评价的内涵是什么？确定幼儿发展评价内容依据是什么？幼儿学习与发展评价的内容有哪些？

2. 幼儿学习与发展评价的方法有哪些？你是如何选择不同的方法来评价幼儿学习与发展不同的内容？

3. 请选择一个幼儿学习与发展评价的实践案例，对其评价内容作以分析。

# 参考文献


1.［日］若井邦夫．幼儿教育心理学．丁祖莲，译．台北：五洲出版社，1986

2．陈帼眉．学前心理学．北京：人民教育出版社，1989

3．董奇．离异家庭儿童良好适应的影响因素的研究．心理发展与教育，1991(7)

4.［美］格雷斯．幼儿教师角色和角色冲突．北京：人民教育出版社，1991

5．张建伟等．从认知主义到建构主义．北京师范大学学报，1996(4)

6．施良方．学习论：学习心理学的理论与原理．北京：人民教育出版社，1994

7．陈帼眉，刘焱．学前教育新论．北京：北京师范大学出版社，1996

8．皮连生．学与教的心理学．上海：华东师范大学出版社，1997

9．卢乐珍．关于师幼互动的认识．早期教育，1999(4)

10．中央教育科学研究所幼教室编写．幼儿教育自我评价指导手册．北京：教育科学出版社，2000

11．李晓文，王莹．教学策略．北京：高等教育出版社，2000

12．杨莉娟．活动理论与建构主义学习观．课程与教学研究，2000(4)

13．张奇．儿童审美心理发展与教育．北京：北京师范大学出版社，2000

14．杨丽珠，吴文菊．幼儿社会性发展与教育．大连：辽宁师范大学出版社，2001

15．曹中平．幼儿教育心理学．大连：辽宁师范大学出版社，2001

16．叶澜．幼儿教师角色与幼儿教师发展新探．北京：教育科学出版社，2001

17．霍力岩．教育的转型与幼儿教师角色的转换．教育研究，2001(3)

18．刘占兰．要了解和尊重幼儿的学习特点．幼儿教育，2001(11)

19．教育部基础教育司组织编写．《幼儿园教育指导纲要(试行)》解读．南京：江苏教育出版社，2002

20．朱家雄．幼儿园课程．上海：华东师范大学出版社，2003

21.［美］斯滕伯格，威廉姆斯．教育心理学．张厚粲，译．北京：中国轻工业出版社，2003

22．袁贵仁，庞丽娟．中国教师新百科·幼儿教育卷．北京：中国大百科全

书出版社，2003

23. 马洁. 构建幼儿操作学习体系的行动研究. 学前教育研究，2003(6)

24. 张大均. 教育心理学. 北京：人民教育出版社，2004

25. 彭聃龄. 普通心理学. 北京：北京师范大学出版社，2004

26. 姚梅林. 学习心理学. 北京：北京师范大学出版社，2006

27. 唐孝威等. 脑科学导论. 杭州：浙江大学出版社，2006

28. 陈帼眉，姜勇. 幼儿教育心理学. 北京：北京师范大学出版社，2007

29. [美]J. M. 萨特勒，R. D. 霍杰. 儿童评价. 陈会昌，等译校. 北京：中国轻工业出版社，2008

30. [美]托尼·W·林德. 在游戏中发展儿童——以游戏为基础的跨学科儿童干预法. 陈学锋，江泽菲，译. 上海：华东师范大学出版社，2008

31. 郭力平，武玮，孙慧妍. 早期学习标准在美国的发展及其对我国的启示. 外国教育研究，2008(12)

32. [美]马戈·迪希特米勒，朱迪·亚布隆，阿维娃·多尔夫曼多特·马斯登等. 作品取样系统教室里的真实性表现评价. 廖凤瑞，陈姿兰，译. 南京：南京师范大学出版社，2009

33. 胡惠闵，郭良. 幼儿园教育评价. 上海. 华东师范大学出版社，2009

34. 吴荣华. 交往学习及其应用研究. 华中师范大学硕士学位论文，2009

35. 严奕锋. 体验学习圈：体验与学习发生的过程机制. 教学新论，2009(4)

36. 张奇. 学习理论. 武汉：湖北教育出版社，2011

37. [美]B. R. 赫根汉，马修·H. 奥尔森. 学习理论导论. 郭本禹，崔红辉，朱晓红，等译. 上海：上海教育出版社，2011

38. [美]苏·Y. 戈伯. 评价幼儿的 6 种简易方法. 毛曙阳，译. 上海：华东师范大学出版社，2011

39. [美]戴尔·H. 申克. 学习理论. 何一希，钱冬梅，古海波，译. 南京：江苏教育出版社，2012

40. 姚梅林，郭芳芳. 幼儿教育心理学. 北京：高等教育出版社，2012

41. [美]苏·克拉克·沃瑟姆. 学前教育评价. 向海英，等译校. 北京：北京师范大学出版社，2013

# 后　记

这套教材包括三年制高专、五年制高专、三年制中专3个系列，是由中国学前教育研究会教师发展专委会高职高专、中职中专分委会组织编写的。从2010年开始，编写工作历时3年。作者队伍来源于40所学前教师教育高中专骨干院校，共计473人；主审专家来源于26所本科院校和科研院所，共计42人。整个编写过程是与对学前教师教育的系统研究结合进行的。全体编写人员认真学习了教育部颁布的《教师教育课程标准(试行)》《幼儿园教师专业标准(试行)》等最新文件精神，充分吸纳了学前教育和其他相关学科的最新成果，编写工作严格按照“研制人才培养方案—确定册本—研制大纲—确定体例和样章—讨论初稿—统稿—审稿”的程序进行。

教材编写中，我们力求科学和创新，主要做了如下几项工作：一是坚持从研究和把握人才培养方案入手，对各系列的册本方案、各册的大纲进行系统设计。二是严格按照人才培养目标要求对三个系列的文化、艺术、教育三类课程的容量进行科学安排。三者之间的课时比例，三年制高专约为2.6∶3∶4.4；五年制高专约为4.5∶2.5∶3；三年制中专约为2.4∶2.4∶5.2。三是分化和加强教育类课程。如从幼儿心理学中分化出了幼儿学习与发展、幼儿发展观察与评价，从幼儿教育学中分化出了幼儿游戏、幼儿园课程、幼儿园教育环境创设等。

三年制高专系列共有35种39册，包括由语文出版社出版的《大学语文》《幼儿文学》(两册)，由高等教育出版社出版的《幼儿教师口语》《计算机应用基础》《大学体育》《大学英语》(两册)《美术基础》《幼儿美术赏析与创作》，由北京师范大学出版社出版的《幼儿心理发展概论》《幼儿教育概论》《幼儿卫生保健》《幼儿学习与发展》《幼儿游戏》《幼儿园环境创设》《幼儿园课程》《幼儿健康教育》《幼儿语言教育》《幼儿社会教育》《幼儿科学教育·科学》《幼儿科学教育·数学》《幼儿音乐教育》《幼儿美术教育》《幼儿园管理》《学前教育研究基础》《现代教育技术》，由上海音乐学院出版社出版的《音乐基础理论》《视唱练耳》(两册)《音乐欣赏》《儿童歌曲钢琴即兴伴奏》《幼儿歌曲弹唱》《幼儿歌曲创编与赏析》《幼儿舞蹈创编与赏析》《钢琴基础》(两册)《声乐基础》《舞蹈基础》。

五年制高专系列共有 41 种 49 册，包括由语文出版社出版的《语文》(四册)《幼儿文学》(两册)，由高等教育出版社出版的《幼儿教师口语》《计算机应用基础》《体育》《英语》《美术》(两册)《幼儿美术赏析与创作》《历史》《地理》《数学》《物理》《化学》《生物》，由北京师范大学出版社出版的《幼儿心理发展概论》《幼儿教育概论》《幼儿卫生保健》《幼儿学习与发展》《幼儿游戏》《幼儿园环境创设》《幼儿园课程》《幼儿健康教育》《幼儿语言教育》《幼儿社会教育》《幼儿科学教育·科学》《幼儿科学教育·数学》《幼儿音乐教育》《幼儿美术教育》《幼儿园管理》《学前教育研究基础》《现代教育技术》，由上海音乐学院出版社出版的《音乐基础理论》《视唱练耳》(两册)《音乐欣赏》《儿童歌曲钢琴即兴伴奏》《幼儿歌曲弹唱》《幼儿歌曲创编与赏析》《幼儿舞蹈创编与赏析》《钢琴》(三册)《声乐》(两册)《舞蹈》。

三年制中专系列共有 35 种 50 册，包括由语文出版社出版的《语文基础》(四册)《幼儿教师口语基础》《应用文写作》，北京师范大学出版社出版的《幼儿文学》《书法》《英语基础》(两册)《幼儿教师礼仪》《社会科学》《自然科学》《幼儿心理学基础》《幼儿发展观察》《幼儿卫生保健》《幼儿教育学基础》《幼儿游戏指导》《幼儿园课程与教学》《幼儿健康活动指导》《幼儿语言活动指导》《幼儿社会活动指导》《幼儿科学活动指导》《幼儿数学活动指导》《幼儿音乐活动指导》《幼儿美术活动指导》《幼师生职业指导》《幼儿园班级管理》，高等教育出版社出版的《幼儿美术创作与赏析》《美术》，上海音乐学院出版社出版的《音乐基础理论》《视唱练耳》(两册)《音乐欣赏》《儿童歌曲钢琴即兴伴奏》《幼儿歌曲弹唱》《幼儿歌曲创编与赏析》《幼儿舞蹈创编与赏析》《钢琴》(三册)《声乐》(两册)《舞蹈》。

《幼儿学习与发展》，共一册，由长沙师范学院张永红、海鹰，徐州幼儿师范高等专科学校张丹枫担任主编，湖南师范大学曹中平担任主审。第一章由长沙师范学院海鹰、徐州幼儿师范高等专科学校张丹枫负责编写；第二章由长沙师范学院高晓明负责编写；第三章由长沙师范学院唐超负责编写；第四章由长沙师范学院张永红、常振亚，福建幼儿师范高等专科学校许冰灵负责编写；第五章由长沙师范学院张永红、常振亚负责编写；第六章由长沙师范学院海鹰、新疆幼儿师范学校张雁负责编写；第七章由长沙师范学院张娜、天津师范大学学前教育学院陈开颜负责编写；第八章由长沙师范学院李佳，徐州幼儿师范高等专科学校张丹枫、胡雪芬、卢新伟负责编写。

本分委会的会员单位征订此套教材由分委会联系(联系人：李家黎，电话：

0731-84036139)，非会员单位征订此套教材由各册本的出版社联系。此套教材发行由各出版社负责，如有印制质量问题和供书错漏请与相关出版社联系解决。为进一步加强这套教材的建设，接下来我们将定期组织修订，热忱欢迎广大师生和专家向我们反馈相关意见(意见收集邮箱为：gzzfwh@yahoo.com.cn)。

中国学前教育研究会教师发展高中专分委会